U0879536

三维创意设计

基础教材

中国电子学会　编

刘明亮　主编

中国科学技术出版社

·北　京·

图书在版编目（CIP）数据

三维创意设计基础教材 / 中国电子学会编 ; 刘明亮主编 .
— 北京 : 中国科学技术出版社 , 2019.7
ISBN 978-7-5046-8318-2

Ⅰ. ①三… Ⅱ. ①中… ②刘… Ⅲ. ①三维动画软件—中小学—教材 Ⅳ. ① G634.671

中国版本图书馆 CIP 数据核字（2019）第 126928 号

策划编辑	王晓义
责任编辑	王晓义　许思兰
封面设计	孙雪骊
正文设计	中文天地
责任校对	焦　宁
责任印制	徐　飞

出　　版	中国科学技术出版社
发　　行	中国科学技术出版社有限公司发行部
地　　址	北京市海淀区中关村南大街 16 号
邮　　编	100081
发行电话	010-62173865
传　　真	010-62179148
网　　址	http://www.cspbooks.com.cn

开　　本	889mm × 1194mm　1/16
字　　数	220 千字
印　　张	10.25
版　　次	2019 年 7 月第 1 版
印　　次	2019 年 7 月第 1 次印刷
印　　刷	北京利丰雅高长城印刷有限公司
书　　号	ISBN 978-7-5046-8318-2 / G・808
定　　价	49.00 元

（凡购买本社图书，如有缺页、倒页、脱页者，本社发行部负责调换）

编委会

主　　编： 刘明亮

副 主 编： 杨　晋　王长民

编　　委（排名不分先后）：

邓江华　邓　艺　潘　艳　张晨曦

吴艳光　单　良　王海涛　王　娟

目　录

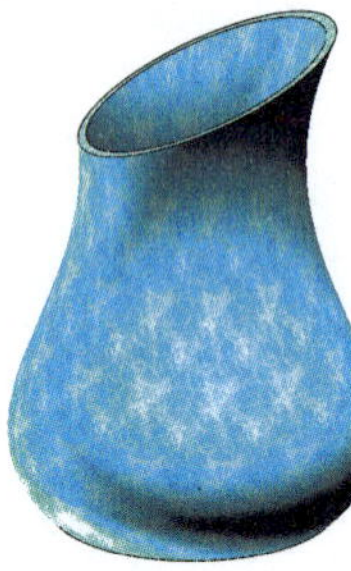

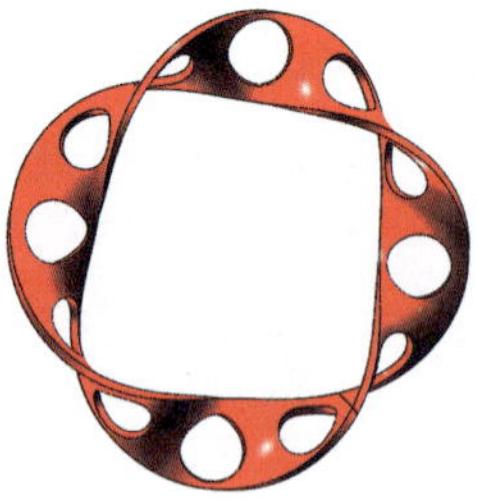

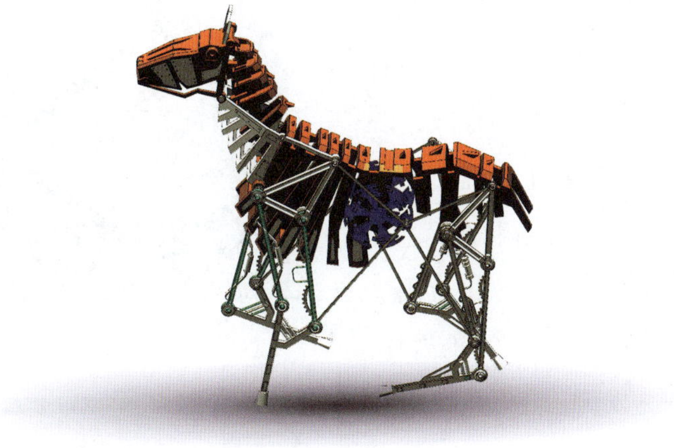

第1章

初识三维设计

1.1 认识三维设计

三维设计是新时代数字设计平台的基础，体现了数字化、虚拟化、智能化。三维设计相对二维设计更加立体直观，更加形象，如图 1–1、图 1–2 所示。人们通过三维模型可以直观了解实物的基本情况。随着制造业全球化协作分工的发展，企业广泛、深入地应用三维设计，各院校也加大了创新设计方面的教育，三维设计技术的普及成为发展趋势，三维设计培训也全面展开。

图 1–1

图 1–2

随着技术的发展和社会需求的不断拓展，三维设计技术已经广泛地应用在航空航天、机械设计、建筑工程、家具设计、室内装饰、动漫人物等各个领域，如图 1–3~ 图 1–6 所示。

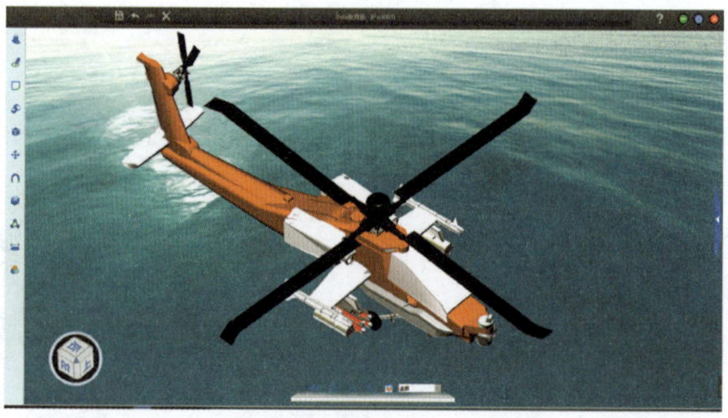

图 1–3

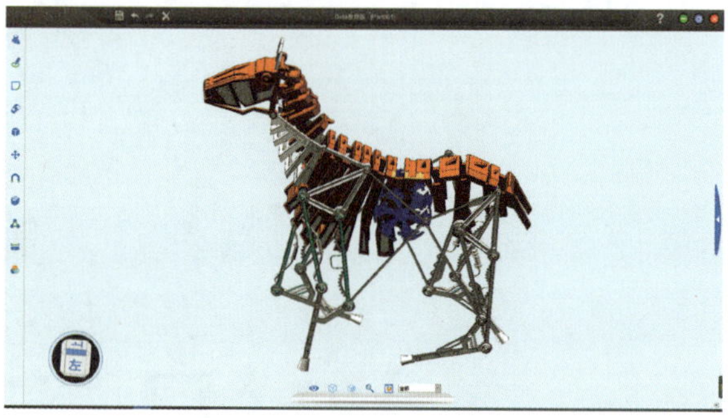

图 1–4

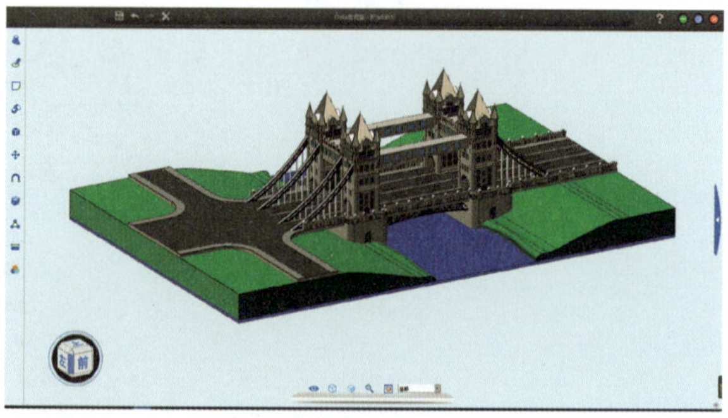

图 1–5

图 1–6

1.2 模型检索与共享

在互联网上搜索“青少年三维创意社区”，点击进入后，可在其网页中看到许多三维设计作品，如图 1–7 所示。尝试自己动手操作，在网站上查看他人分享的三维设计模型吧。

图 1–7

同学们以后也可以将自己设计的作品上传到互联网上，分享给他人。

在互联网上也可以搜索三维设计课件，以帮助我们更好地自主学习三维设计。

1.3 青少年三维设计软件

三维设计软件作为新“事物”，小朋友要想学习它，掌握它，首先就需要认识它。不同的程序软件，有其自身的特点，下面我们介绍一种三维设计软件——青少年三维设计软件。

青少年三维设计软件打破了传统三维设计的设计思路，通过“搭积木”的形式让初学者使用简单的功能就能快速搭建出自己的模型作品。即使你根本不懂制图、不懂设计也没关系，在互联网上还有丰富的资源库可供用户选择。用户可以随便拖拽出不同的模型来“组装”自己的三维（3D）场景。

青少年三维设计软件的操作界面主要由菜单栏、快捷菜单、标题栏、帮助和授权、命令工具栏、视图导航、浮动工具栏、资源库、XY 平面网格（工作区）、坐标值和单位展示框 10 个部分组成，如图 1–8 所示。

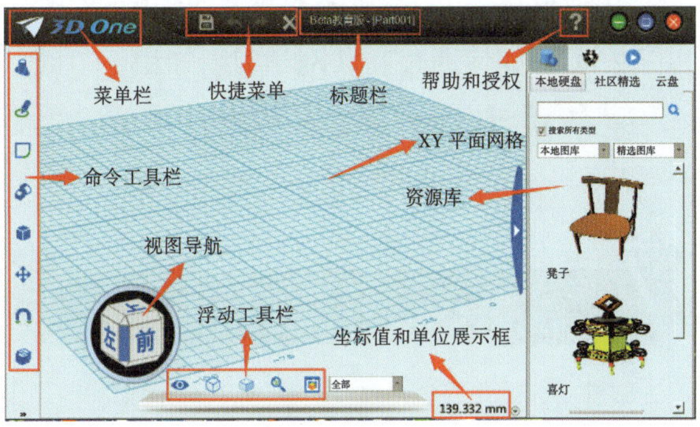

图 1–8

青少年三维设计软件主要使用鼠标进行建模，如图 1–9 所示。

1. 鼠标左键：单击鼠标左键是选择功能；按住鼠标左键移动鼠标是框选功能。

2. 鼠标中键滚轮：单击鼠标中键滚轮是确定或在无操作时重复上一次命令；滚动鼠标中

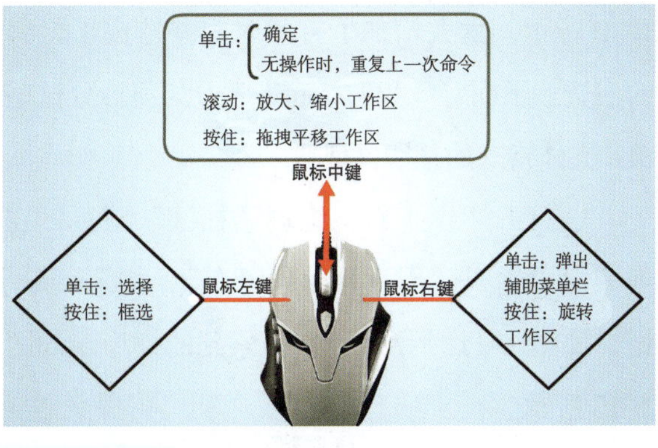

图 1–9

键滚轮是工作区的放大、缩小；按住鼠标中键滚轮移动鼠标是平移整个工作区。

3. 鼠标右键：单击鼠标右键是弹出辅助菜单栏；按住鼠标右键移动鼠标是旋转整个工作区。

1.4 学习目标

1. 熟悉青少年三维设计软件界面和鼠标用法。
2. 了解如何通过互联网学习新知识。
3. 学习 STL 文件的分离方法。

1.5 分离打印

前面，我们了解了三维设计模型，如何将其转变为实物呢？这就需要用到 3D 打印机。3D 打印可以实现设计图到立体实物的转变，可以帮助我们实现很多小创意、小发明。现在，我们还不会设计三维模型，可以从互联网上下载已有的三维模型进行打印。但有时候下载的模型是一个整体，并不适合打印，可能需要很多支撑。比如，整体打印一辆小车时，想要其能运动几乎是不可能的，且由于打印的支撑太多，如图 1-10 所示，大大增加了打印时间并造成了材料的浪费。下面，让我们一起来学习如何拆分这些 STL 文件格式的打印模型吧。

图 1-10

1. 打开“青少年三维创意社区”网页，在搜索栏中输入“创意打印越野车”，按【回车】键，如图 1-11 所示。单击搜索到的模型，如图 1-12 所示。

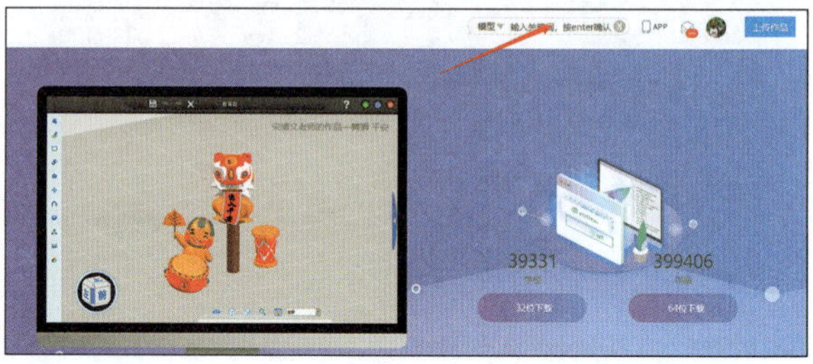

图 1-11

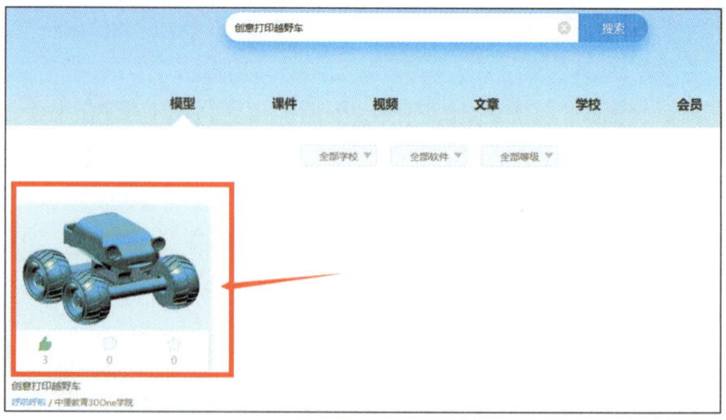

图 1-12

2. 在弹出的新页面中，选择“立刻下载”选项，将小车下载到计算机桌面，如图 1-13 所示。

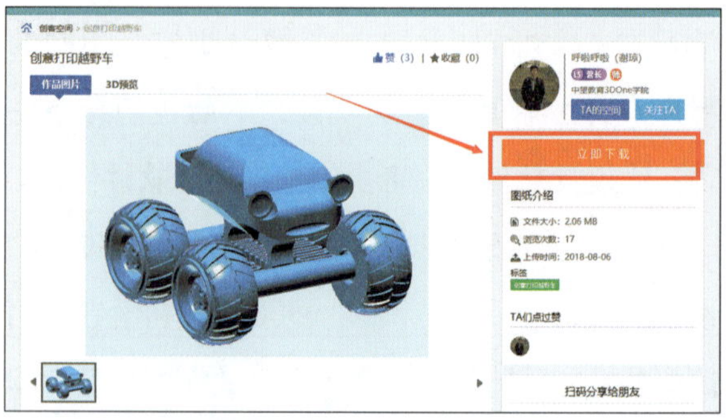

图 1-13

3. 在计算机桌面找到青少年三维设计软件。打开软件，在菜单栏中选择“打开”命令，在计算机桌面找到下载的“创意打印越野车”模型，将其在软件中打开，如图 1–14 所示。

图 1–14

打开模型后，用鼠标左键单击小车，并按住鼠标左键移动鼠标，可以发现小车是一个整体，无法分开。

4. 选择“基本编辑”中的“分离块”命令，“块”选择越野车模型，如图 1–15 所示，单击“确定”按钮。

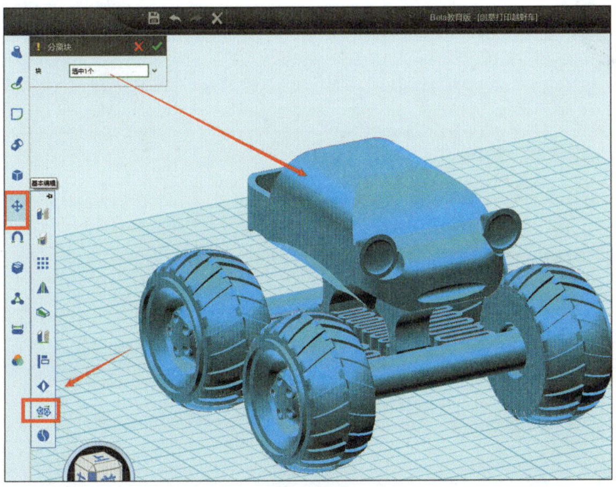

图 1–15

5. 分离后，用鼠标左键按住拖拽小车。可以看到，小车被拆开了，如图 1–16 所示。

图 1–16

6. 分离完小车后就可以分别打印不同结构部件了。选择浮动工具栏中的 3D 打印命令，再选择“从屏幕选择”选项，然后单击选择需要打印的结构。最后，选择使用的 3D 打印切片软件，如图 1–17 所示，单击“确定”按钮，完成打印。

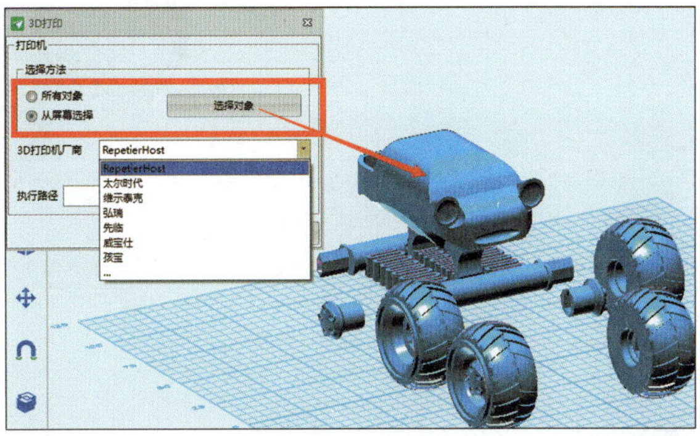

图 1–17

1.6 拓展与挑战

小朋友们可以利用本章学会的方法与技术，尝试去互联网社区下载自己喜欢的模型。

第2章

智慧孔明锁

2.1 孔明锁

孔明锁是一项中国古老的民族传承技术，广泛应用在土木建筑的结合处，如图 2–1 所示。后来，被民间的智者制成广泛流传的益智玩具。孔明锁也叫八卦锁或者鲁班锁，民间有“别闷棍”“难人木”“莫奈何”“刘子联方”等别称。

图 2–1

孔明锁的结构十分奇特。它不需要绳子或钉子，仅靠自身的结构就可以相互连接支撑，就像把一张纸对折一下就可以立起来一样。这看似简单，却凝聚着古人不凡的智慧。

最初，孔明锁的发明得益于春秋末期至战国初期鲁班发明的鲁班锁。三国时期，诸葛亮（孔明）在鲁班发明的鲁班锁基础上加以改进，就有了现在的益智玩具——孔明锁，如图 2–2 所示。

2014 年 10 月，在第七届中德经济技术合作论坛上，中国国务院总理李克强准备了一副精巧的孔明锁（鲁班锁），并把它送给了德国总理默克尔。李克强总理把精挑细选的孔明锁赠送给默克尔总理其中是有“深意”的。鲁班在中国历史上被称为工匠的鼻祖，“德国制造”在现代世界制造业也堪称标杆，李克强总理的“礼物”寄寓着全球最大制造国与最精良制造国的深度合作。

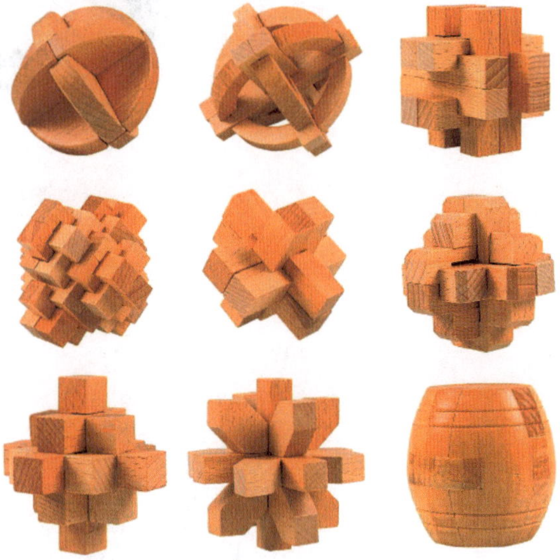

图 2–2

2.2 学习目标

1. 能够使用青少年三维设计软件制作简单的实体模型。

2. 学习基本实体的应用。

3. 学习点到点移动的方法。

4. 学习尺寸的概念。

5. 学习布尔运算的使用方法。

2.3 设计制作孔明锁

1. 制作孔明锁的第一根结构。

（1）打开青少年三维设计软件，选择“基本实体”中的“六面体”命令，如图 2–3 所示，再单击网格面任意一点作为六面体的中心点，绘制六面体。之后，用鼠标左键拖拽橘黄色箭头，将六面体调整为 32×16×16（长 × 宽 × 高，单位为毫米，全书同）的长方体，单击“确定”✔，如图 2–4 所示，完成六面体制作。

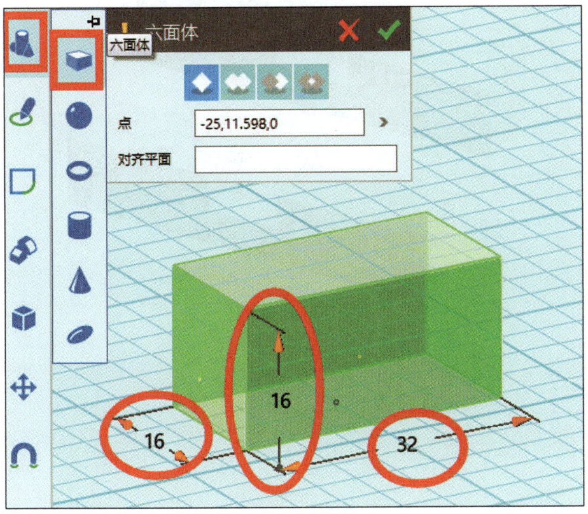

图 2–3

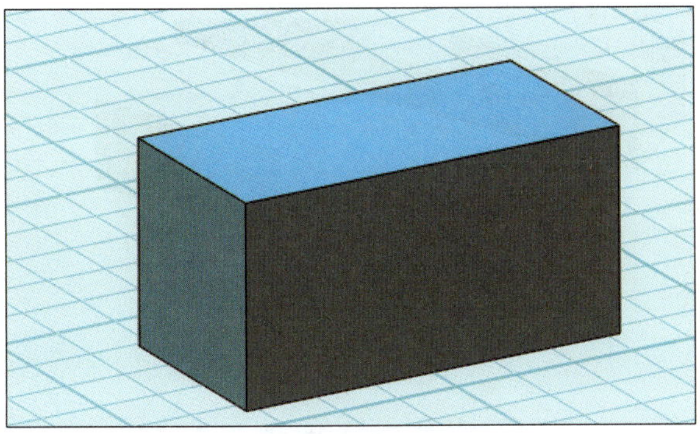
图 2–4

（2）按相同操作，继续绘制一个 32×16×16 的长方体。以上操作完成后，工作区应有 2 个相同的长方体。

（3）继续选择“六面体”命令，在网格面上制作一个新的六面体。之后，单击六面体上的数值，用键盘输入将要调整的数值，按【回车】键确定。将六面体调整为 16×8×8 的小长方体，如图 2–5 所示，单击“确定”按钮。

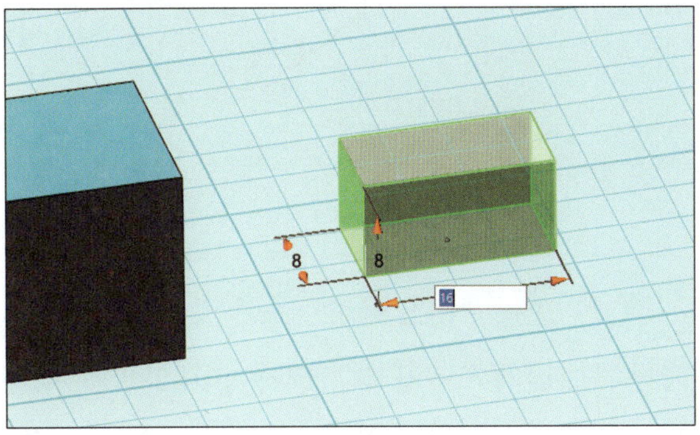

图 2–5

（4）选择“基本编辑”✥ 中的“移动”命令，方式选择“点到点移动”。“实体”选择 16×8×8 的小长方体，“起始点”和“目标点”选择如图 2–6 所示的点，单击“确定”按钮。

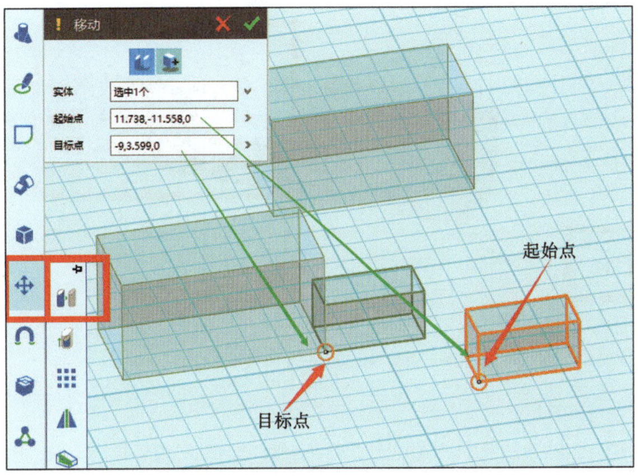

图 2–6

（5）继续选择“移动”命令，“实体”选择另一块 32×16×16 的大长方体，“起始点”和“目标点”选择如图 2–7 所示的点，单击“确定”按钮。

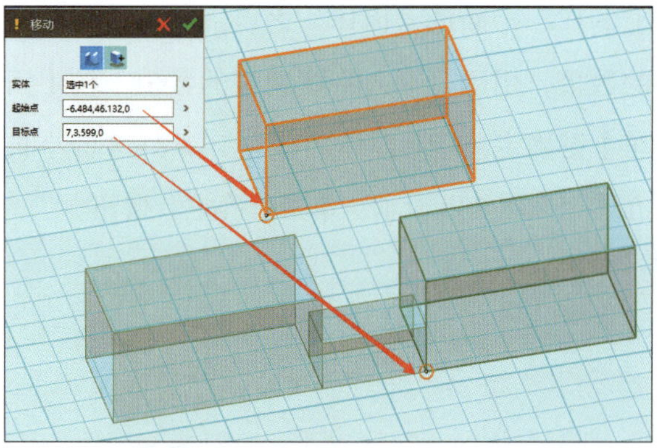

图 2-7

（6）选择“组合编辑”命令，布尔运算选择“加运算”，“基体”选择如图 2-8 所示的加亮长方体，“合并体”选择另外两个长方体，单击“确定”按钮。完成孔明锁的第一根结构。

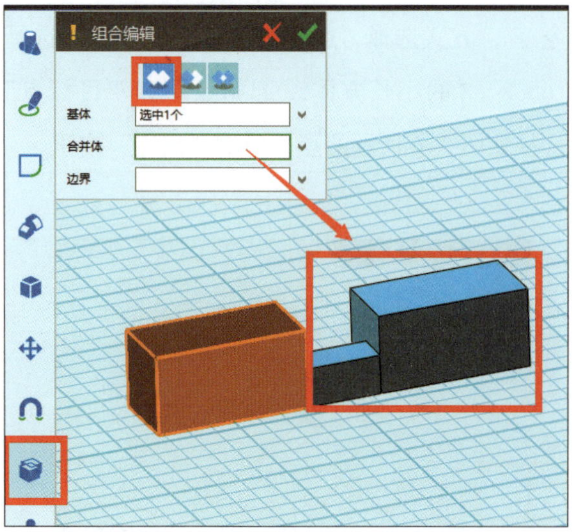

图 2-8

2. 制作孔明锁的第二根结构。按住键盘上的【Ctrl】键，如图 2-9 所示。用鼠标拖拽组合后的孔明锁的第一根结构，此时可以看到孔明锁的第二根结构已经被复制出来了，如图 2-10 所示。

图 2-9

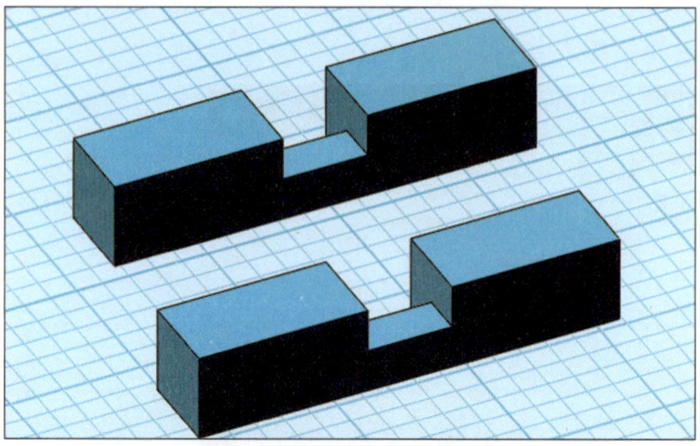

图 2-10

3. 制作孔明锁的第三根结构。

（1）选择“基本实体”中的“六面体”命令，在网格面上绘制尺寸为 32×16×16 的六面体，如图 2-11 所示，单击“确定”按钮。

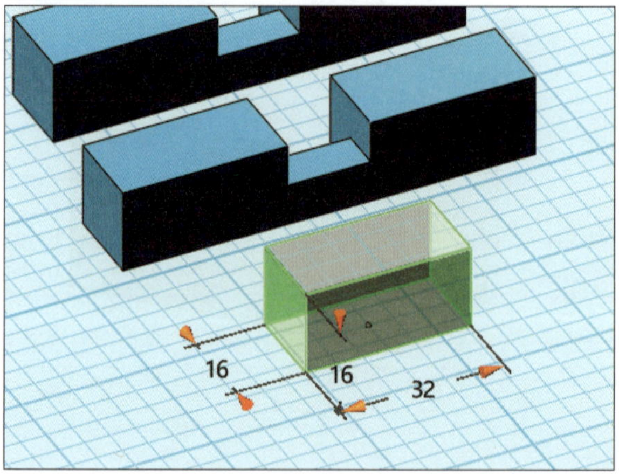

图 2-11

（2）继续绘制一个尺寸为 32×16×16 的六面体（可以利用【Ctrl】复制的方法），如图 2-12 所示。

图 2-12

（3）绘制一个尺寸为 8×8×16 的六面体，如图 2-13 所示，单击“确定”按钮。

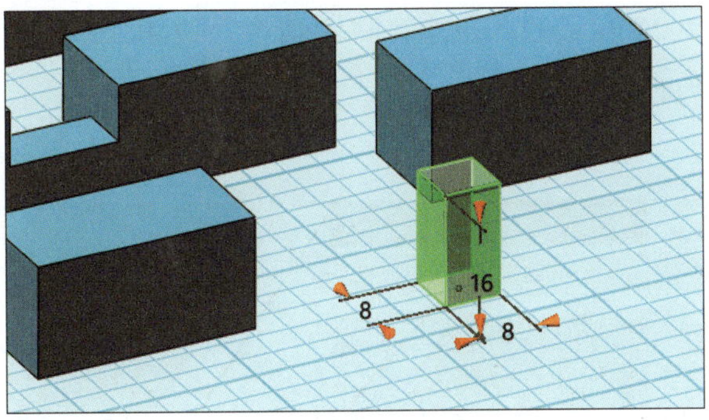

图 2-13

（4）绘制一个尺寸为 8×16×8 的六面体，如图 2-14 所示，单击“确定”按钮。

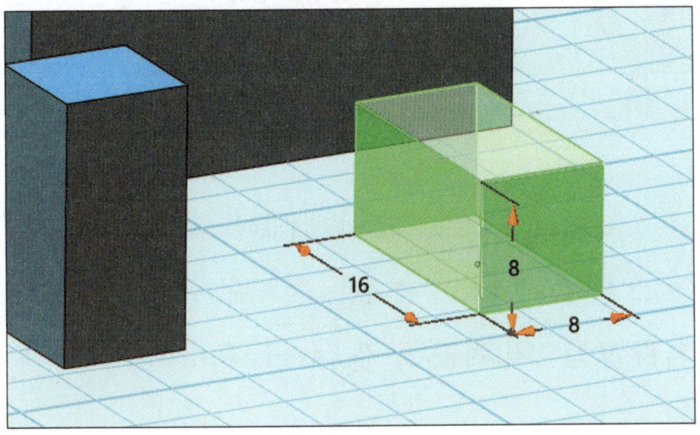

图 2-14

（5）选择“基本编辑”中的“移动”命令，“实体”选择第 3（3）步绘制的 8×8×16 小长方体，“起始点”和“目标点”选择如图 2-15 所示的点，单击“确定”按钮。

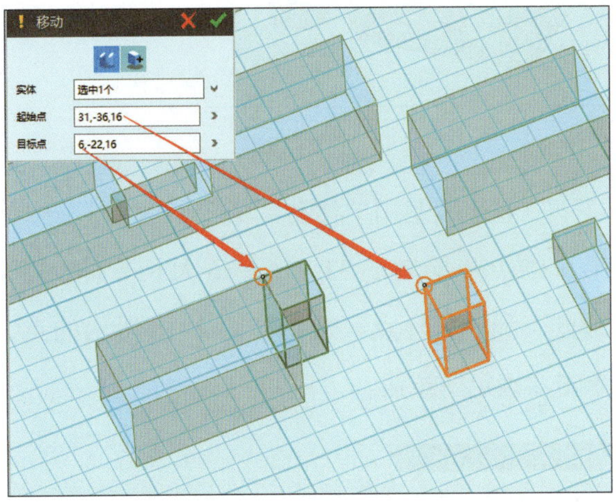

图 2-15

（6）继续使用“移动”命令，“实体”选择第 3（4）步绘制的 8×16×8 小长方体，“起始点”和“目标点”选择如图 2-16 所示的点，单击“确定”按钮。移动后的结果参照图 2-17 所示。

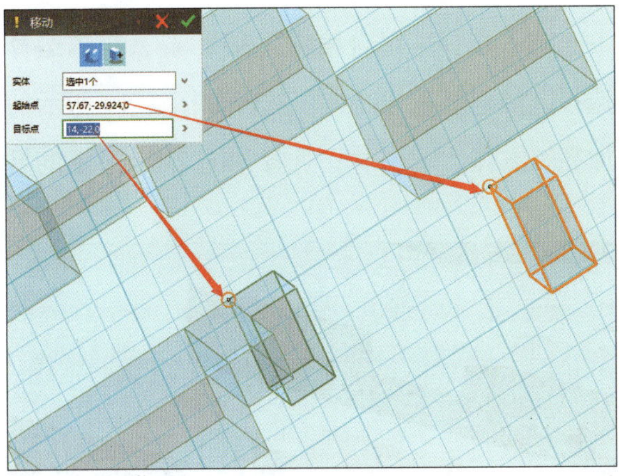

图 2-16

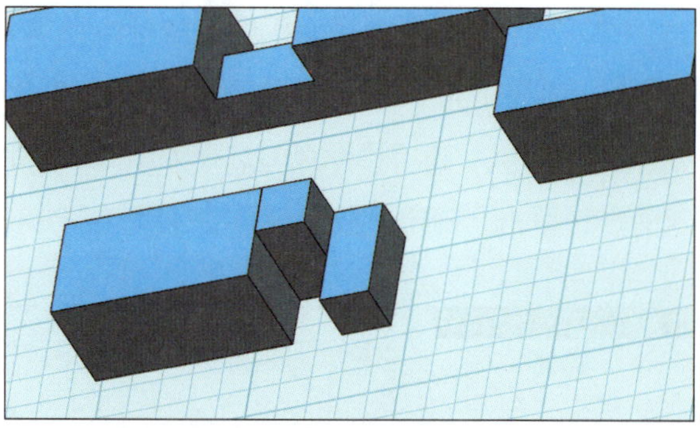

图 2-17

（7）继续使用“移动”命令，“实体”选择第 3（2）步绘制的 32×16×16 大长方体，“起始点”和“目标点”选择如图 2-18 所示的点，单击“确定”按钮。

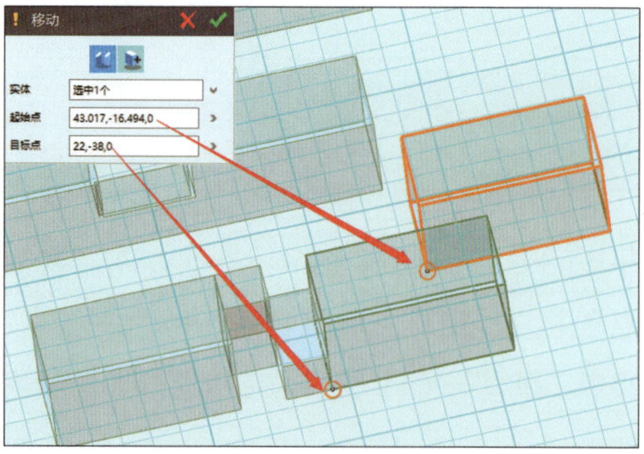

图 2-18

（8）选择“组合编辑”命令，布尔运算选择“加运算”，“基体”选择如图 2-19 所示的加亮长方体，“合并体”选择如图 2-20 所示的另外 3 个长方体，单击“确定”按钮。完成孔明锁的第三根结构。

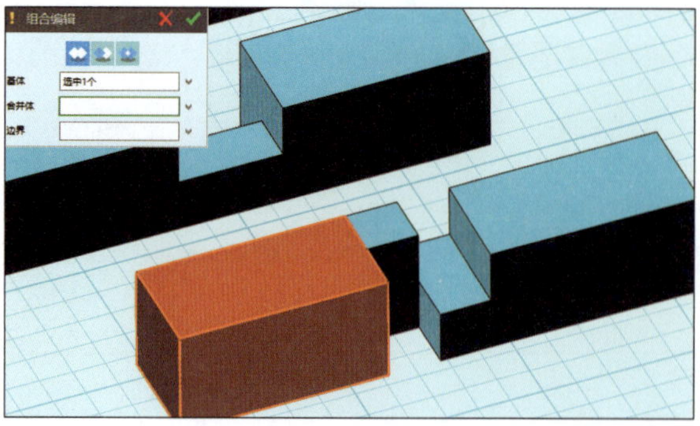

图 2-19

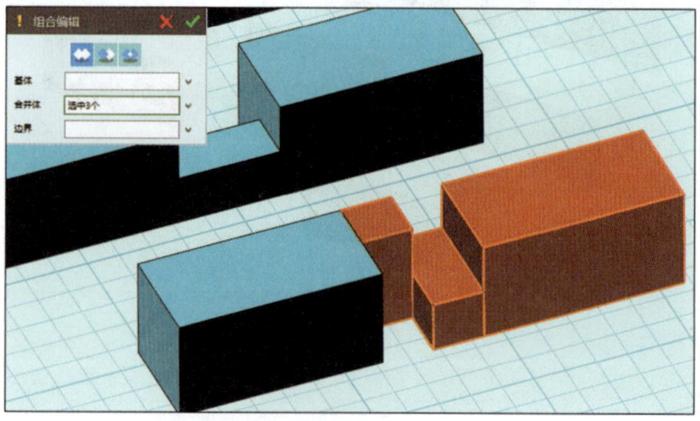

图 2-20

4. 为孔明锁的第一根结构添加圆角。选择“特征造型”中的“圆角”命令，“边”选择如图 2-21 所示的 3 条边，将圆角半径设为 4，单击“确定”按钮。

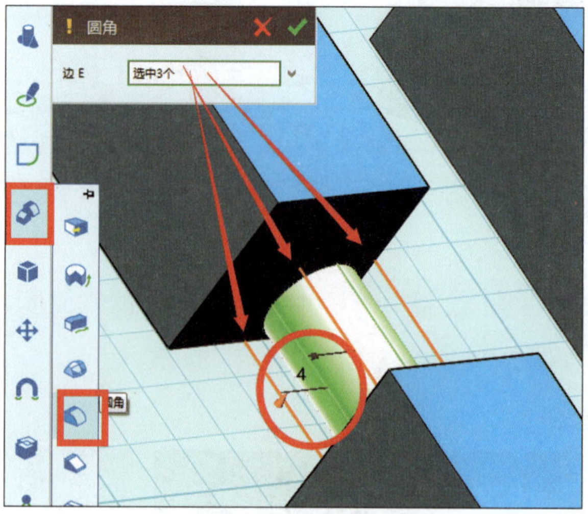

图 2-21

5. 至此，孔明锁就设计制作完成了，如图 2-22 所示。选择“本地保存”命令，将文件名设置为“孔明锁”，保存在计算机中。

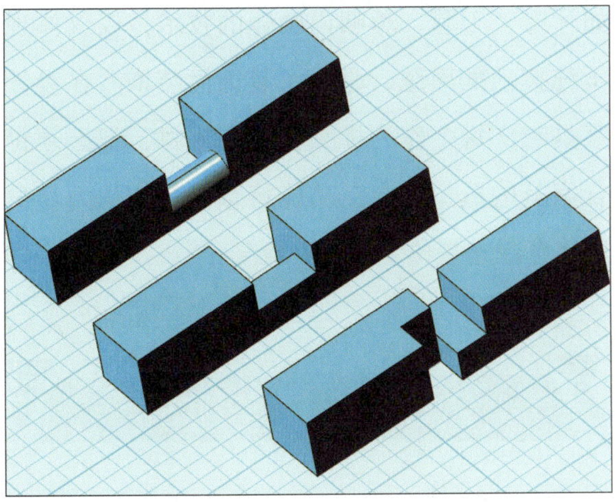

图 2–22

2.4 榫卯结构

中国古建筑大多以木材、砖瓦为核心材料，以木构架结构为主要结构方式，由立柱、横梁、顺檩等主要构件建造而成。各个构件之间的结点以榫卯结构相结合，构成富有弹性的框架，如图 2–23 所示。

图 2–23

榫卯结构的发明让历史的车轮向前跨进了一大步。这种构件连接方式使中国古代的木质结构在当代成为刚架、框架、排架都无法与之相比的特殊柔韧性结构体，如图 2–24 所示。榫卯结构不仅能承受较大的载荷，同时在激烈晃动时，允许产生一定的形变。这种形变往往能够在地震发生时吸收掉一部分地震波的能量，对减少地震对房屋建筑的破坏起到不可忽视的作用。

图 2–24

榫卯结构是在两个互相连接的木构件上采用的一种凹凸连接方式。其中，凸的部分为榫，或者叫榫头；凹的部分为卯，或者叫榫眼、榫槽。榫、卯互相咬合，起到连接的作用。中国古建筑、家具以及其他一些木制玩具的主要结构就是榫卯。榫卯是木构件之间的长短、高低、尺寸的精巧组合，可以大大改善木构件之间的扭动或脱落。最简易的榫卯结构由两个构件组成：把具有榫头的结构插入带有榫眼的结构中，将二者连接在一起。榫头插入榫眼的部分称作榫舌，其他部分简称榫肩，如图 2–25 所示。

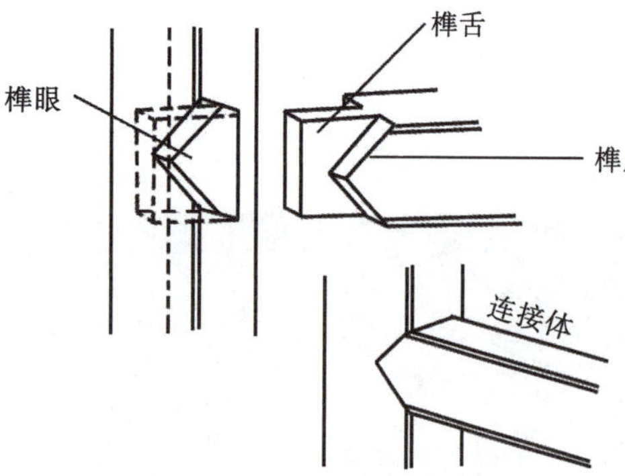

图 2–25

榫卯结构广泛用于建筑，同时也广泛用于家具，体现了家具与建筑之间的密切关系。榫卯结构应用于房屋建筑后，虽然每个构件都比较单薄，但整体上却能承受巨大的压力。这种结构不在于个体的强大，而是互相结合，互相支撑，这种结构成了后代建筑和中式家具的基本模式，如图 2–25 所示。

在中国古典家具的设计中，榫卯设计不仅可以满足人们的视觉美感，还具有较高的科学性，长久耐用。而同期的其他中国手工艺作品，如牙雕、玉雕、鼻咽内画壶的技术，仅仅体现了纯技巧的熟练，是为了装饰而装饰。在设计家具时，每个作为榫头榫眼的木材，都必须符合家具的造型特点、功能特点，并能从力学角度体考虑连接位置的受力情况。

2.5 拓展与挑战

小朋友们可以利用本章学会的方法和技术，尝试设计制作如图 2–26 所示的六根鲁班锁结构。可试着打印出来，和其他小朋友一起解密鲁班锁。

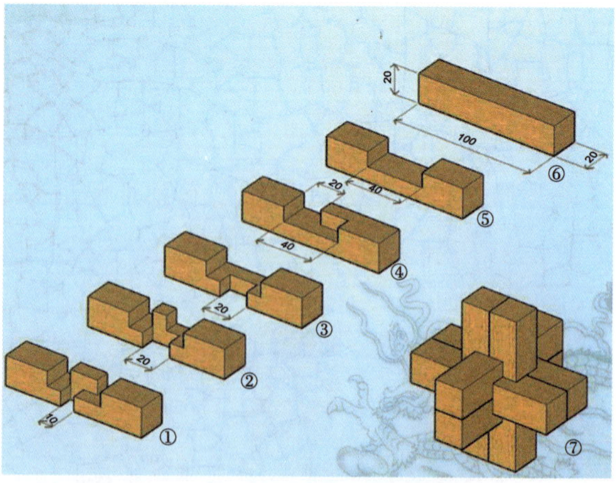

①～⑥鲁班锁的 6 根构件；⑦鲁班锁的整体结构

图 2–26

第3章

积木世界

3.1 积 木

小朋友们，积木是我们最为喜爱的玩具。我们可以利用积木搭建喜爱的建筑模型，如搭桥梁、盖房子、建城堡等。图 3-1 就是一个用积木搭建好的城堡。

图 3-1

积木一般是不同形状的几何体，材料大多是塑料和木材。积木的各个表面通常会装饰有漂亮的图案、字母或数字。通过不同的排列组合，可以搭建出各种有趣的形状。

小朋友们在玩积木的时，不仅可以锻炼自己的动手能力、逻辑思维能力等，而且积木中的排列、接合、不规则、对称等也有助于开发智力。

3.2 学习目标

1. 结合生活实际情况，练习增材搭建建模思维。

2. 了解尺寸的概念。

3. 练习空间视图的调节方法，增强空间立体感。

4. 能够对不同实体所在的空间位置进行调整。

5. 学习复制相同实体的方法。

6. 学习结构变形方法。

7. 学习运用布尔运算进行减法操作。

3.3 设计搭建积木塔

下面我们一起使用青少年三维设计软件设计搭建属于自己的积木塔吧！

1. 积木塔搭建有两种方式：

（1）准备好需要搭建的积木，如图 3-2 所示，然后利用第 2 章学习的点到点移动方式，完成积木塔的搭建，如图 3-3 所示。

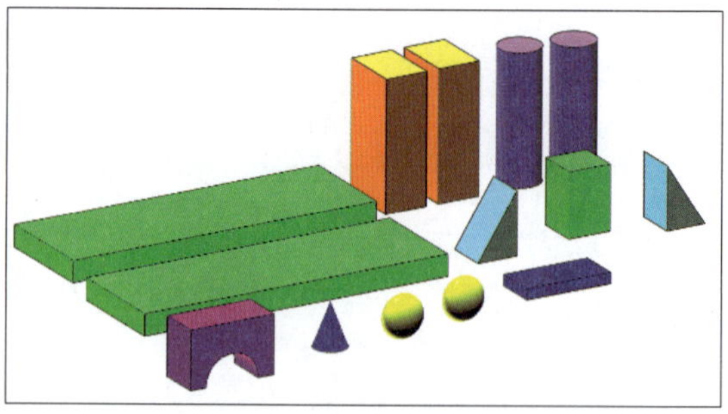

图 3-2

图 3-3

这种方式需要提前设定好积木的尺寸，否则在搭建过程中很可能因为尺寸大小不合适，导致无法完成积木塔地搭建。

（2）利用基本实体功能，通过叠加的方式，由下至上搭建积木塔。这种方式可以根据已经搭建的结构自由决定下一步要搭建什么。这种方式自由度更高，创新性更多。下面将具体介绍第二种积木塔搭建方式。

2. 制作第一层。打开青少年三维设计软件，在“基本实体”命令 中选择“六面体”命令 ，在网格面上绘制如图 3–4 所示的矩形。鼠标移动到工作区，单击左键选择六面体放置位置，拖拽橘色箭头调整形状（调整尺寸的方式还可以通过鼠标单击数值，用键盘输入相应的数值，按【回车】键执行），单击“确定”按钮。完成第一层积木塔的设计制作。

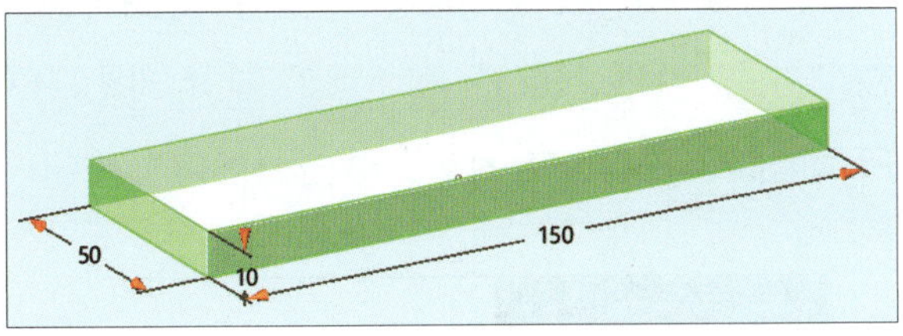

图 3–4

3. 设计制作第二层。

（1）在第一层长方体的上表面绘制 2 个六面体、2 个圆柱体。将要绘制的六面体和圆柱体放在底面长方体的适当位置。为了使放置的位置更加准确，可通过视图导航器调整视角。单击“视图导航器” （以下简称“骰子”）的“上”视角，将视图调节成如图 3–5 所示的样子。

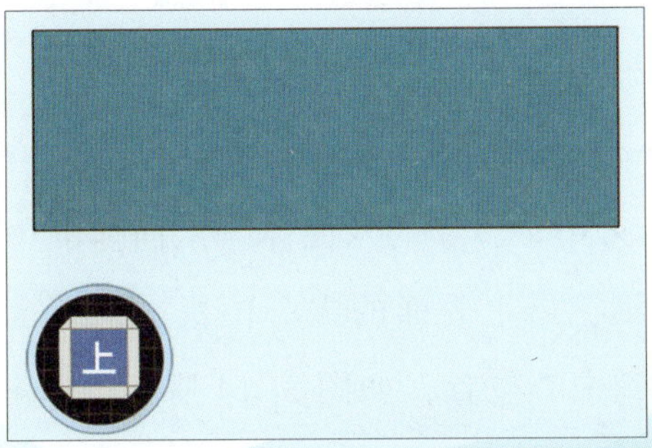

图 3–5

第二层六面体的尺寸参数如图 3–6 所示，长 20，宽 30，高 60，单击“确定”按钮。

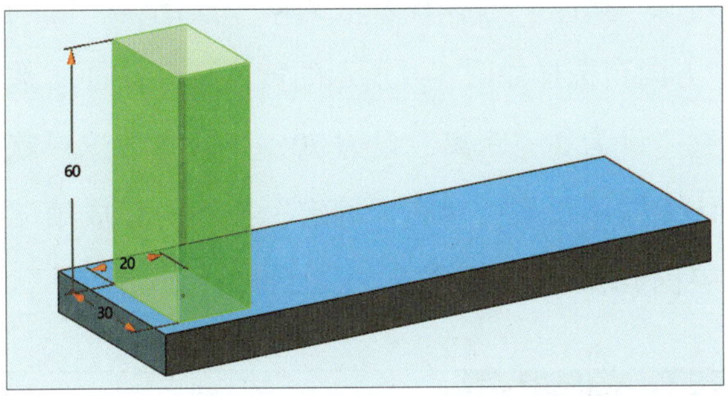

图 3–6

第二层圆柱体的尺寸参数如图 3–7 所示，半径为 10，高为 60，单击“确定”按钮。

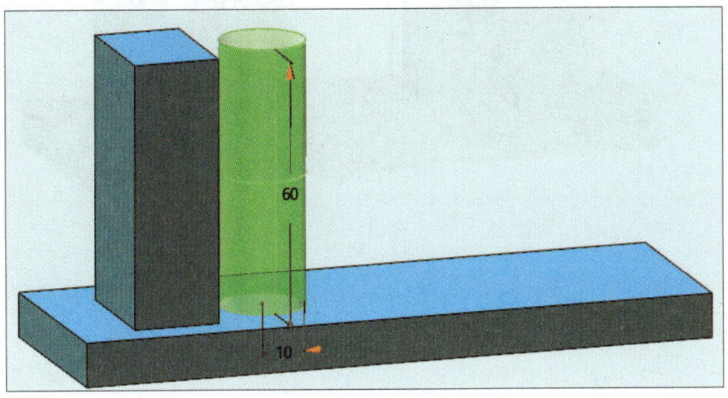

图 3–7

（2）选择“基本编辑” 中的“镜像”命令 ，“实体”选择上一步绘制的长方体和圆柱体，“方式”为线，“点 1”和“点 2”选择如图 3–8 所示的点（点选的位置为边线中点），单击“确定”按钮。完成第二层积木塔的设计制作。

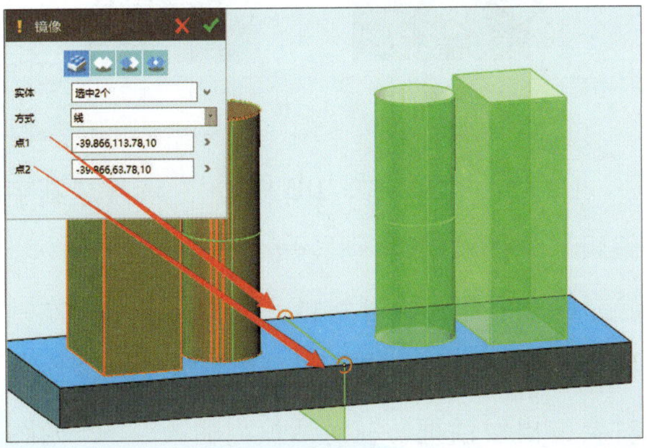

图 3–8

4. 设计制作第三层。选择“基本编辑”中的“阵列”命令，阵列类型选择“线形阵列”,“基体”选择积木塔的第一层结构，阵列“方向”选择如图 3-9 所示的黄色箭头方向,“数量”设为 2,“距离”设为 70，其余参数选择默认参数不设置，单击“确定”按钮。完成第三层积木塔的设计制作。

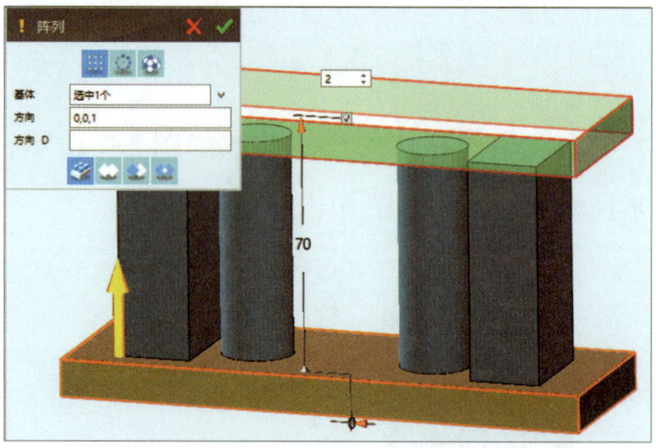

图 3-9

5. 设计制作第四层。

（1）从第三层上表面开始绘制六面体。六面体中心位置如图 3-10 所示，尺寸参数：长 10，宽 30，高 35，单击“确定”按钮。

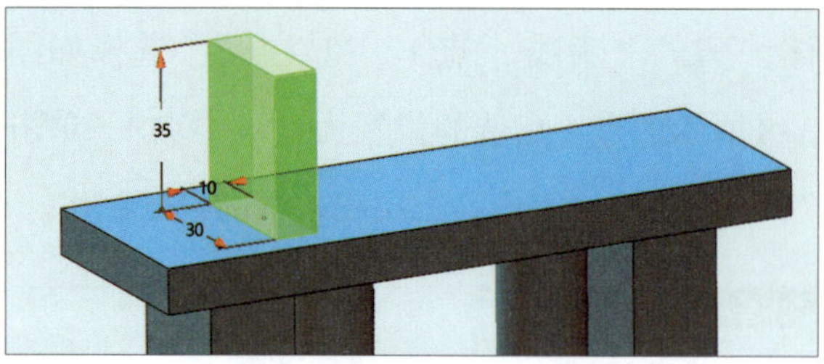

图 3-10

（2）给六面体做“DE 移动”。选择“基本编辑”中的“DE 移动”命令，选中上一步绘制的六面体，如图 3-11 所示，按下鼠标左键拖拽弹出的坐标手柄上的绿色弧线，按住拖拽时会弹出对话框，在对话框内输入 -45，如图 3-12 所示，单击“确定”按钮，完成 DE 移动。

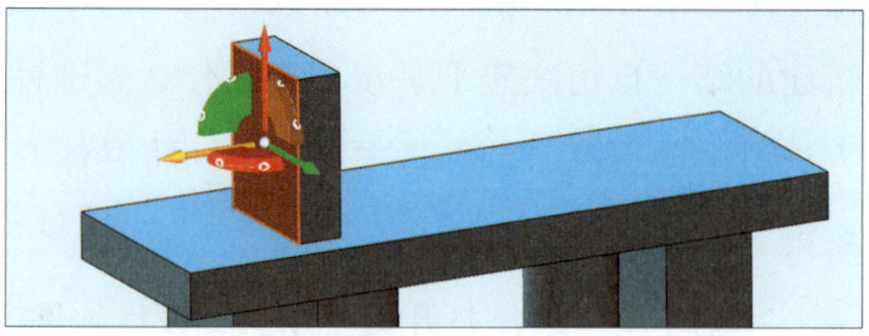

图 3-11

图 3-12

（3）采用“镜像”命令。“实体”选择三棱柱,“方式”为线,“点 1”和“点 2”选择如图 3-13 所示的红色箭头所指的点，单击“确定”按钮。

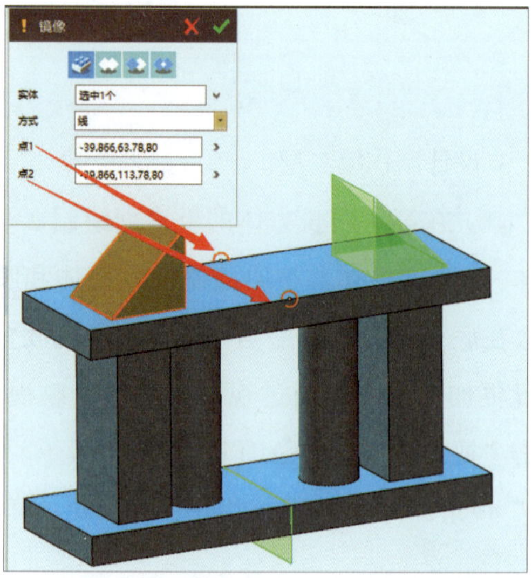

图 3-13

（4）在第三层六面体的中间位置绘制一个 35 × 30 × 27.5 的六面体。六面体的中心放置在第三层上表面的中心位置，系统会自动捕捉到中心位置，如图 3-14 所示，单击“确定”按钮。完成第四层积木塔的设计制作。

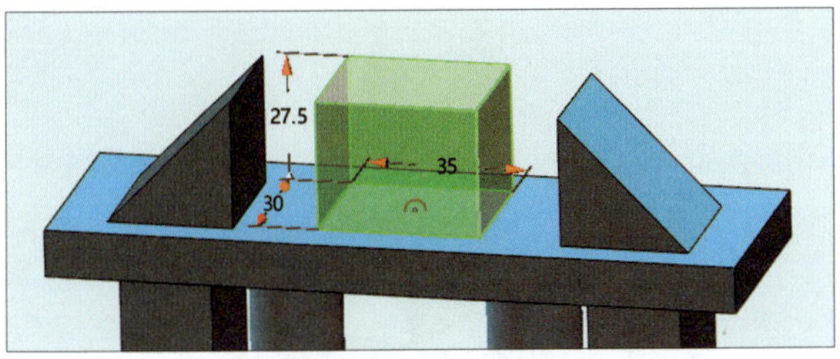

图 3-14

6. 设计制作第五层。选择“六面体”命令，在如图 3-15 所示的面上绘制 85×40×5 的六面体，中心放置在第四层六面体顶面的中心位置，单击“确定”按钮。完成第五层积木塔的设计制作。

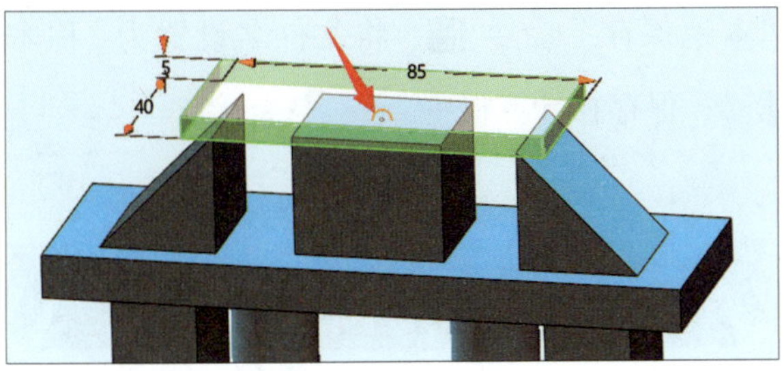

图 3-15

7. 设计制作第六层。

（1）在第五层六面体的上表面，如图 3-16 所示，绘制 50×30×50 的六面体，中心点选择第五层六面体上表面的中心位置，单击“确定”按钮。

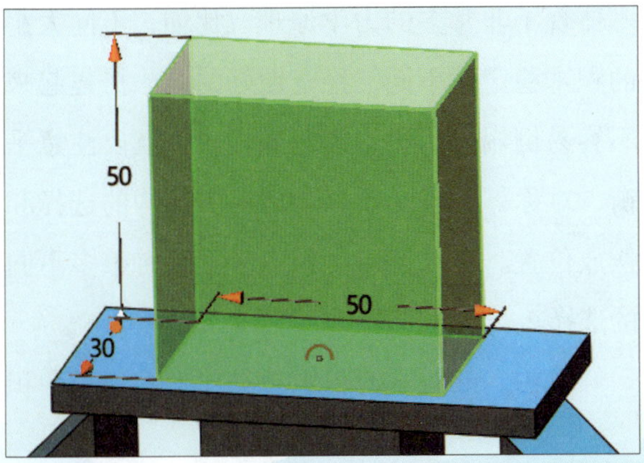

图 3-16

（2）在如图 3-17 所示的中心位置绘制半径为 20、高度为 -80 的圆柱体（-80 表示方向为反向 80），“对齐平面”选择如图 3-17 所示的黄色平面，单击“确定”按钮。

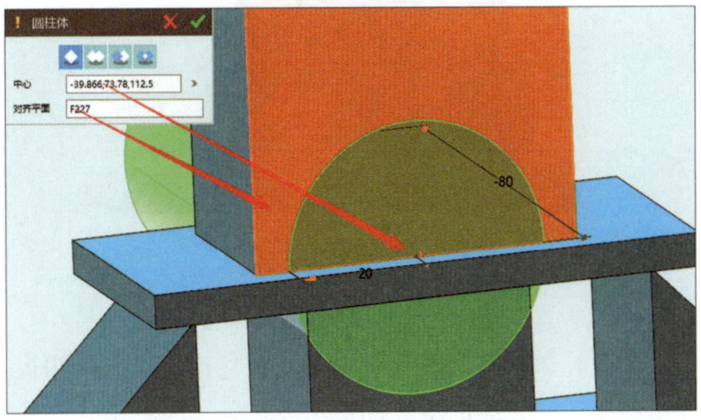

图 3-17

（3）选择“组合编辑”命令，布尔运算选择“减运算”，“基体”选择六面体，“合并体”选择圆柱体，如图 3-18 所示，单击“确定”按钮，完成组合运算，如图 3-19 所示。

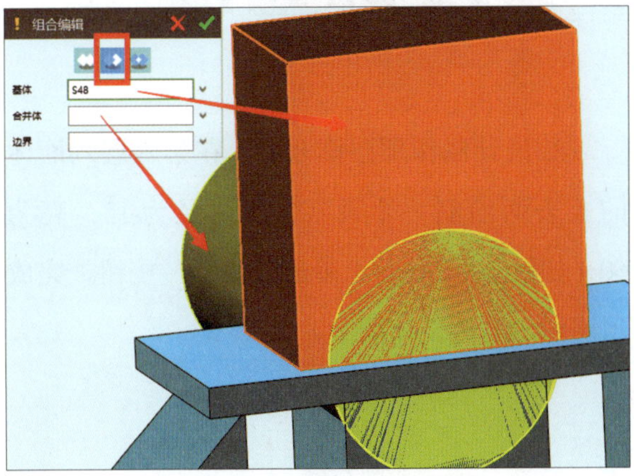

图 3-18

图 3-19

（4）在六面体左侧面的面中心位置绘制如图 3-20 所示的椭球体，单击“确定”按钮。

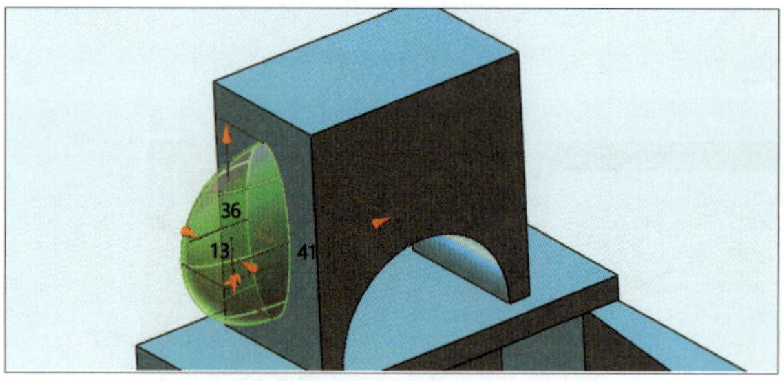

图 3-20

（5）采用“镜像”命令，完成复制，如图 3-21 所示。完成第六层积木塔的设计制作。

图 3-21

8. 设计制作顶层第七层。在第六层六面体的上表面绘制一个圆锥体。半径为 15，高为 60，如图 3-22 所示，单击“确定”按钮。完成顶层积木塔的设计制作。

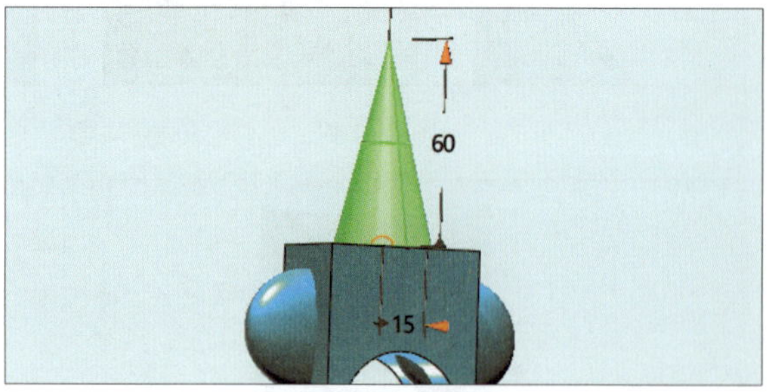

图 3-22

9. 完成后，选择“颜色”命令，为每一块结构添加颜色，整体效果如图 3-23 所示。完成积木塔的搭建。

图 3-23

10. 至此，积木塔就设计制作完成了。选择“本地保存”命令，将文件名设置为“积木塔”，保存在计算机中。

3.4 积木的种类

通过三维设计软件的基本实体命令，可以搭建各式各样的造型，如摩天大楼、长江大桥、古代宫殿等建筑，也可以搭建战斗机、赛车等玩具。在计算机中搭建积木造型几乎没有限制，可以发挥无限创意。但是，在现实生活中，积木体现了非常多的力学原理。比如，不同大小的积木稳定性不同，稳定性好的结构搭建起来不容易倒塌。用积木搭建高楼时，就要注意平衡、对称等关系，还要考虑上下结构的选择和摆放位置。所以，搭建积木时也会有很多不同的选择。

现在，市面上的积木种类非常多，每种积

木都有自己的特点和玩法。根据积木的不同特点，具体可以分为以下几种情况。

1. 按照积木颗粒大小分类。

（1）大颗粒积木：防吞咽，更安全。

（2）小颗粒积木：零件精细，玩法丰富。

2. 按照积木玩法分类。

（1）堆积式积木：多为布质积木、木质积木、硅胶积木，结构简单。

（2）组装式积木：组件复杂，需借助工具组装零件。

（3）拼插式积木：多为塑料积木，常见有塑料颗粒积木、磁力片积木、雪花片积木等，玩法多样。

（4）能动式积木：在组装式积木和拼插式积木中加入驱动装置，就可以实现能动式积木。

3. 按照积木的材质分类。

（1）布质积木：柔软，耐摔，更加安全。

（2）木质积木：坚固，有质感，不易变形，利于空间搭建。

（3）塑料积木：分为软塑料积木［胶质积木和泡沫/乙烯–醋酸乙烯共聚物（EVA）积木］和硬塑料积木两大类。软塑料积木更安全，硬塑料积木更利于场景表现。

3.5 拓展与挑战

小朋友们可以利用本章学会的方法和技术，尝试搭建图 3–24、图 3–25 所示的结构。

图 3–24

图 3–25

第4章

易趣七巧板

4.1 七巧板

七巧板又称“智慧板”，是中国古代的一种拼板工具。七巧板中有长方形、平行四边形和三角形。它虽然只有简单的 7 块板，却能拼出千变万化的图形，如图 4–1 所示。

图 4–1

谁能想到呢，这种玩具是由一种古代家具演变来的。[①] 七巧板的发明最早是受唐朝家具“燕几”（图 4–2）的启发。“燕”者，“宴”也，所谓“燕几”乃是用于宴请宾客的案儿，可以根据宾客的数量进行任意的拆分组合。

北宋时期，官任秘书郎的黄伯思对“燕几”加以改进，设计了 6 件一套的长方形案儿。宴请宾客时，根据宾客数量进行组合，平时又可以分散开，单独陈设书籍和古玩。由于以 6 为度，也称“骰子桌”。

黄伯思的好朋友非常喜欢他设计的“骰子桌”，并在他的设计基础上加了一张小儿，重新命名为“七星桌”。在这些案儿的分分合合中，七巧板的雏形逐渐形成。

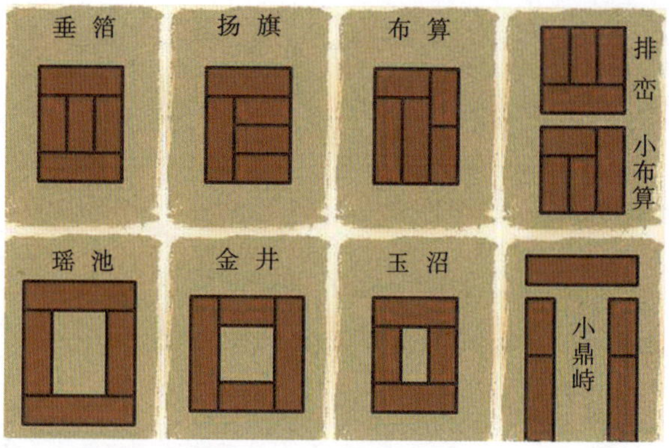

图 4–2

在明清七巧板鼎盛时期，智慧的古人给七巧板加入了三角形，大大增加了 7 块板子之间的组合方式。之后又经过不断的演化，最终形成了今天的七巧板。

18 世纪，七巧板流传到国外，引起了外国人极大的兴趣，有人甚至通宵达旦地玩。这个“来自中国的拼图”，也被叫作“唐图”。直到现在，英国剑桥大学的图书馆还珍藏着一部《七巧新谱》，李约瑟说它是“东方最古老的消遣品”之一。美国作家埃德加·爱伦·坡利用象牙制作了一副精美的七巧板。拿破仑在流放生活中，也把七巧板作为闲暇游戏。谁能想象七巧板居然会跟卡洛尔、杜雷、亚当、爱伦·坡以及拿破仑等著名人物有联系呢？事实上，他们都是七巧板的忠实爱好者。

你玩过七巧板吗？你知道七巧板在生活中有哪些应用吗？在现代生活中，某些家具也应用了七巧板的设计，如图 4–3 所示的七巧板书架。

① 三 A 教育网 . 七巧板的由来［EB/OL］.（2013–01–01）［2019–03–19］. http://www.aaajy.com/news/2429.html.

图 4–3

七巧板由 7 块板组成，拼好的完整图案为正方形。七巧板包括 5 块等腰直角三角形（2 块较小的、1 块中等大小的和 2 块较大的）、1 块正方形和 1 块平行四边形的板，如图 4–4 所示。

图 4–4

就是这样的 7 块板可以拼排出千变万化的几何图形，形拟各种自然事物，“纵横离合变化无穷”。七巧板的特点是巧、变、复、朴、尖、合，渗透了中华文化的易理。无论在古代还是现代，七巧板都是用以启发小朋友智力的良好伙伴。它能够把小朋友对实物与形态之间的桥梁连接起来，能够培养小朋友的观察力、想象力、形状分析能力及创意逻辑力。

七巧板很好制作。先拆分结构，在纸板上画一个大小为 48 × 48 的正方形，并分为 16 个大小相同的小方格，如图 4–5 所示。

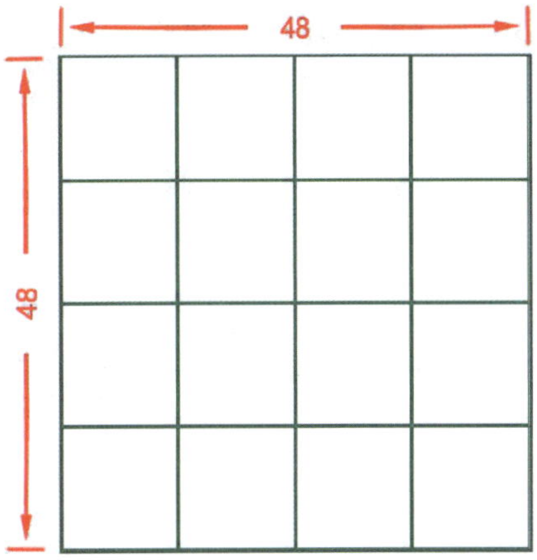

图 4–5

参照图 4–6，连接各条线段再按照连线进行裁剪就能得到七巧板的 7 块板子了。

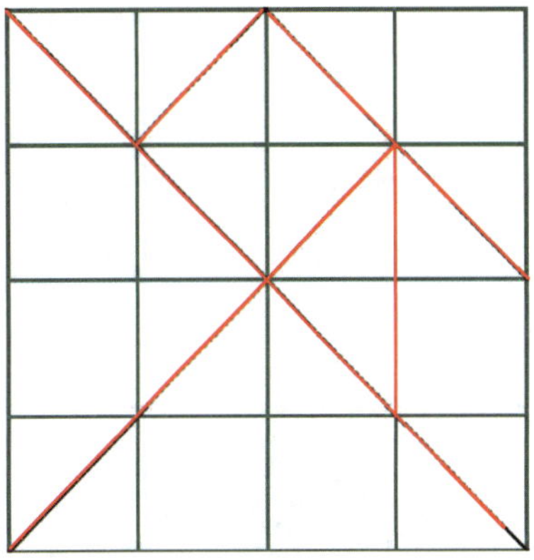

图 4–6

4.2 学习目标

1. 结合生活实际情况，练习剪裁建模思维。
2. 了解七巧板带来的几何关系意义。
3. 掌握尺寸的概念。
4. 掌握草图绘制的基本方法和分割方法。

4.3 设计制作七巧板

1. 打开青少年三维设计软件，在“基本实体”中选择“六面体”命令，在网格面上绘制48×48×5的六面体，如图4–7所示，单击“确定”按钮。

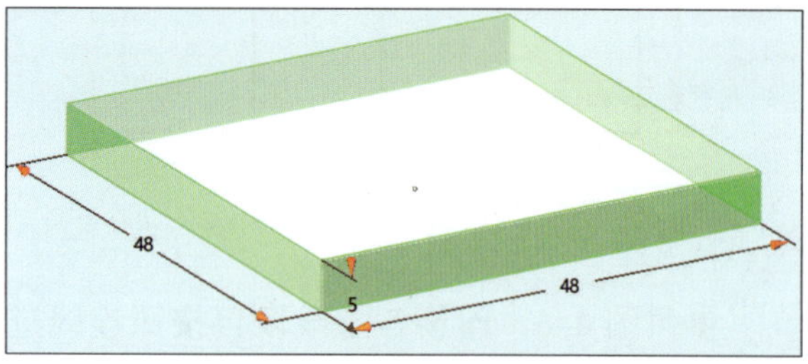

图 4–7

2. 单击骰子的“上”视角。选择“草图绘制”中的“直线”命令，单击六面体的顶面中心位置，作为绘制平面，选择“点1”和“点2”绘制直线，如图4–8所示。单击“确定”按钮。

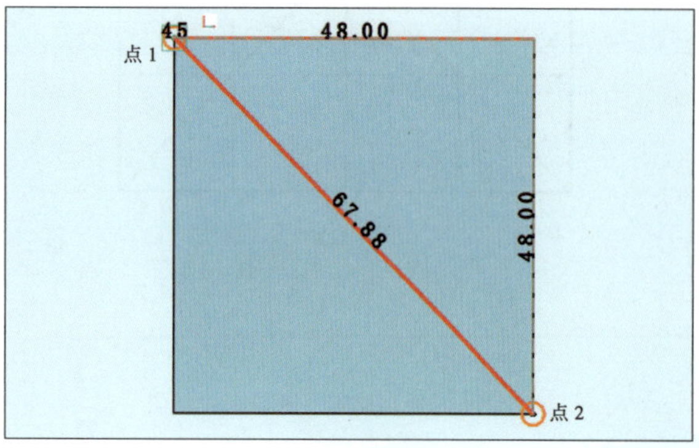

图 4–8

继续选择“直线”命令，绘制如图4–9 ~ 图4–12所示的直线（软件会自动捕捉线的端点、中点等特殊点，并自动识别直线之间的垂直、平行等几何关系）。

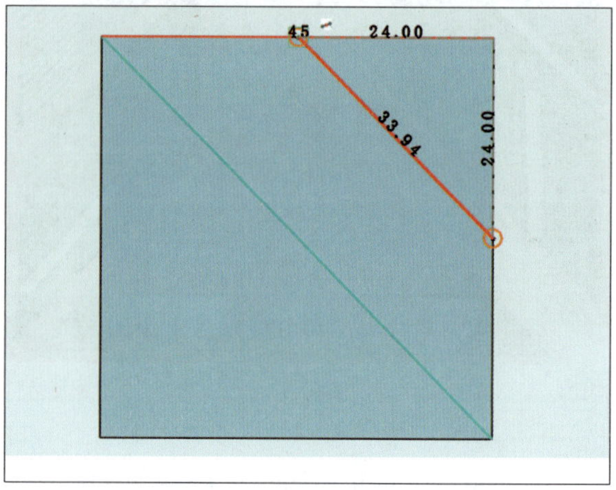

图 4–9

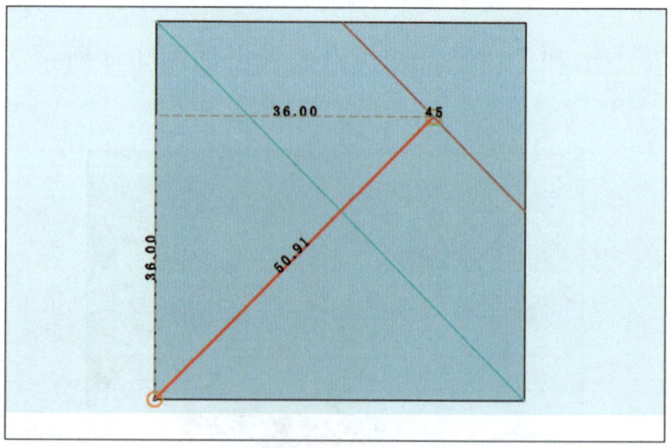

图 4–10

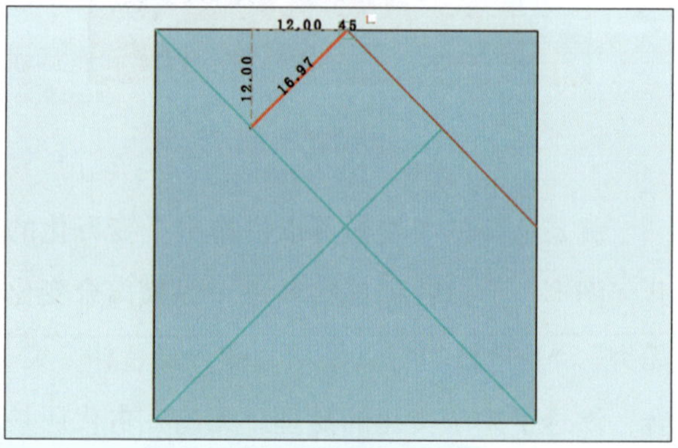

图 4–11

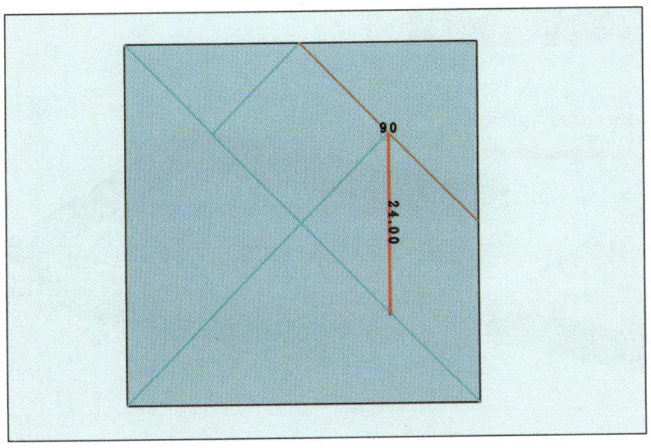

图 4-12

3. 选择“特色功能”中的“实体分割”功能。“基体”选择立方体，“分割 C”选择上一步绘制的草图，如图 4-13 所示。

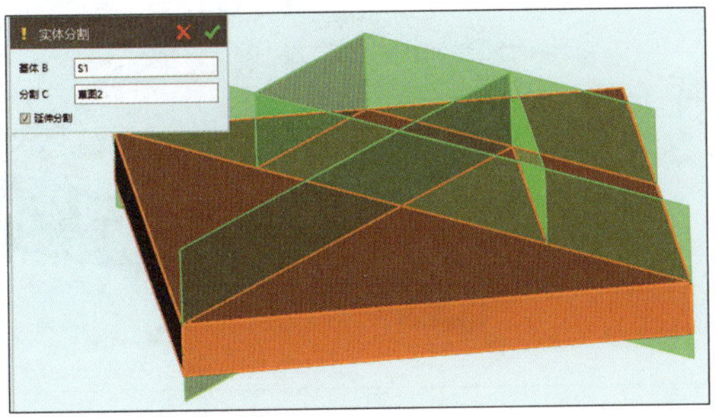

图 4-13

4. 分割完成后，选择“组合编辑”命令，布尔运算选择“加运算”，“基体”选择如图 4-14 所示的加亮结构，“合并体”选择如图 4-15 所示的加亮结构。单击“确定”按钮，完成组合，如图 4-16 所示。

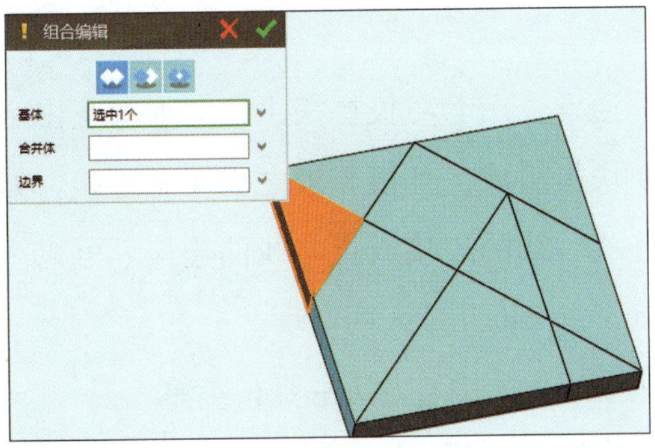

图 4-14

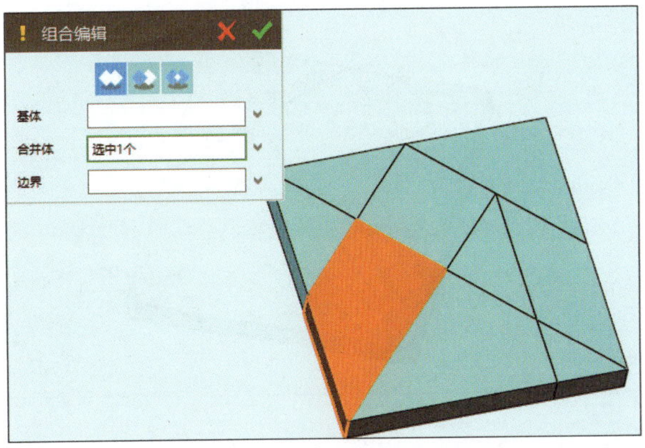

图 4-15

图 4-16

5. 继续使用“组合编辑”命令，将如图 4-17 所示的加亮的 2 块结构进行组合。单击“确定”按钮，完成七巧板制作，如图 4-18 所示。

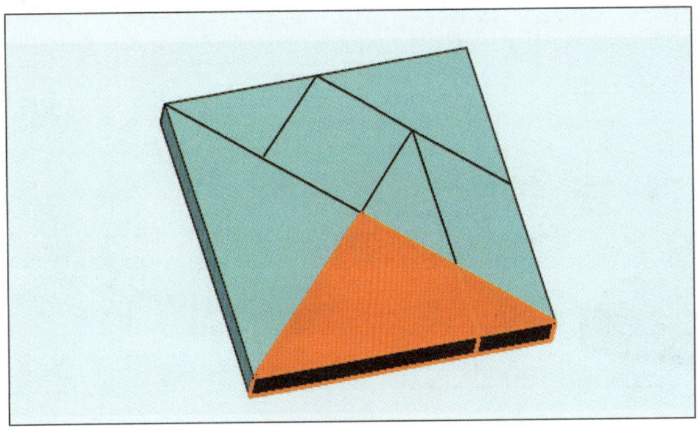

图 4-17

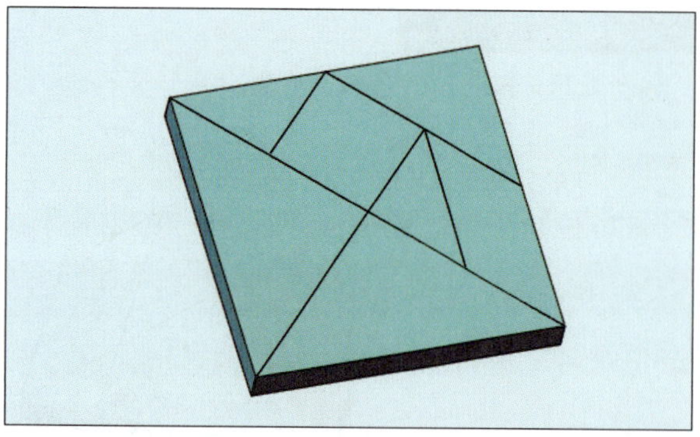

图 4-18

6. 选择“颜色”命令，为七巧板添加颜色，如图 4-19 所示。

图 4-19

7. 制作七巧板盒子。在七巧板旁边绘制一个 48.2×48.2×5 的六面体，如图 4-20 所示，单击“确定”按钮。

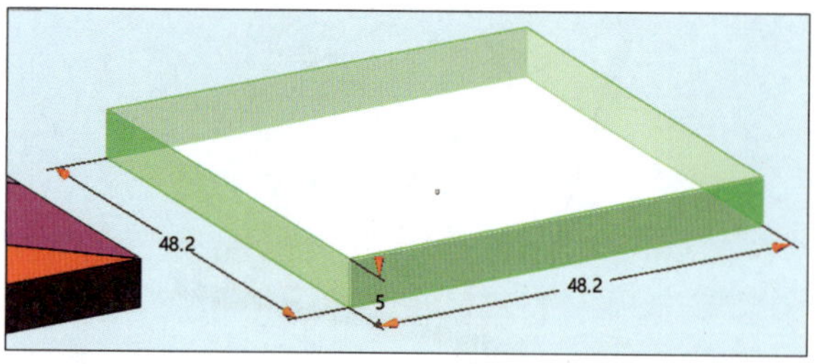

图 4-20

8. 选择“特殊功能”中的“抽壳”功能 ，“造型”选择上一步制作的六面体，“厚度”设为 2，“开放面”选择六面体的顶面，如图 4-21 所示，单击“确定”按钮。

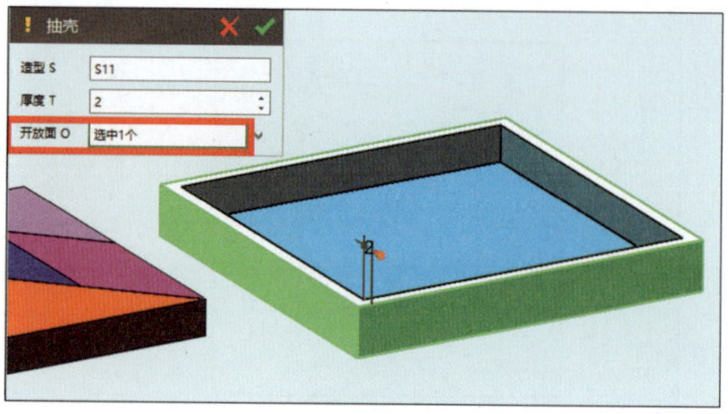

图 4-21

9. 按下鼠标左键拖拽盒子，放置在七巧板外侧（可以利用“点到点移动”命令，你还记得吗？），如图 4-22 所示。

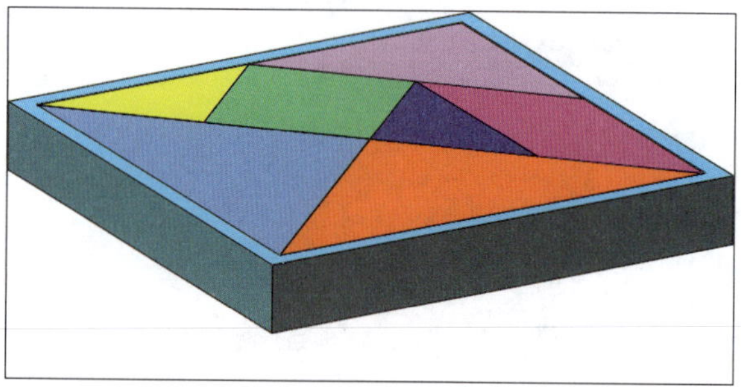

图 4-22

10. 至此，七巧板就设计制作完成了。选择“本地保存”命令，将文件名设置为“七巧板”，保存在计算机中。

4.4 七巧板的拼装

通常，用七巧板拼摆出的图形应当由全部的 7 块板组成，且板与板之间要有连接，如点的连接、线的连接或点与线的连接。可以一个人玩，也可以几个人同时玩。

七巧板的拼装方法主要有 4 种。

1. 依图成形，即从已知的图形来排出答案。

2. 见影排形，从已知的图形找出一种或一种以上的排法。

3. 自创图形，可以自己创造新的玩法、排法。

4. 数学研究，利用七巧板来求解或证明数学问题。

七巧板有很多种拼装方法，不同的拼摆、组合可以拼排出各种各样的图形，如高山、船舶、建筑、枪械或是奔跑、跳舞、站立、摔跤、游泳的人物以及水里的鱼、路上的猫狗等。拼摆七巧板是一种具有发散思维的活动，有利于培养小朋友的观察力、注意力、想象力和创造力。不仅可以娱乐，还具有教育价值，教学中也会经常出现。七巧板可以反复拆分和组合，引起了哲学、心理学、美学等领域研究者的兴趣，同时，其还可为商业广告和印章的制作提供辅助手段。

4.5 拓展与挑战

通过本章的学习，我们学会了通过线的方式对实体进行切割。其实切割的方式远远不止如此，还可以利用面、利用体进行切割。小朋友你知道面、体的切割怎么制作吗?

小朋友可以利用本章学会的方法和技术，尝试制作如图 4–23、图 4–24 所示的其他益智类结构。打印出来，和其他小朋友一起比拼一下吧。

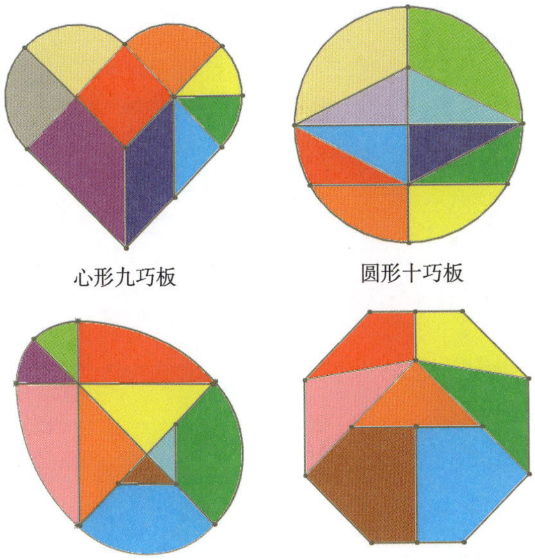

心形九巧板　圆形十巧板　蛋形九巧板　八卦七巧板

图 4–23

四巧板　七巧板 A　七巧板 B　七巧板 C

图 4–24

第5章

专属名牌

5.1 DIY

什么是DIY？它代表什么意思？DIY是英文“Do It Yourself”的缩写，意思是自己动手。DIY最早起源于计算机组装，慢慢发展至今已成为一种流行的生活方式。简单来说，DIY就是自己动手制作自己喜欢或想要的东西，不受专业资质、材料、工具等限制，想做就做。每个人都可以进行DIY定制，展示最好的自己。

根据生活中的灵感，开动大脑，通过自己的双手去创造，这就是DIY的最高境界。DIY的精神则体现在只要想得到，就能做得到。DIY秉持着“源于自然，回归自然”的理念。让我们放松自己，去感悟身边一切美丽的事物，为生活加点儿糖！

DIY具有独特的魅力，它能在消费最低的金钱基础上，让我们体验生活的美好，享受美丽的心情，并且每一个DIY作品都蕴涵了创作者丰富多彩的一面！DIY正是回归真我，彰显个性之美的体现。

时代，需要个性；潮流，离不开个性的灵魂。现代生活的一切都讲究创新、新颖，而彰显个性正是彰显自己的想法、建议，发挥个人创意的表现。我们应该勇于展现、彰显个性，让创新、创造丰富我们的生活。本章就让我们一起学习为自己DIY一个专属名牌吧。

5.2 学习目标

1. 掌握空间视图的调节方法，增强空间立体感。

2. 了解草图绘制的方法和要求。注意，在绘制草图的时候，绘制的图形轮廓必须是环形封闭且不互相交叉的，但不唯一。

3. 学习通过草图建立实体的方法。将草图转变成立体造型的基本方式有4种：拉伸、旋转、扫掠、放样。

4. 学会浮雕效果的制作方法。

5. 掌握使用布尔运算进行加法操作。

5.3 设计制作名牌

1. 打开青少年三维设计软件，单击骰子的“上”视图。选择“草图绘制”中的“矩形”命令，选择网格面作为绘制平面，在网格面上绘制尺寸为68×45的矩形（名牌设计的图形可以自由定义，如爱心形、椭圆形等），如图5-1所示。

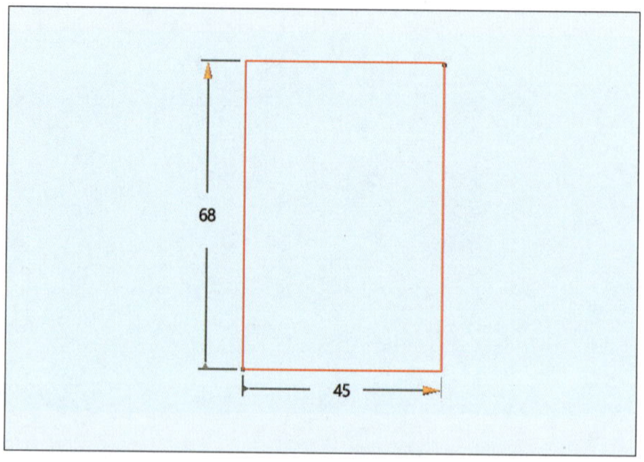

图5-1

2. 选择“特征造型”中的“拉伸”命令，将草图拉伸成“厚度”为5的立方体（在拉伸时一定要旋转界面，从侧面查看效果），如图5-2所示，单击“确定”按钮。

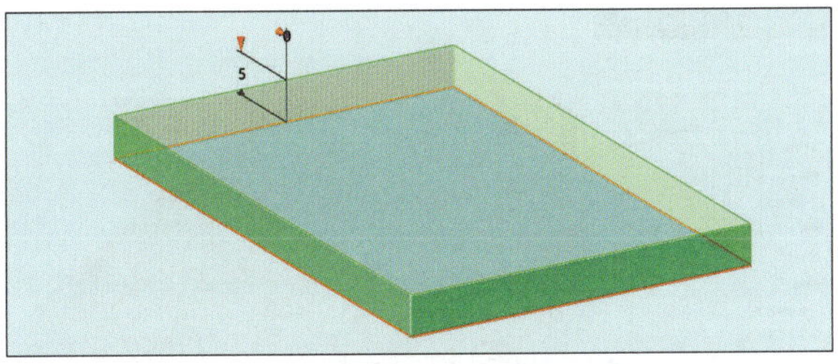

图 5-2

3. 在“特征造型”中找到“圆角”命令，圆角的“边”选择如图 5-3 所示的两条竖直边线，圆角大小设为 10，单击“确定”按钮。

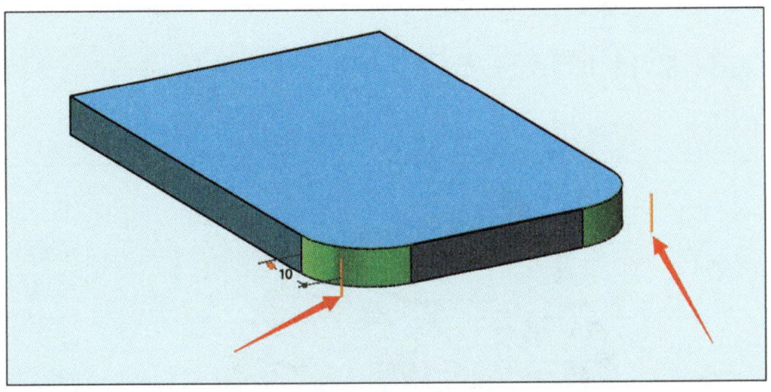

图 5-3

4. 双击图 5-4 所示的竖直边线，在悬浮菜单中选择“倒角”命令，倒角大小设为 18，如图 5-5 所示，单击“确定”按钮。在另外一侧也加上相同的倒角。

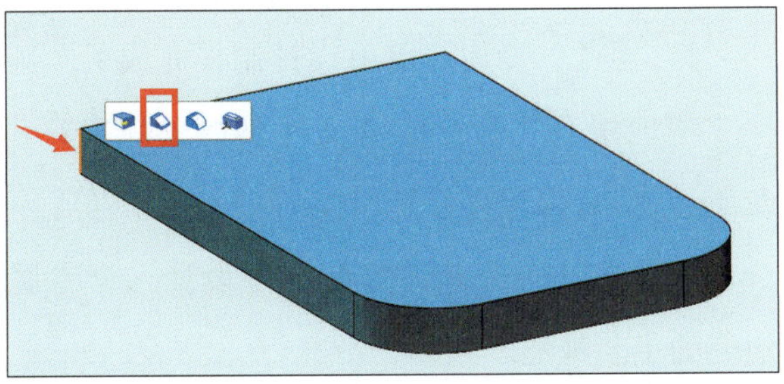

图 5-4

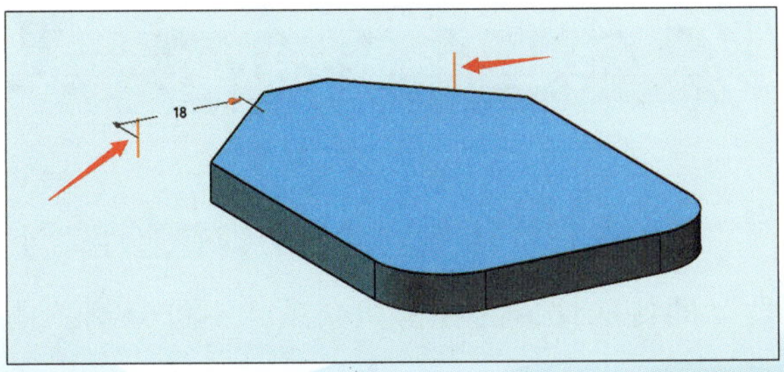

图 5-5

5. 单击骰子的“上”视角。选择“草图绘制”中的“预支文字”命令，单击名牌顶面中心位置，作为绘制平面。

在名牌上单击一点作为“原点”，如图 5-6 所示，在弹出对话框的“文字”中输入“CIE”（输入自己喜欢的文字），“字体”选择微软雅黑（推荐使用黑体或微软雅黑字体），“样式”默认，“大小”设置为 19（根据字的不同调整大小，适合名牌即可），单击“确定”按钮。

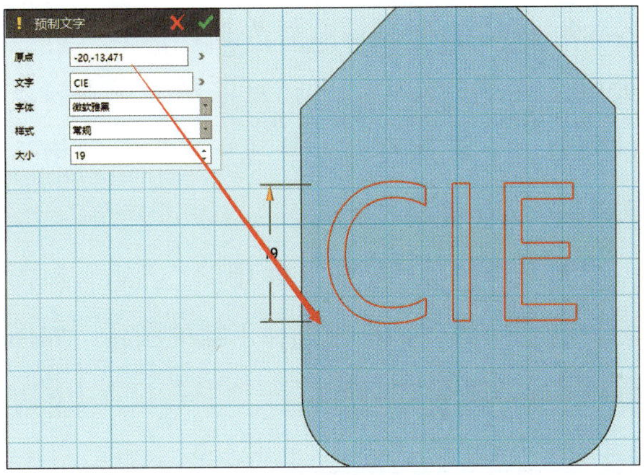

图 5-6

6. 选择“特征造型”中的“拉伸”命令，将文字拉伸。布尔运算选择“加运算”，“厚度”设为 2，如图 5-7 所示，单击“确定”按钮。

图 5-7

7. 在名牌一端开孔。选择“基本实体”中的“圆柱体”命令，布尔运算选择“减运算”，孔半径尺寸为2，厚度穿透即可，如图5-8所示，单击“确定”按钮。

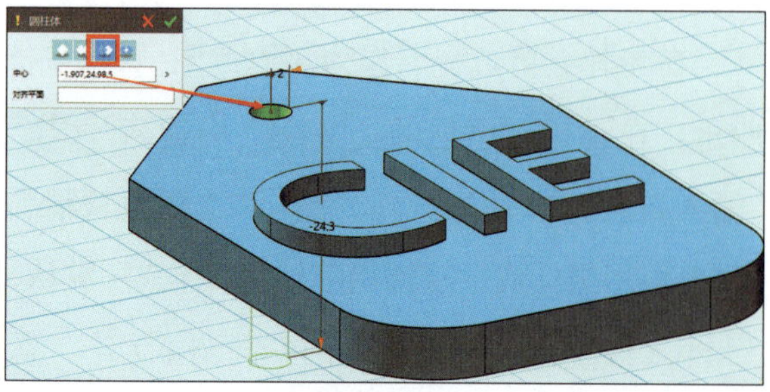

图 5-8

8. 按住鼠标右键旋转界面，在名牌的反面雕上喜欢的图案。可在互联网上搜索喜欢的图片，下载保存到计算机中。保存的格式为 .jpg、.png 等图片格式。

9. 选择“特殊功能”中的“浮雕”命令，在弹出的对话框中选择下载的图片，如图 5-9 所示，选择“打开”。

图 5-9

接下来，“面”选择如图 5-10 所示的面，“最大偏移”设为 1，“宽度”设为 40，“分辨率”设为 0.05，其他默认不变，单击“确定”按钮。

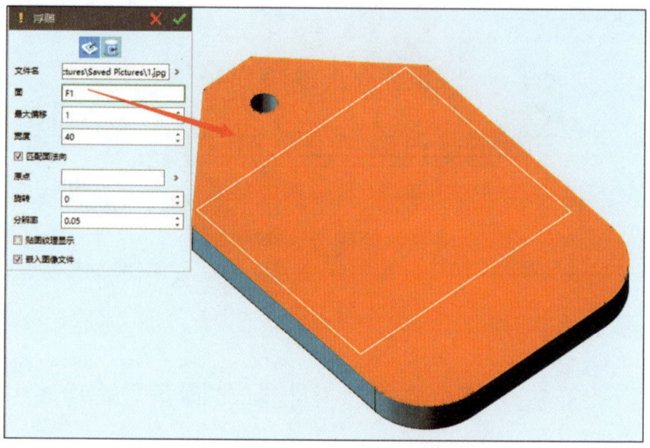

图 5-10

10. 选择“颜色”命令，为名牌添加颜色，如图 5-11 所示。

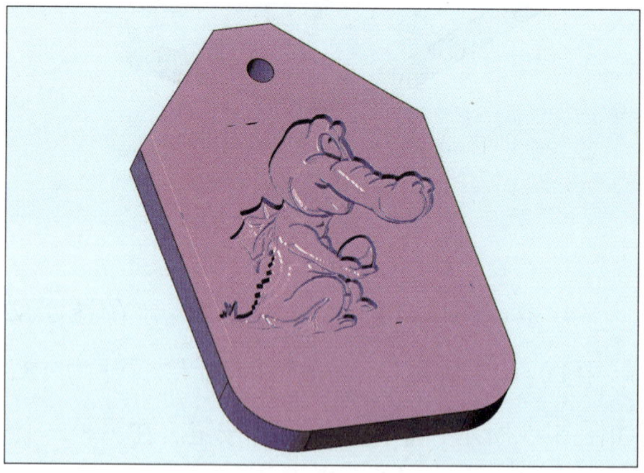

图 5-11

11. 至此，专属名牌就设计制作完成了。选择“本地保存”命令，将文件名设置为“× × 专属名牌”，保存在计算机中。

小朋友们，为其他好朋友也设计一个专属他们的小名牌吧。

5.4 个性的认知

唯物辩证法认为，“共性”即普遍性，“个性”即特殊性，两者密切联系，不可分割，是辩证统一的关系。一方面，共性寓于个性之中，并通过个性表现出来，没有个性就没有共性；另一方面，个性也离不开共性。世界上的事物无论如何特殊，它总是和同类事物中的其他事物有共同之处，总要服从于这类事物的一般规律，不包含普遍性的特殊性是没有的，即特殊性也离不开普遍性。①

个性并不是抛弃周围的环境去“特立独行”。我们生活在这大千世界，是芸芸众生中的一员，既要有共性的生活，也要突显个性。这样，才能在人生这个大画板上描绘出绚丽的色彩。

另外，有必要提一下，个性≠非主流。①

5.5 拓展与挑战

小朋友们可以利用本章学会的方法和技术，尝试制作校徽或其他个性名牌等，如图 5–12、图 5–13、图 5–14 所示。打印出来，分享、赠送给朋友们吧。

图 5–12

图 5–13

图 5–14

此外，小朋友们还可以尝试制作如图 5–15、图 5–16 所示的印章。

图 5–15

图 5–16

通过本章的学习，我们学会了在平面上设计制作文字以及图形，那如何在曲面上设计制作文字和图形呢？下一章我们将设计一种曲面结构。

① 百度百科．个性[EB/OL].(2018–10–29)[2019–03–22]. https://baike.daidu.com/item/ 个性 /34168?fr=aladdin#ref_［2］_8129113._

CIE

第6章

创意花瓶

6.1 花 瓶

花瓶是一种可以盛鲜花或植物的器皿，或大、或长、或圆、或不规则等，如图 6–1 所示。花瓶瓶身通常由玻璃或陶瓷制作而成，也有比较名贵的水晶材料。花瓶底部通常盛水，能使鲜花保持活性和美丽。

图 6–1

花瓶的“瓶”与平安的“平”同音，所以有平安和预示身体健康的寓意。很多人都喜欢在家里摆放花瓶，既可以美化环境，又有美好的寓意。花瓶的选择很重要，其材质、设计风格多种多样，在选择时应着重考虑其与家庭装饰风格的协调。这样就可以营造出更加和谐、舒适的家庭环境。

在现代都市生活中，花瓶仅具有实用性是远远不够的。设计师们在设计花瓶时还加入了更巧妙的心思，将美化家居的功能应用在花瓶上，让平凡的花瓶变得不平凡。一个设计独特的花瓶通常会让人眼前一亮，再配上美丽的鲜花，无论在哪里都将是一道亮丽的风景。

6.2 学习目标

1. 掌握草图绘制的方法和要求。
2. 学习旋转体的特征、制作方法和不同应用。
3. 学会结构变形方法。
4. 了解设计思维与方法。

6.3 设计制作花瓶

在设计制作花瓶前，有必要先弄清楚什么是旋转体。一条平面曲线绕着它所在的平面内的一条定直线旋转所形成的曲面叫作旋转面。该定直线叫作旋转体的轴。比如，直角三角形围绕一条直角边旋转得到的是圆锥体，如图 6–2 所示，矩形围绕一条边旋转得到的是圆柱体，如图 6–3 所示。

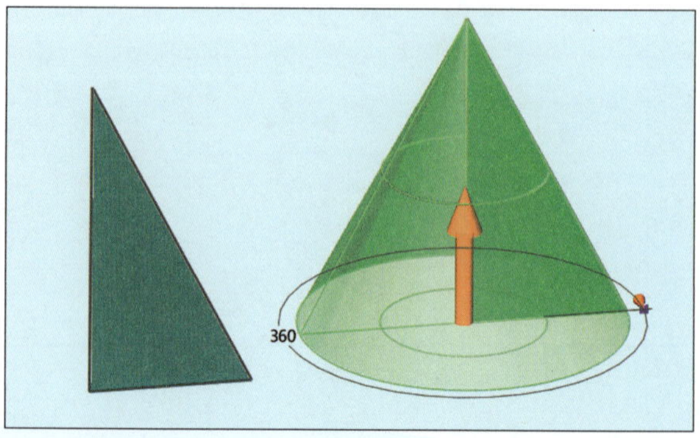

图 6–2

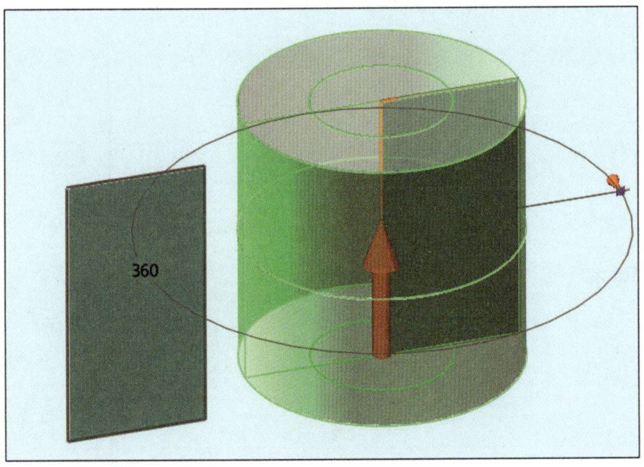

图 6-3

在了解了旋转体的基本概念后，下面请小朋友们一起来设计一个创意花瓶，让我们的城市和家更加美丽吧。

1. 打开青少年三维设计软件，单击骰子“上”视图。

（1）选择“草图绘制”中的“直线”命令，绘制如图 6-4 所示的图形，3 条直线首尾相连（尺寸可以根据设计需求自行定义）。

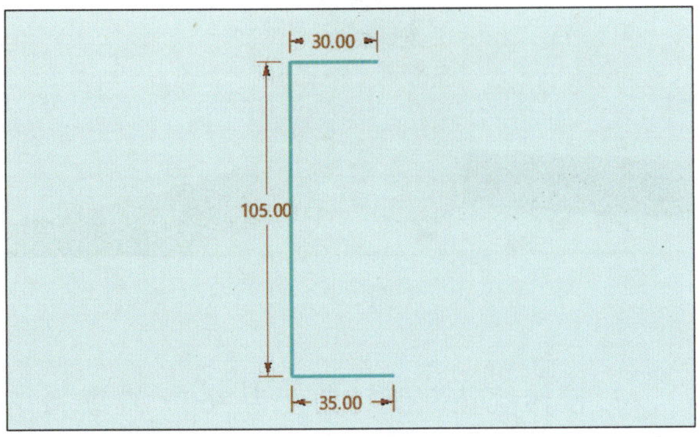

图 6-4

（2）选择“草图绘制”中的“通过点绘制曲线”命令，绘制如图 6-5 所示的曲线轮廓，单击“确定”按钮。需要注意的是，“通过点绘制曲线”时，不能在同一个地方点两次。图形可以在绘制完成以后，通过按住鼠标左键拖拽点来实现改变形状，如图 6-6 所示。

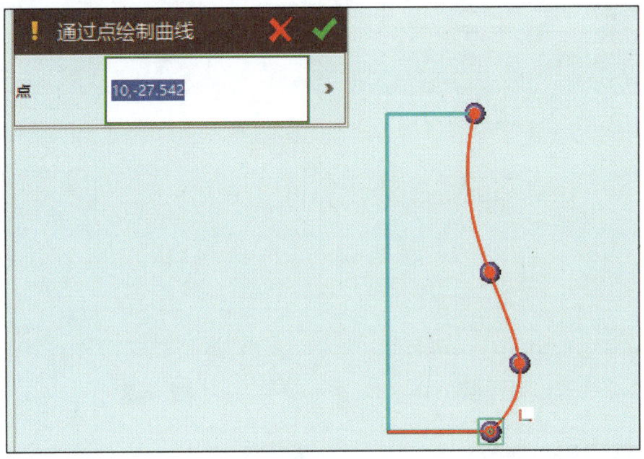

图 6-5

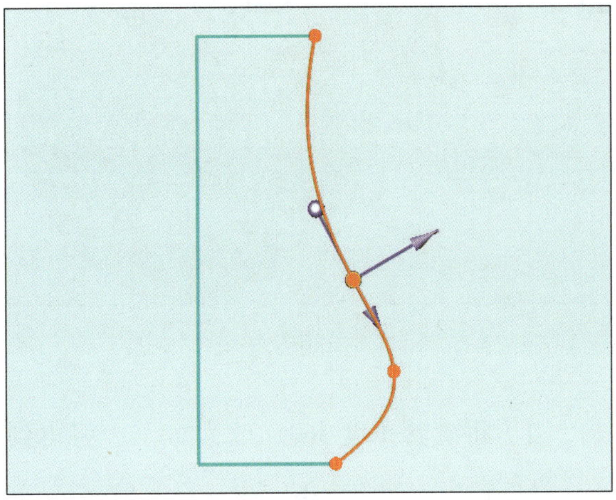

图 6-6

（3）检查草图曲线的连通性，不符合环形封闭性的草图，是不能被拉伸或旋转的。选择“显示曲线连通性”命令，如果图形中没有变化，即没有问题，如图 6-7 所示。如果图形中出现红色正方形或三角形，则说明该处不连通，草图需要修改，如图 6-8 所示。

确定草图没有问题后，进行下一步操作。

2. 选择“特征造型”中的“旋转”命令，“轴”选择最长的直线，如图 6-9 所示。

传统旋转体花瓶的旋转角度为 360°。这里我们将进行简单的改进。

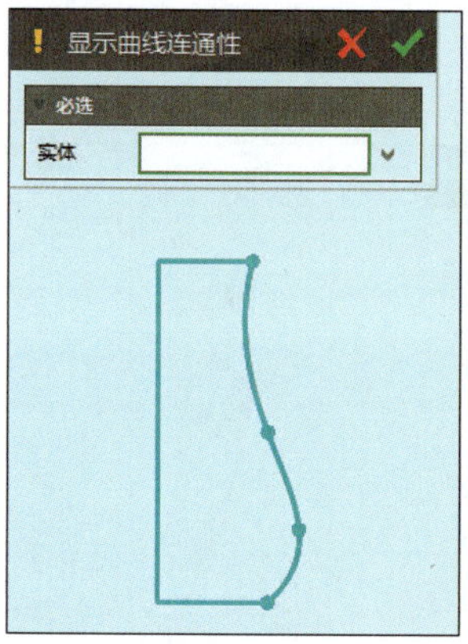

图 6-7

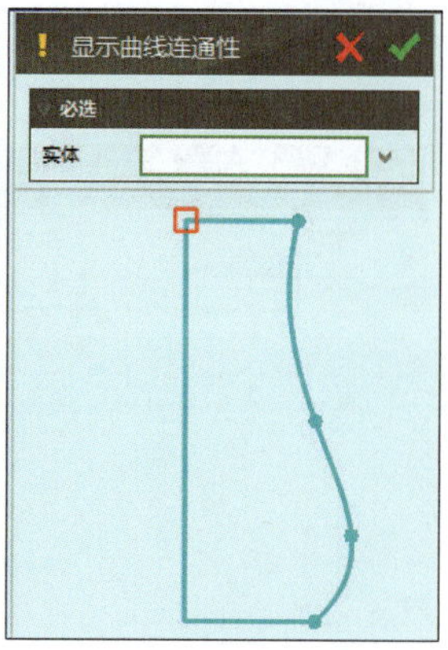

图 6-8

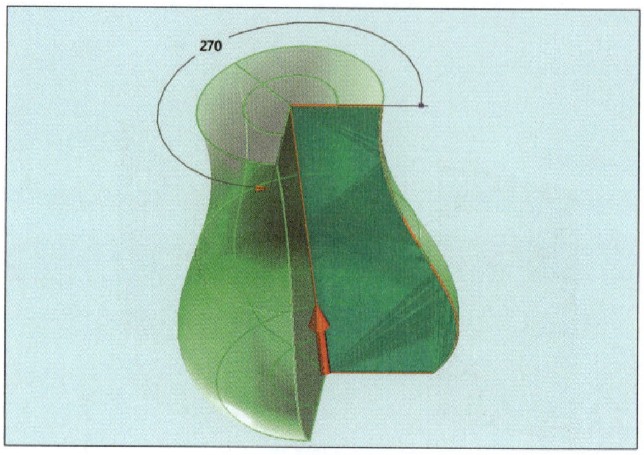

图 6-11

同学们想一想，这两种效果的花瓶，可以放在什么地方呢？它们可以分别放在不同墙角处，可大大增加空间的利用率，如图 6–12 所示。

图 6-12

3. 按传统花瓶旋转角度为 360° 继续制作花瓶。单击瓶子，在弹出的菜单中选择“抽壳”命令，如图 6–13 所示。“厚度”设为 –2（负号表示方向为反向），“开放面”选择瓶子的顶面，如图 6–14 所示，单击“确定”按钮。

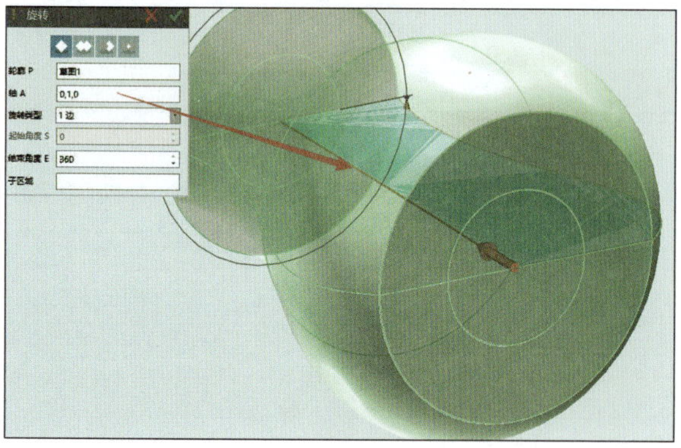

图 6–9

（1）将旋转角度 360° 改为 90° ，将得到一个新的造型，如图 6–10 所示。

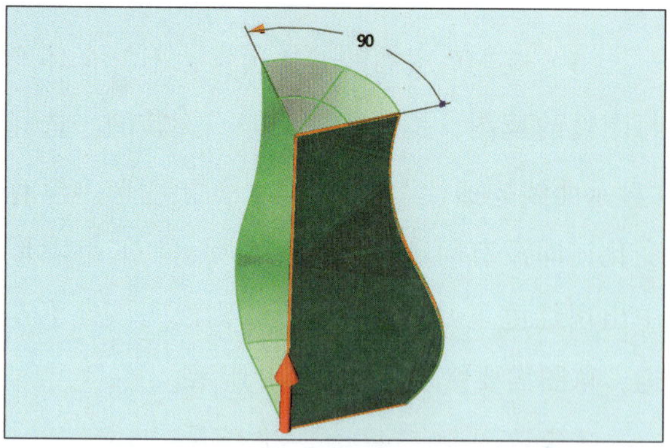

图 6–10

（2）将旋转角度设置为 270° ，将得到如图 6–11 所示的图形。

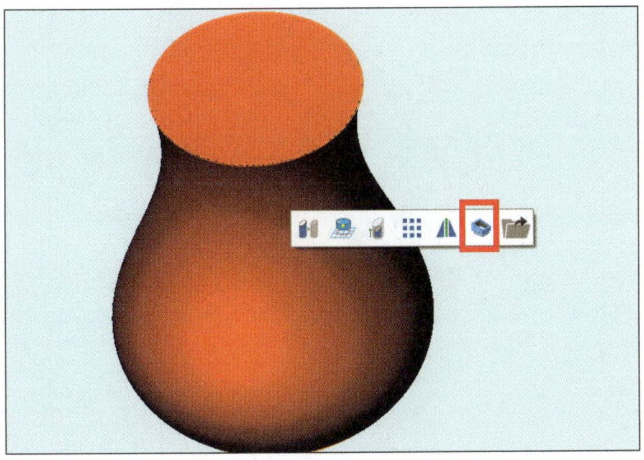

图 6–13

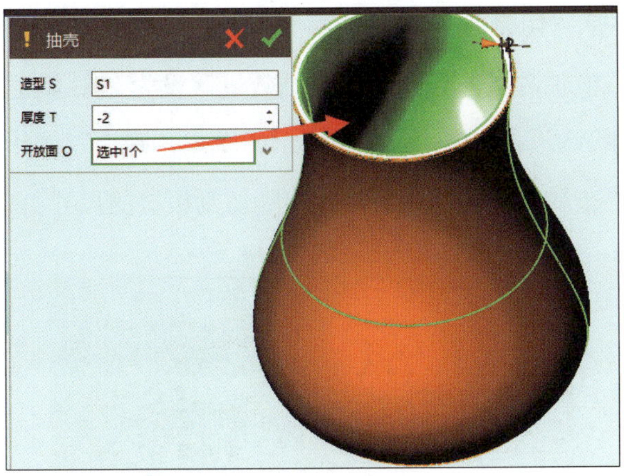

图 6–14

4. 双击瓶口的面（将视图放大到足以选中面为止），如图 6–15 所示，选择“DE 移动”命令。拖拽如图 6–16 所示的红色弧边，调整瓶口的角度（角度自行定义），单击“确定”按钮。

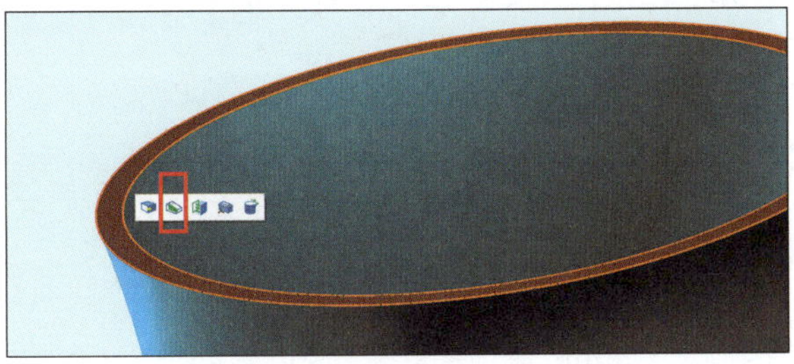

图 6–15

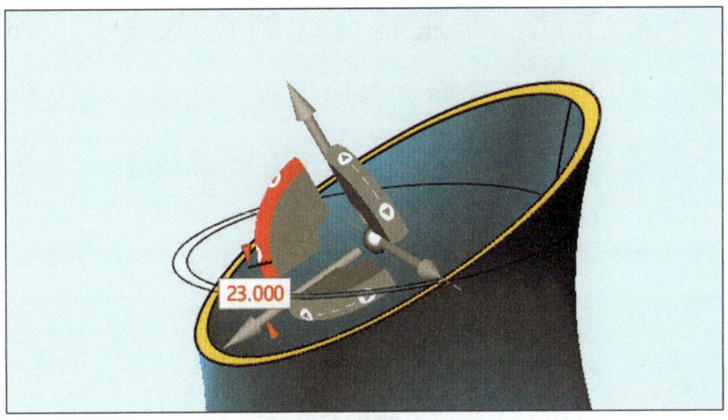

图 6–16

5. 打开青少年三维设计软件的右侧侧条，找到“视觉样式”功能，如图 6–17 所示，为花瓶选择一种材质。

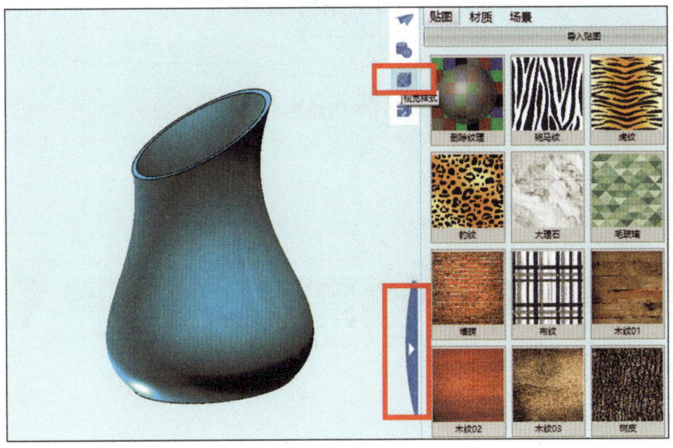

图 6–17

选择材质后会出现对话框，选择需要添加材质的面，如图 6–18 所示。这里“文件名”选项可以替换其他材质，也可以自己在互联网上下载喜欢的图形作为贴图材质。

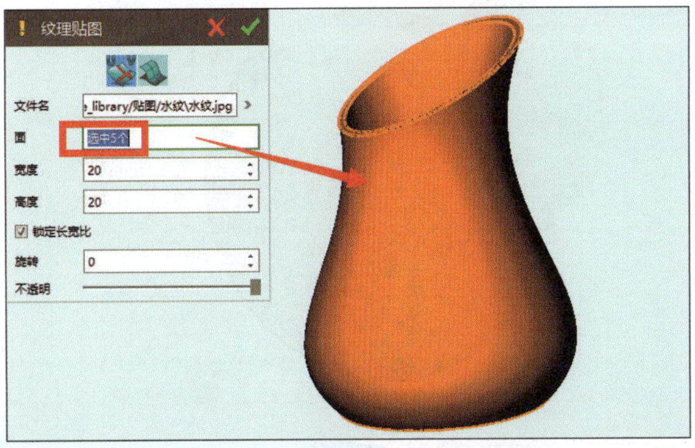

图 6–18

6. 至此，花瓶就设计制作完成了，如图 6–19 所示。选择“本地保存”命令，将文件名设置为“创意花瓶”，保存在计算机中。

图 6–19

6.4 拼插处理

1. 利用 3D One CUT 软件打开保存在计算机中的“创意花瓶”作品。单击花瓶，在弹出的对话框中选择“移动”命令，如图 6–20 所示，移动类型选择“动态移动”，拖拽如图 6–21 所示的绿色弧线，旋转 270° ，单击“确定”按钮。

图 6–20

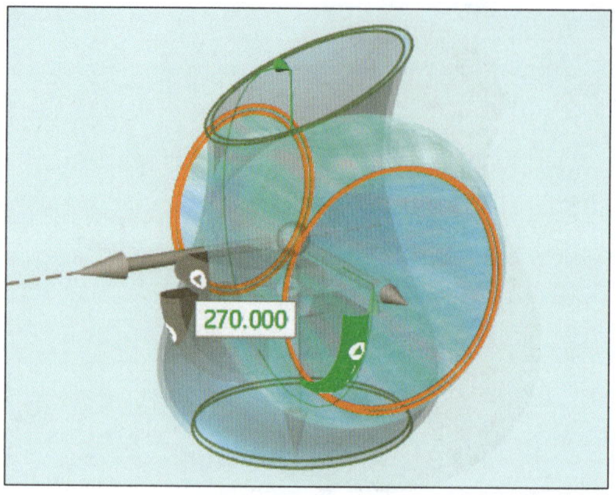

图 6–21

2. 选择“切割面”命令，“实体”选择花瓶，“切割类型”选择拼插，“方法”选择圆形，“横轴数量”设为 5，“纵轴数量”设为 20，其他默认不变，如图 6–22 所示，单击“确定”按钮（布局参数中的数值代表实际切割板材的尺寸）。

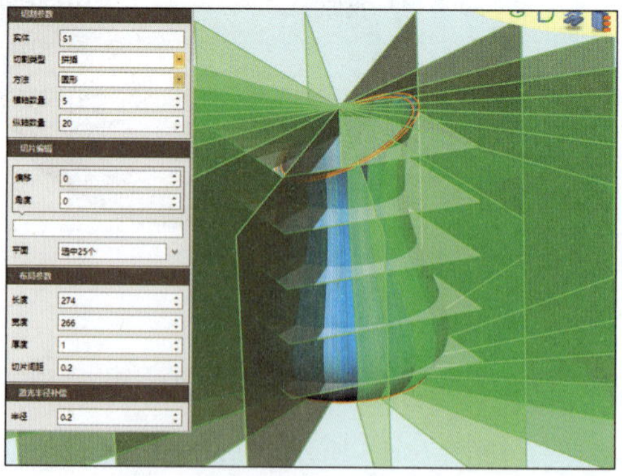

图 6–22

3. 至此，拼插结构就设计制作完成了，如图 6–23、图 6–24 所示。在计算机中另存为“拼插花瓶”文件。

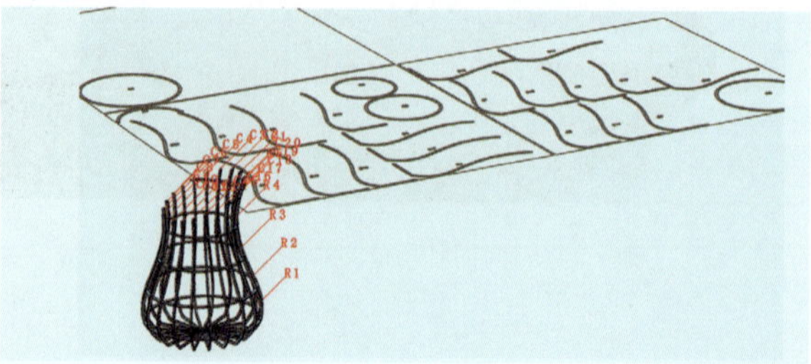

图 6–23

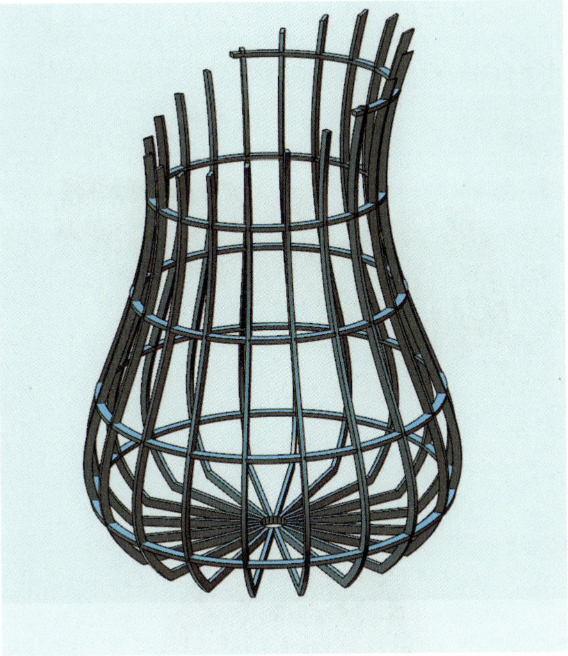

图 6-24

6.5 设计思维

美国斯坦福大学将设计思维分为 5 大步骤：同理心思考（Empathy）、需求定义（Define）、创意构思（Ideate）、原型实现（Prototype）、实际测试（Test）。

1. 同理心思考（Empathy）。同理心思考就是要获得对试图解决的问题的共鸣。简单来说，就是换位思考。比如，老师希望改善学校的教室环境，那么，老师就可以像学生一样，坐在课桌后面体验上一整天课的感觉；或者，老师希望学生们来解决班级纪律的问题，就可以让一位学生来做一天的“老师”。这个步骤的目标是深入解读用户，收集大量信息。

就本章课题而言，试图解决的问题可以为：现代都市生活中，人口密度非常大，每个家庭中的家具设施也越来越多，很多小户型家居中几乎没有多余的空间来放置美丽的花瓶，很多公共场所也没有合适的位置摆放一个有新意的花瓶，如图 6-25 所示。

图 6-25

2. 需求定义（Define）。在收集的调查信息基础上，我们需要更精确的定义需求。像“让学生的成绩更好”，这就不是一个精确的需求定义；而“提升学生在自习时间的专注力”，则是更精准的、入手点明确的需求定义。只有精准定义需求，我们才能开始入手解决问题！

3. 创意构思（Ideate）。这个步骤可以看作是头脑风暴的阶段。围绕上一步定义的需求，我们可以跳出局限，打破惯性思维，天马行空地提出各种各样的点子。不用担心你的想法会被人取笑，如“让学校生活有趣，小学生可以带玩具来上课”，也许这就是一个全新的解决方法。

针对本章的创意花瓶，我们可以提出以下方案：

方案一，放在墙角的花瓶；

方案二，放在围栏上的花瓶。

你还可以想出其他方案吗？

4. 原型实现（Prototype）。这个步骤是要做出可以是粗糙的、简单的产品或具有产品中特定功能的原始模型，用于测试是否符合上一阶段提出的方案。原型可以是一个具体的产品模型，也可以是一个小规模的环境或过程的简单模拟。比如，改良火车订票系统，就可以模拟一个微型的购票厅，让测试者来模拟购票。

5. 实际测试（Test）。这个阶段会使用上一步实现的产品原型，或模拟环境来严格测试问题是否得到解决，需求是否得到满足。这个阶段非常重要，一些想法可能会在这个过程中被重新定义，甚至发现新的问题。

6.6 拓展与挑战

小朋友们还记得上一章最后提到的那个圆形印章吗，如图 6–26 所示，你可以用旋转设计制作出来吗？试着做一做吧！

图 6–26

小朋友们，你知道图 6–27、图 6–28 的图形是怎样设计制作出来的吗？动手试一试吧！

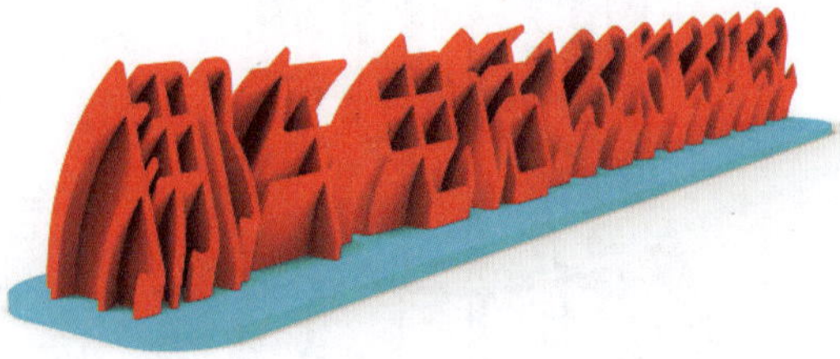

图 6–27

图 6–28

第7章

镂空莫比乌斯带

7.1 神奇的莫比乌斯带

莫比乌斯带（Möbius strip 或 Möbius band），又译梅比斯环或麦比乌斯带，是一种拓扑学结构。它只有一个面（表面）和一个边界，如图 7–1 所示。莫比乌斯带是由德国数学家、天文学家莫比乌斯和约翰·李斯丁在 1858 年发现的。这个结构可以用一根纸带旋转半圈后，再把两端粘上，轻而易举地制作出来。事实上，莫比乌斯带有两种不同的镜像，它们相互对称。如果把纸带顺时针旋转再粘贴，就会形成一个右手性的莫比乌斯带，反之则为左手性莫比乌斯带。①

图 7–1

莫比乌斯带本身具有很多奇妙的性质。如果沿莫比乌斯带表面的中线剪开，不会得到两条窄的带子，而是会形成一个把纸带的端头扭转了两次再结合的环（并不是莫比乌斯带）。如果再把刚刚做出的纸带再一次沿表面的中线剪开，此时将变成两个互相套着的环，其中一个是莫比乌斯带，另一个是旋转多次的环。另外一个有趣的特性是将纸带旋转多次后再粘贴末端产生的。比如，将旋转 3 个半圈的带子的末端粘贴在一起，然后沿带子表面的中线剪开，将形成一个三叶结；再剪断带子进行旋转，然后重新粘贴带子的末端，则会变成数个互相套着的纸圈（Paradromic 环）。①

莫比乌斯带还有更为奇异的特性。一些在平面上无法解决的问题，却不可思议地在莫比乌斯带上获得了解决。比如，在普通空间无法实现的“手套易位问题”，即人左右两手的手套虽然极为相似，如图 7–2 所示，但却有着本质的不同。我们不可能把左手的手套贴切地戴在右手上；也不能把右手的手套贴切地戴在左手上。无论怎么摆弄，左手套永远是左手套，右手套也永远是右手套。不过，倘若把这个问题放到莫比乌斯带上来看，那么就可以很好地解决。

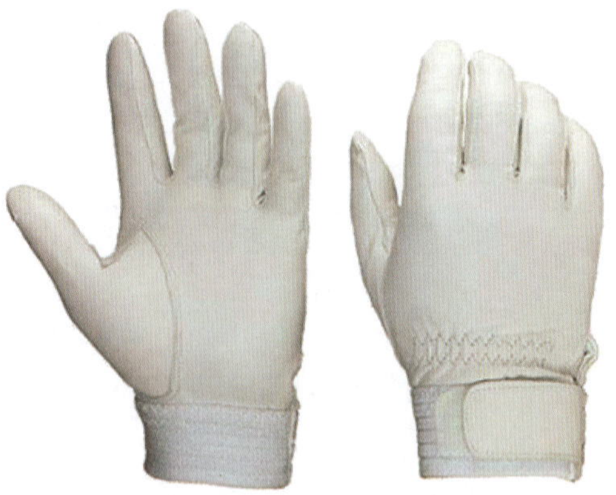

图 7–2

在自然界中还有很多与手套类似的物体，如鞋、裤子等。它们都具备镜像效果，具有十分相似的部分，但却分属于两个不同的“派系”，所以它们之间又有着本质的区别。

莫比乌斯带常被认为是无穷大符号“∞”

---

① 百度百科 . 莫比乌斯指环［EB/OL］.（2018–12–09）［2019–03–22］. https://baike.baidu.com/item/ 莫比乌斯指环 /9479053?fr=aladdin.

的创意来源。因为，如果某个人站在一个巨大的莫比乌斯带的表面，沿着他能看到的“路”一直走下去，他将永远都不会停下来，如图 7–3 所示。但这是一个不真实的传闻，因为“∞”的发明比莫比乌斯带要早。

图 7–3

由于莫比乌斯带只有一个面，所以，这个面的长度是普通环面长度的 2 倍。于是，有人受此启发，把莫比乌斯带的这个特性应用在传送带上，如图 7–4 所示。这样就可以避免传送带的单面磨损，提高传送带的使用寿命，降低传送带的经济成本和环保成本等。

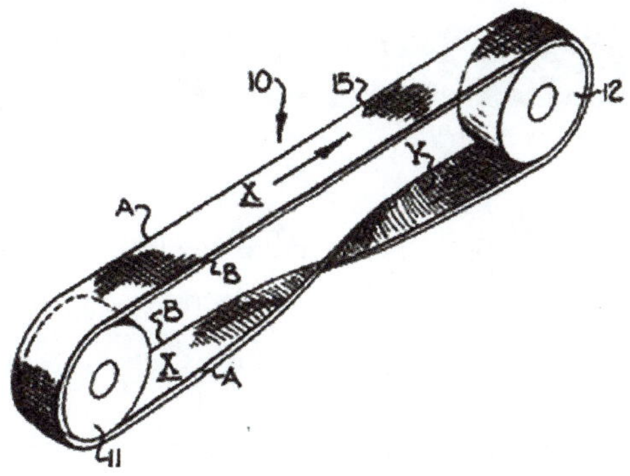

图 7–4

莫比乌斯带的特性已被广泛应用在生活和生产中。比如，把录音机的磁带做成莫比乌斯带状，就不存在正反两面的问题，磁带始终只有一个面。针式打印机的色带也应用了莫比乌斯带结构。另外，在游乐园中的过山车轨道大部分也运用了莫比乌斯带的特性，让过山车在莫比乌斯带式的轨道表面通过，既大大增加了趣味性和运行周长，还节约了空间、节省了成本。

莫比乌斯带也经常被用在文化艺术作品的设计中，如最为常见的“循环再造”标志。这个国际通用的标志是一个绿色的、摆放成类似三角形的莫比乌斯带，如图 7–5 所示。

图 7–5

7.2 学习目标

1. 运用设计思维与生活中的实际制作思维相结合的思想进行建模。

2. 了解参考结构的意义。

3. 掌握规则阵列复制结构的方法。

4. 掌握扭曲和折弯实体的制作方法。

7.3 设计制作莫比乌斯带

1. 准备“纸带”（把建模过程模拟成实际制作过程）。打开青少年三维设计软件，选择“基本实体”中的“六面体”命令，绘制一个 150×20×2 的长方体，如图 7-6 所示，单击“确定”按钮。

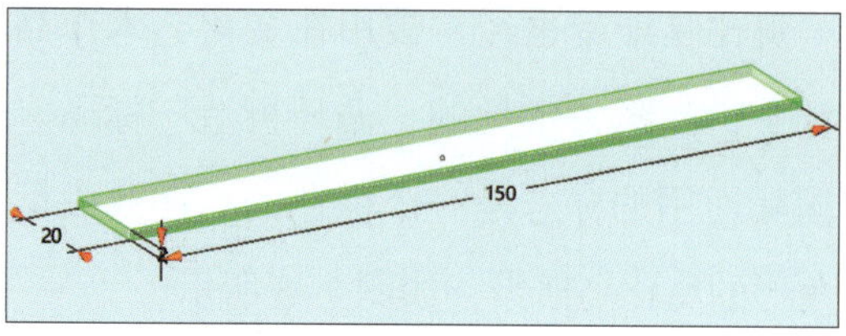

图 7-6

2. 处理成镂空效果。选择“基本实体”中的“椭球体”命令，在长方体一端放置一个如图 7-7 所示的椭球体，单击“确定”按钮。

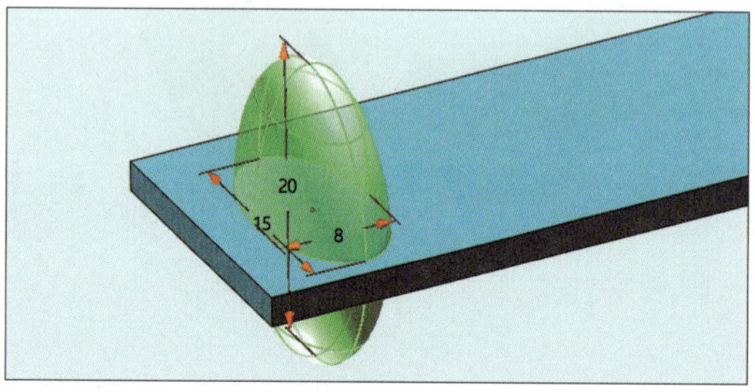

图 7-7

3. 单击椭球体，在弹出的对话框中选择“阵列”命令，“方向”选择如图 7-8 所示的绿色箭头方向，布尔运算选择“减运算”，调整总长使其适合长方体，自行增加阵列数量。

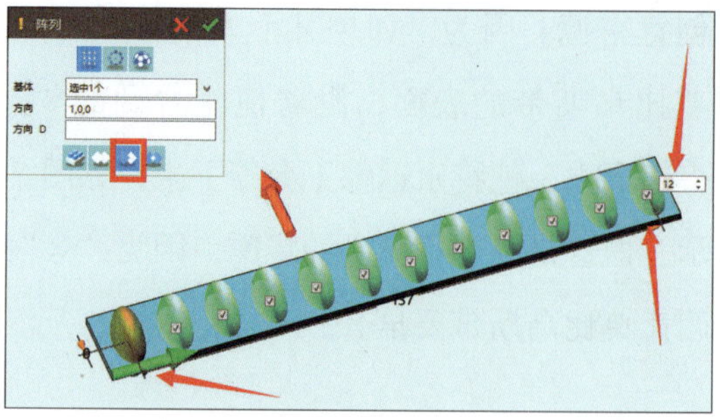

图 7-8

4. 扭曲“纸带”。选择“特殊功能”中的“扭曲”命令，“造型”选择长方体，“基准面”选择长方体的侧面，如图 7-9 所示，“扭曲角度 T”设为 720°（传统的莫比乌斯带是扭曲 180°）。

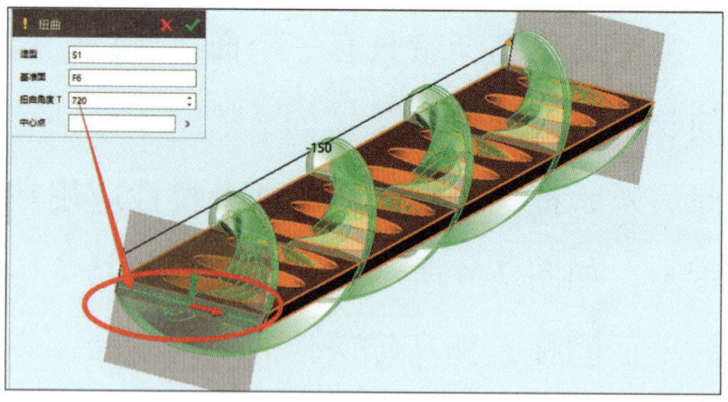

图 7-9

5. 创建参考体。参考体是作为辅助的结构，方便实现其他功能而存在。

选择“基本实体”中的“六面体”命令，在扭曲的结构旁边绘制一个 20×20×20 的六面体，作为参考体，如图 7-10 所示，单击“确定”按钮。

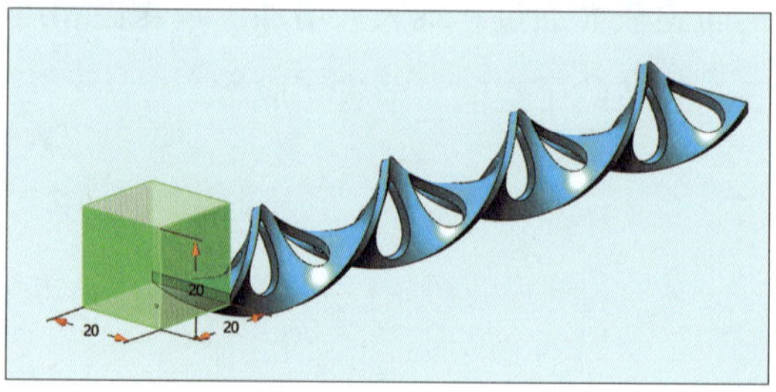

图 7-10

6. 选择“特殊功能”中的“圆柱折弯”命

令[icon]，“造型”选择扭曲的长方体，“基准面”选择参考体顶面，选择角度选项，“角度”设为360°，“旋转”设为90°，如图7–11所示，单击“确定”按钮。

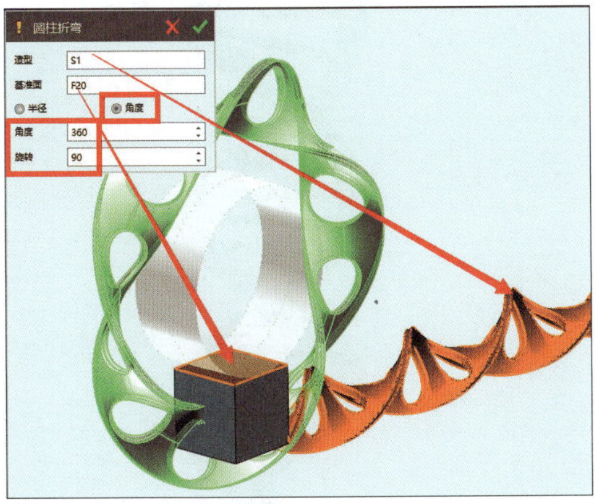

图 7–11

7. 选择工作区中的参考体，然后单击工作区上方的“删除”命令，删除参考体，如图7–12所示。

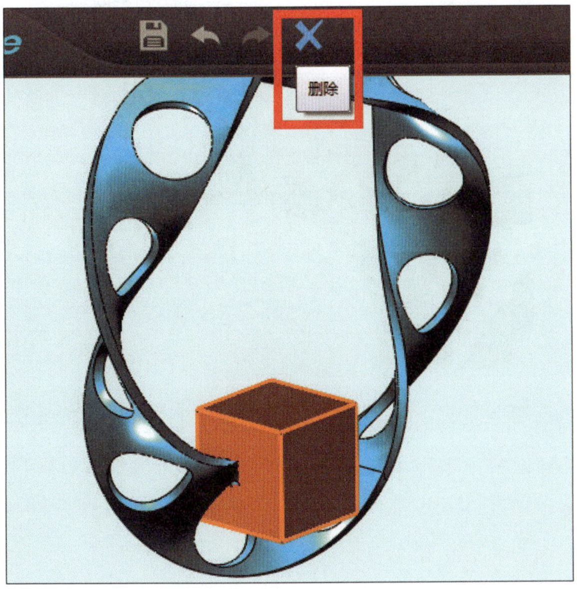

图 7–12

8. 选择“颜色”命令，为其添加颜色，如图7–13所示。

9. 至此，莫比乌斯带就设计制作完成了。选择“本地保存”命令，将文件名设置为“莫比乌斯带”，保存在计算机中。

图 7–13

7.4 初识拓扑学

拓扑学是由分析学与几何学的需求发展起来的。拓扑学最初是几何学的一个分支，从研究几何图形在连续变形下保持不变的性质开始，目前已发展成研究连续性现象的数学分支。由于连续性的表现方式、研究方法和讨论课题不同，拓扑学可以分为一般拓扑学、组合拓扑学、代数拓扑学等分支。后来，又出现了微分拓扑学、几何拓扑学等分支。[①]

拓扑学上有几个非常著名的问题，如哥尼斯堡七桥问题（图7–14）、多面体欧拉定理、四色定理（图7–15）等都是拓扑学发展史的重要问题。这些问题在数学发展史上也起到了重

① 《数学辞海》委员会. 数学辞海：第6卷[M]. 太原：山西教育出版社，2002.

要作用。

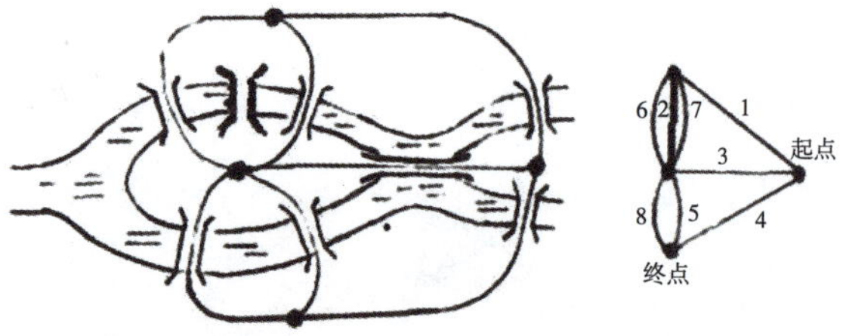

图 7-14

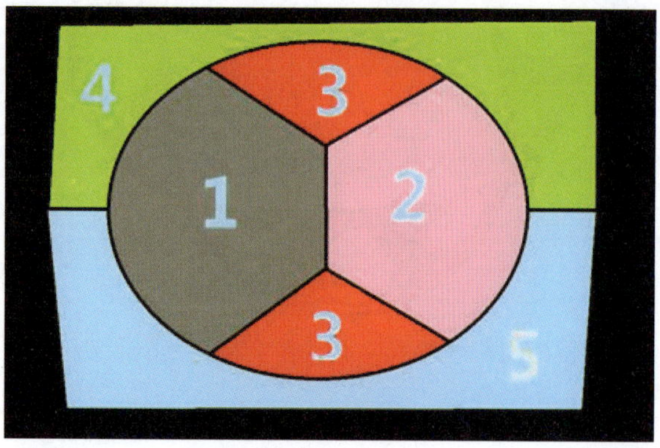

图 7-15

7.5 拓展与挑战

通过本章的学习，我们学会了实体按照一定规律复制的方法、实体变形扭曲和折弯的方法。

小朋友们可以利用本章学会的方法和技术，尝试制作如图 7-16、图 7-17 所示的图形。

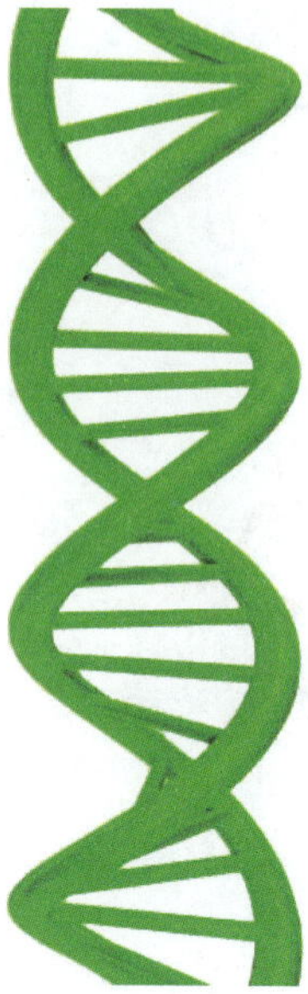

图 7-16

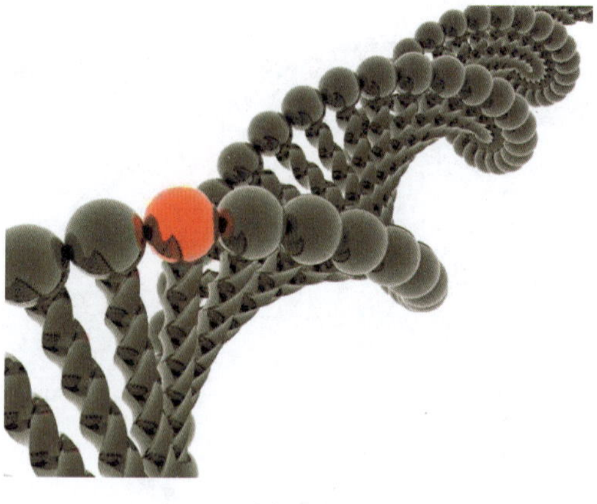

图 7-17

第8章

酷炫头盔

8.1 头 盔

头盔是一种专门用来保护头部的护具。生活中常见的头盔有赛车手头盔、军人头盔、施工头盔等。头盔多呈半圆形，主要由外壳、衬里和悬挂装置三部分组成。头盔的外壳材质坚硬，材料多选用特种钢、玻璃钢、增强塑料等，以抵御外界对头部的伤害。在中国古代就已经出现了这种保护头部的护具，如胄、首铠等，如图 8-1 所示。

图 8-1

头盔最早可追溯到原始时代。原始人追捕野兽时，头部经常会受到伤害，于是就想到了用椰子壳或是乌龟壳等来保护头部，防止受伤。随着冶金技术的发展和战争的需要，逐渐有了铜制头盔。我国安阳殷墟出土了距今 3000 多年前商朝的古铜盔，其正面铸有兽文，如图 8-2 所示，是至今为止世界上最早的金属头盔。

图 8-2

17—18 世纪，枪械、大炮等热兵器的出现，使早期的金属头盔失去了防护作用，参加战争的军队不得不寻找新的头盔材料。在第一次世界大战中，法国军队最先研制出了能够有效阻止炮弹碎片的头盔。该头盔被命名为“亚德里安”头盔。

在残酷的战争中，“亚德里安”头盔的发现也算得上是一件“趣”事了。在一次战役中，一名正在厨房执勤的士兵突然遭到了炮弹的袭击，整个厨房顿时弹片横飞、硝烟弥漫。情急之下，这名士兵把手边的一口大锅直接扣在头上，用来保护自己。乱飞的弹片撞击在铁锅上发出叮叮当当的响声，弹片被纷纷弹落，由此，士兵的生命得以保全。后来，这件事被一位名叫亚德里安的将军知道了。他立即下令全力研制这种由哈特非钢制成的能够防弹片的金属头盔，也就是后来的“亚德里安”头盔，如图 8–3 所示。这种头盔，也是我们常听说的钢盔。

图 8–3

“亚德里安”头盔只有金属的外壳和内衬垫，但却是现代军用头盔的始祖。

现在的头盔按照使用者从事的工种不同有不同的结构和样式，其种类也很丰富。例如，常见的头盔包括：

（1）赛车头盔：主要指汽车比赛赛车手佩戴的头盔，如图 8–4 所示。一级方程式赛车 (Formula One, 简称 F1) 是世界一级的方程式锦标赛，与奥运会、世界杯并称为世界三大运动会。那么，F1 比赛车手们的头盔要求也就非常高了。这些头盔必须通过国际汽车联盟（FIA）的“撞击与防火性能测试”，并且这种高要求的头盔主要由碳、凯拉夫纤维、聚乙烯材料制成。由于 F1 比赛是一项高速度的运动，当赛车的速度超过时速 300 千米时，空气中的乱流就会对赛车手的颈部造成负担，因此设计师们在头盔上设计了扰流装置，以减少动气乱流对颈部的伤害。

图 8–4

（2）自行车头盔：主要有可以降速的头盔和普通头盔。

（3）骑马用头盔：根据不同用途，主要有马术头盔、赛马头盔等。

还有很多其他种类的头盔，去了解一下，在此就不再过多赘述。

下面就利用三维设计软件，一起来设计一款属于自己的炫酷头盔吧。

8.2 学习目标

1. 学习实体分割的方法。
2. 学习实体变形的方法。
3. 学习基本实体与草图的综合应用。
4. 学习渲染的方法。
5. 了解头盔的重要性。

8.3 设计制作头盔

1. 打开青少年三维设计软件，选择“基本实体”中的“球体”命令，在网格中心位置绘制一个半径为 110 的球，如图 8-5 所示，单击“确定”按钮。

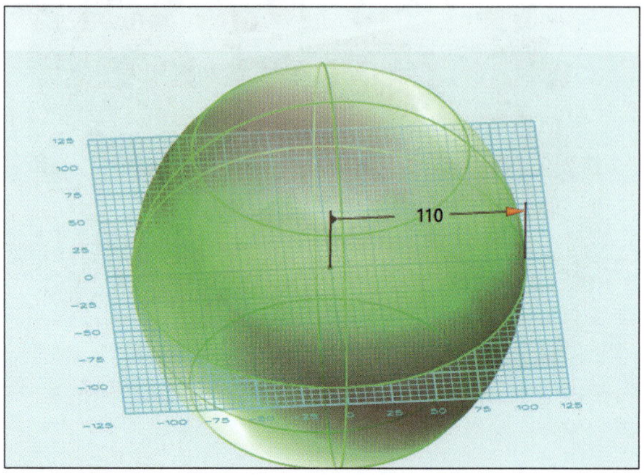

图 8-5

2. 单击骰子的“上”视角。选择“草图绘制”中的“直线”命令，在网格面上绘制如图 8-6 所示的直线。其中，黄色线为参考线，需要删除，如图 8-7 所示。

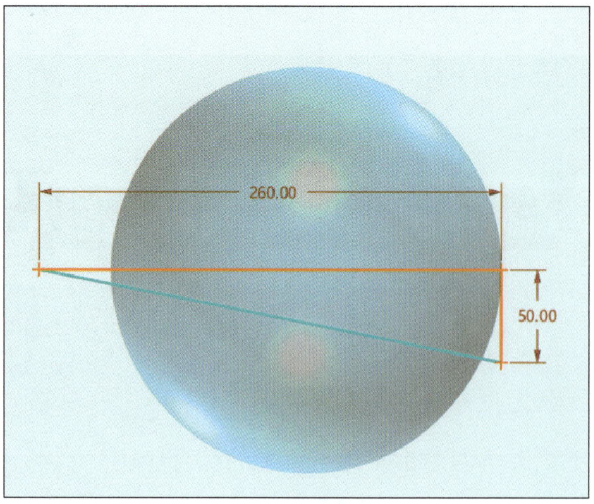

图 8-6

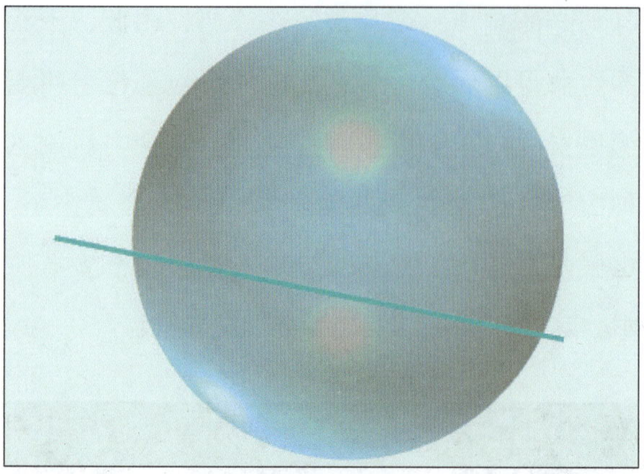

图 8-7

3. 选择“特殊功能”中的“实体分割”命令，“基体”选择球，“分割 C”选择上一步绘制的直线，如图 8-8 所示，单击“确定”按钮。

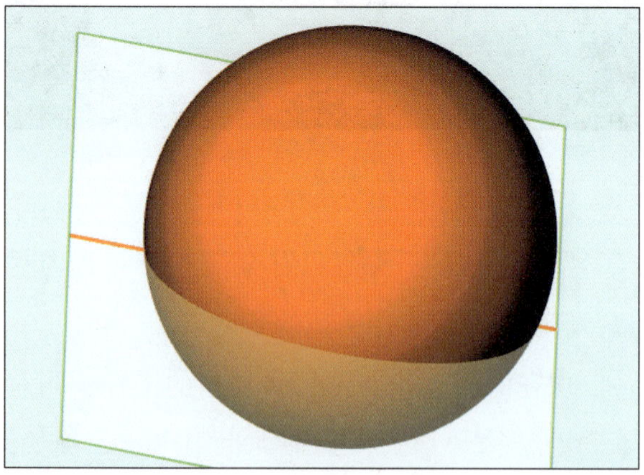

图 8-8

4. 将球体下方的小半个球体删除。单击骰子的“上”视角，得到如图 8-9 所示的结构。

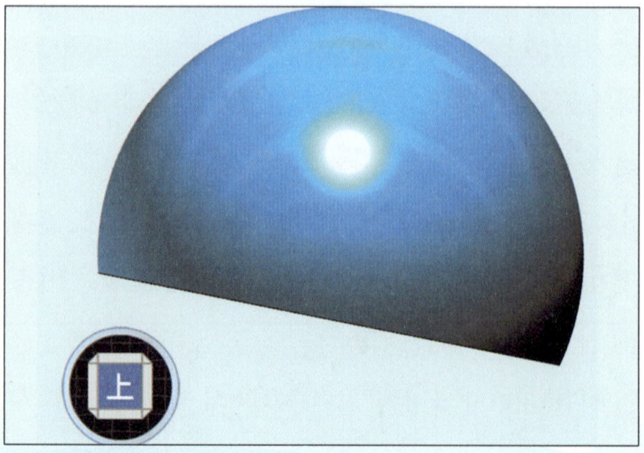

图 8-9

5. 单击半球体底面，选择“拉伸”命令，如图 8–10 所示。

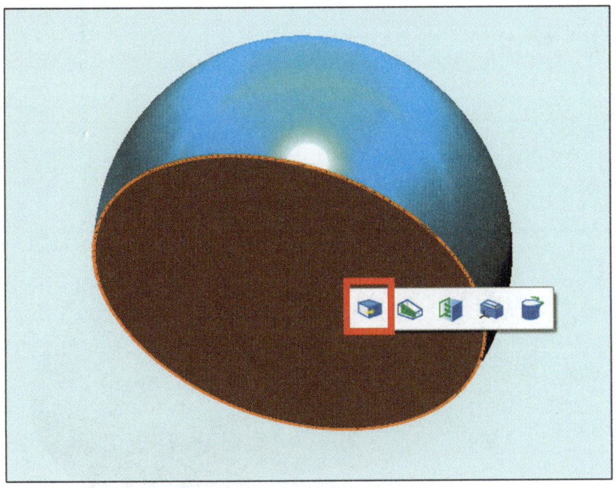

图 8–10

拉伸“方向”如图 8–11 所示，布尔运算选择“加运算”，“厚度”设为 –35，“角度”设为 30°，单击“确定”按钮。

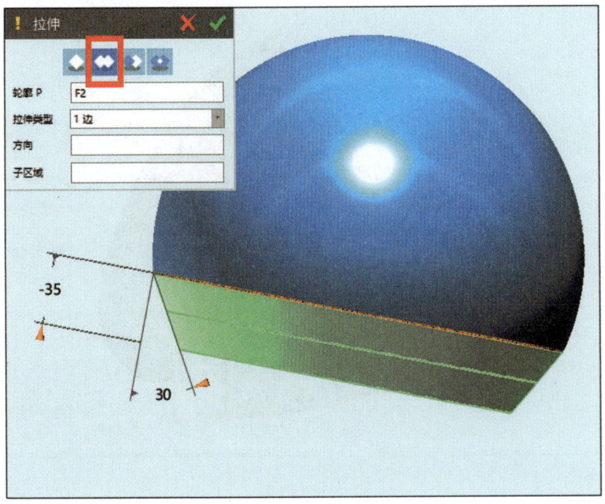

图 8–11

6. 选择“特征造型”中的“由指定点开始变形实体”命令，“几何体”框选所有面，“点”选择如图 8–12 所示的右侧位置的特殊点。尝试移动鼠标在边线上找到特殊点。

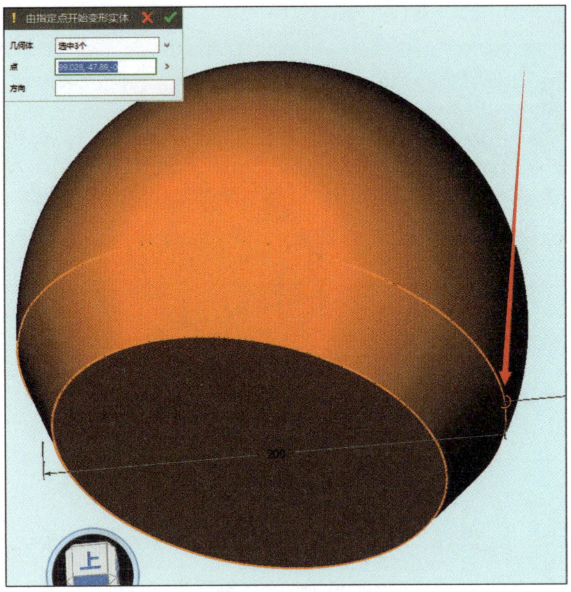

图 8–12

在“方向”对话框中输入 1，–0.3，0，然后按键盘上的【Enter】键确定。接着将工作区的两个圈出数值，长度调整为 50，宽度调整为 200，如图 8–13 所示，单击“确定”按钮。

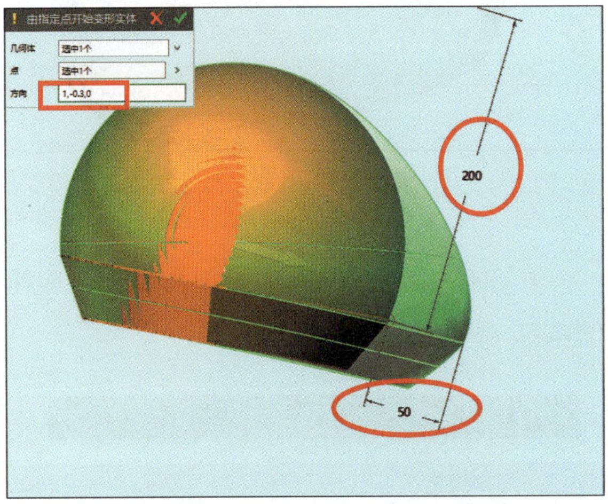

图 8–13

7. 单击骰子的“上”视角。选择“草图绘制”中的“直线”命令和“通过点绘制曲线”命令，在网格面上绘制如图 8–14 所示的两条线（形似即可）。

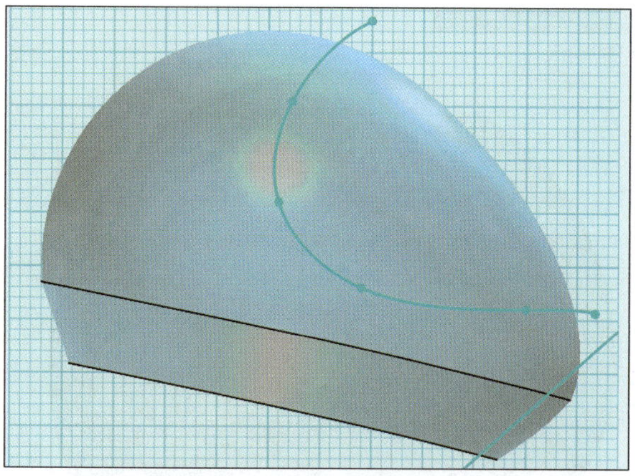

图 8–14

8. 选择“特殊功能”中的“实体分割”命令，“基体”选择制作的实体，“分割 C”选择上一步绘制的草图，如图 8–15 所示，单击“确定”按钮。

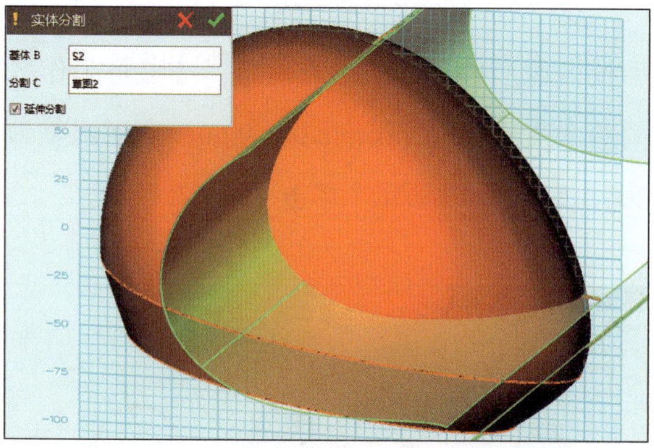

图 8–15

9. 选择如图 8–16 所示的加亮实体，选择“删除”命令，将其删除。

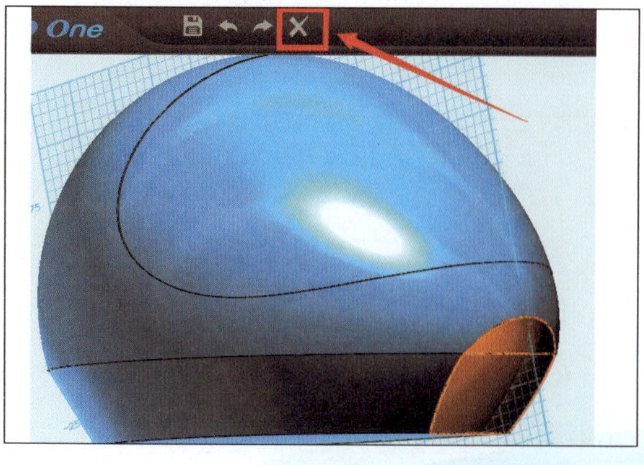

图 8–16

10. 选择“特征造型”中的“圆角”命令，圆角的“边”选择如图 8–17 所示的黄色线，圆角“半径”设为 30，如图 8–17 所示，单击“确定”按钮。

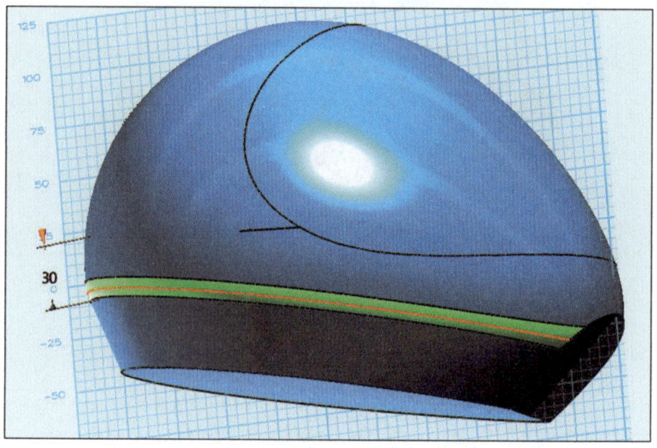

图 8–17

11. 单击如图 8–18 所示的面，选择“隐藏”命令。

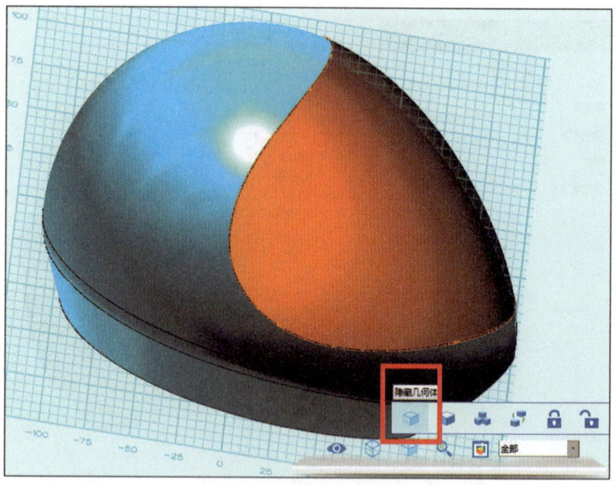

图 8–18

12. 选择“特殊功能”中的“抽壳”命令，“基体”选择头盔，“厚度”设为 –8，“开放面”选择如图 8–19 所示的两个面，单击“确定”按钮。

13. 选择“基本实体”中的“六面体”，“点”放在如图 8–20 所示的面上，调整长宽高，布尔运算选择“减运算”，单击“确定”按钮。

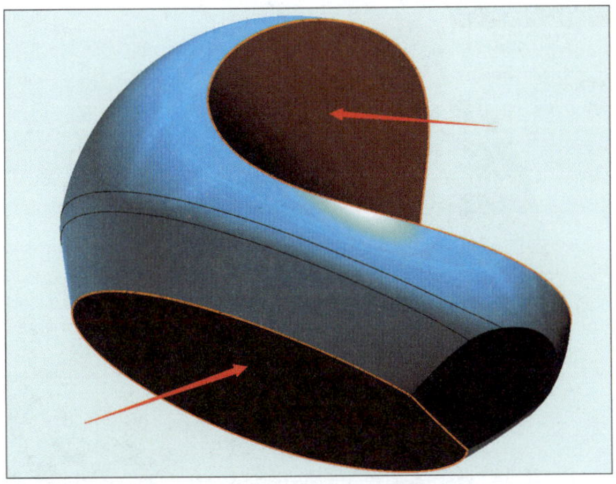

图 8-19

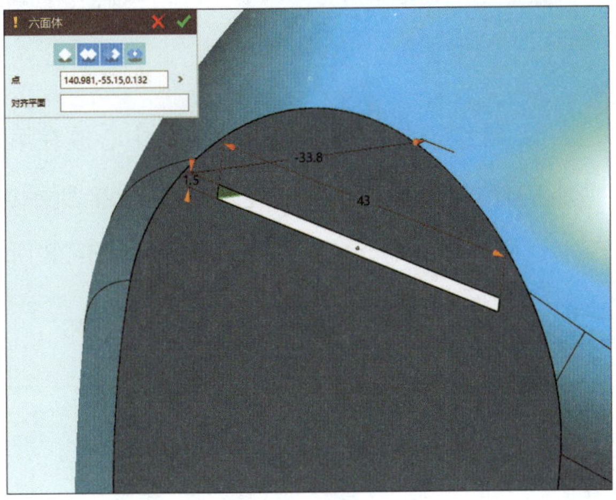

图 8-20

重复上一步的“六面体”命令，在这个面上制作一排进气孔，如图 8-21 所示。

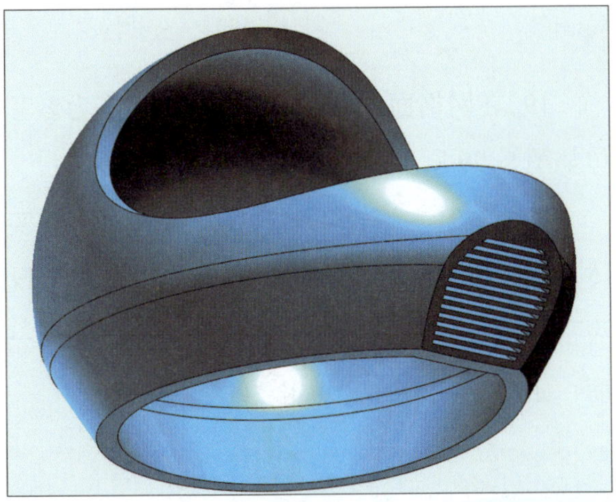

图 8-21

14. 选择“显示”/“隐藏”中的“转换可见性”命令，如图 8-22 所示。

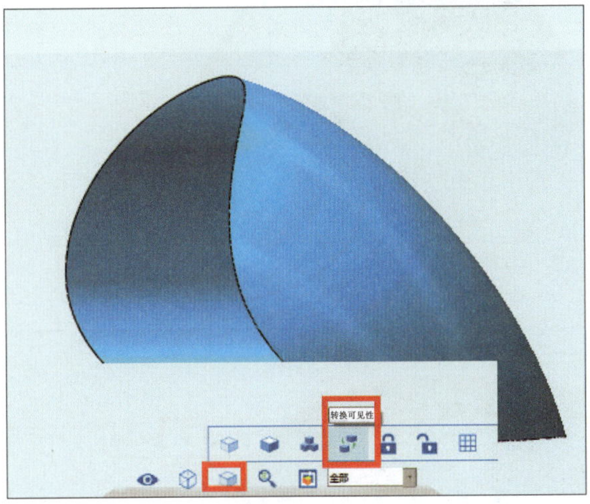

图 8-22

选择“特殊功能”中的“抽壳”命令，“基体”选择如图 8-23 所示的实体，“厚度”设为 2，“开放面”选择如图 8-23 所示的面，单击“确定”按钮。

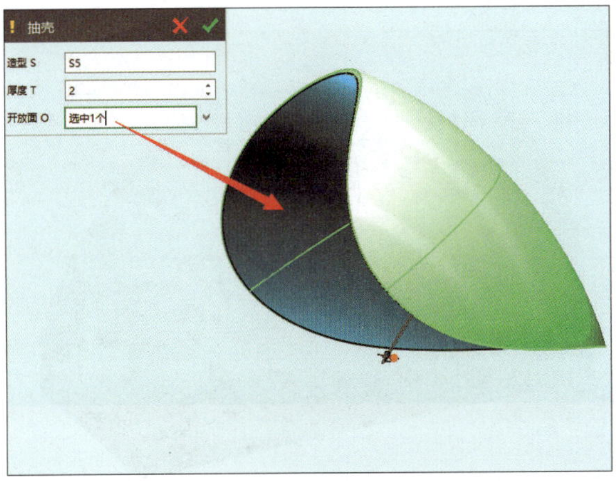

图 8-23

15. 放大实体，双击如图 8-24 所示的加亮面，选择“DE 面偏移”命令，如图 8-25 所示，“偏移距离”设为 5，单击“确定”按钮。

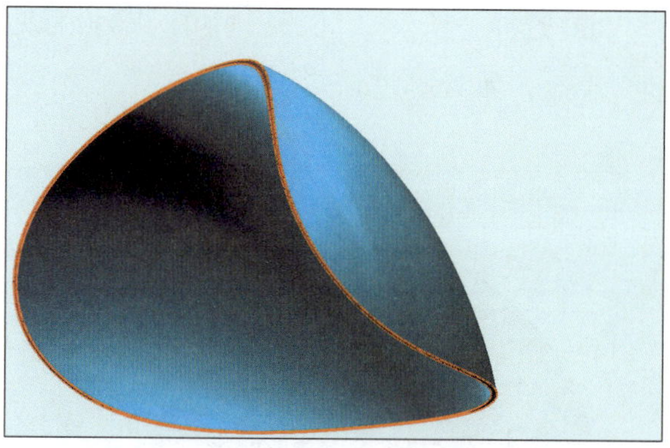

图 8-24

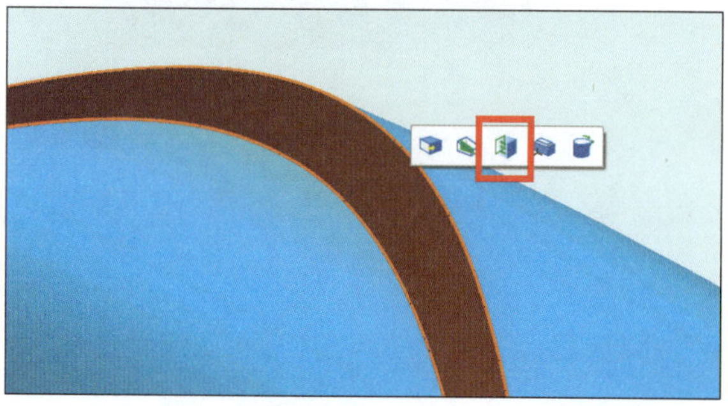

图 8-25

16. 选择“显示 / 隐藏”中的“全部显示”命令，如图 8-26 所示。

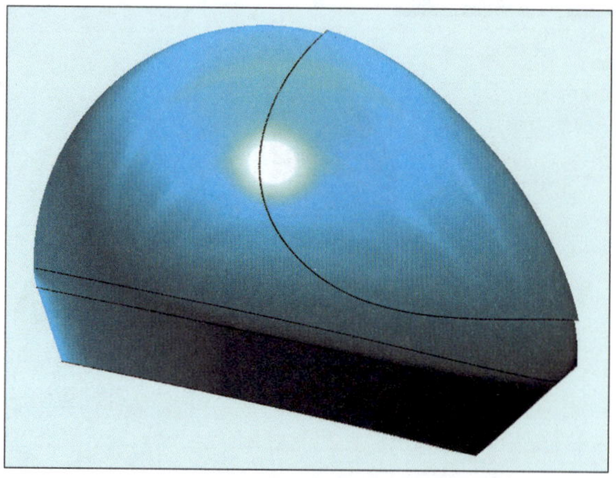

图 8-26

17. 单击骰子的“上”视图。选择“基本实体”中的“椭球体”命令，中心放在如图 8-27 所示的圆心位置，尺寸参照图 8-27 所示，单击“确定”按钮。

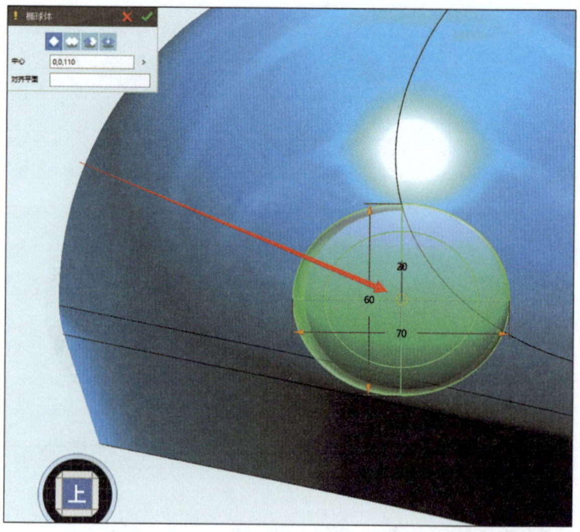

图 8-27

18. 继续选择“椭球体”命令，中心放在第 17 步制作的椭球体中心位置，如图 8-28 所示，布尔运算选择“减运算”，尺寸参照图 8-28 所示，单击“确定”按钮。

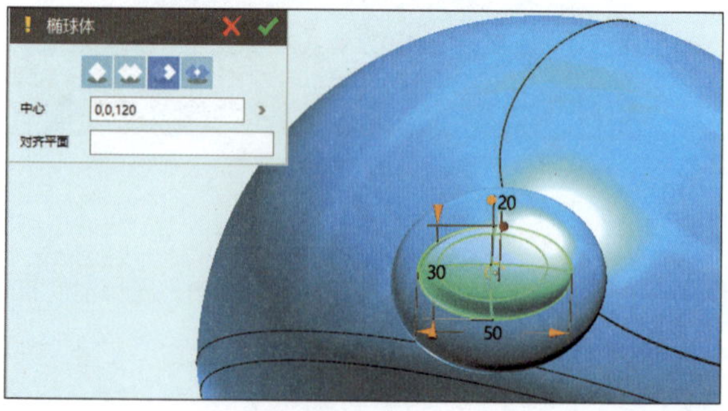

图 8-28

19. 在网格面上放置一个六面体，作为参考体如图 8-29 所示。

选择“基本编辑”中的“镜像”命令，“实体”选择第 17、18 步制作的椭球体，“方式”设为平面，“平面”选择六面体位于网格上的那一面，如图 8-30 所示，单击“确定”按钮。

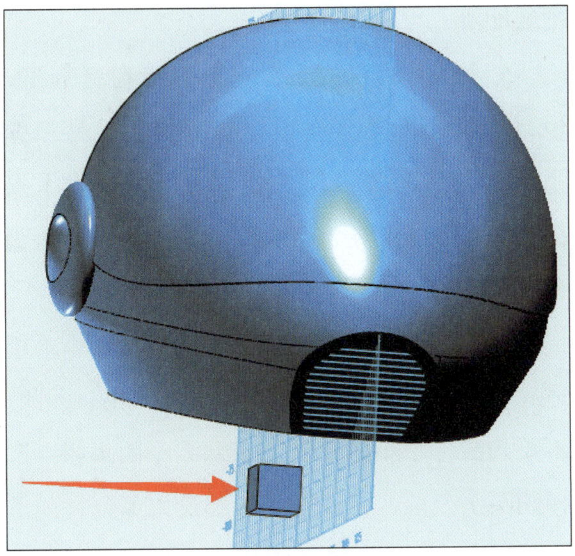

图 8-29

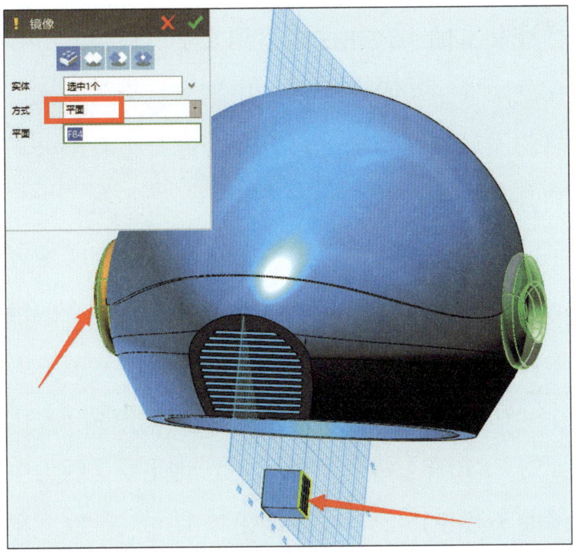

图 8-30

完成镜像复制后，删除参考体。

20. 选择“颜色”命令，为头盔两侧的椭球体添加浅蓝色。

单击面罩，选择“颜色”命令，将透明度设为 25，如图 8-31 所示，达到玻璃透明效果。

图 8-31

21. 选择右侧侧条中的“视觉样式”选项，选择虎纹材质，“面”选择剩下没有改变颜色的面（可以局部框选），“宽度”设为 100，如图 8-32 所示，单击“确定”按钮。

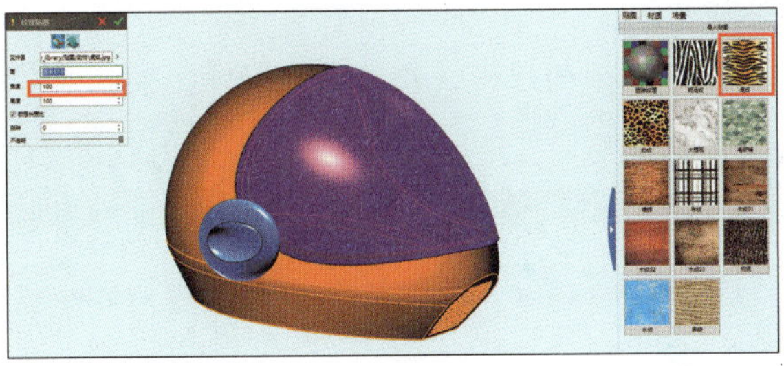

图 8-32

22. 至此，炫酷头盔就设计制作完成了，如图 8-33 所示。选择“本地保存”命令，将文件名设置为“炫酷头盔”，保存在计算机中。

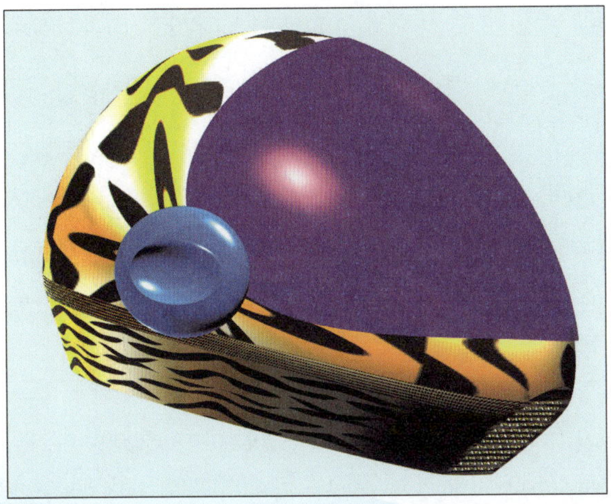

图 8-33

8.4 骑行头盔的相关注意事项[①]

1. 相对而言，头盔越轻越好。但是越轻的骑行头盔，通过国家安全认证测试标准的机会就会越小，相对价钱就会越高。所以，选择头盔的首要前提是必须通过国家安全认证的测试标准。

2. 透气性是头盔的关键，其能在长途骑行时确保头部的干爽。头盔上的通风孔越多或者越大，围绕在头部的气流也就越大，就感到越凉爽。但是，头盔上的通风孔越多或者越大，头部暴露的部分也越多，因此保护程度也会相应降低。

3. 插扣和拉带关系到生命安全。插扣和拉带必须具有一定的强度，不能一受力就断裂。所以，一个合格的骑行头盔，插扣和拉带必须通过相应的测试，这样才算是符合国家安全认证测试标准的头盔。

4. 头盔摔裂或者超期使用，应更换新的头盔。佩戴有裂缝或超期使用的头盔只能求得心理安慰，没有太多实质性的用处。千万别小看一个裂缝，它可以在物理结构上完全改变头盔的受力和分力效果。还记得 1994 年韩国汉城（今首尔）坍塌的汉江大桥吗？据推断，此次事故可能就是因为桥面一侧的某个焊接点没有焊牢固，出现裂缝导致的。换个简单的原理，从两端用力扯一张崭新的 A4 纸，几乎很难扯断，但一旦在纸的中间撕开一点小口子，就很容易把纸扯断了。

5. 解开头盔的颚带可能会感到更舒适，但是如果头部受到碰撞，头盔将会轻易地弹飞出去，从而失去保护作用。所以，为了发挥头盔的保护作用，请在任何时候都系上头盔颚带。

6. 如果头盔大小与佩戴者的头部大小不相适应，头盔就无法起到有效的保护作用。因此，不要购买一个不适合自己头部大小的头盔。选择购买头盔前，可先围绕头部最大部分量一下头部尺寸（通常是眉毛往上 1 厘米处），然后再按照这个测量值购买大小合适的头盔。

7. 头盔的制造是有严格技术标准的。未按标准制造的头盔往往达不到安全防撞标准，存在危险性。2009 年以前，中国骑行头盔暂无成熟的设计制作标准，只有由跨速头盔有限公司和其他一些企业共同起草的《运动头盔、自行车、滑板、轮滑运动头盔的安全要求和实验方法》。在此之后，中国相继出版了不同版本的国家标准，以规范各类头盔的设计与制作。

在中国，骑行头盔大多是按照欧盟 CE 认证的 EN1078 标准进行生产的。这主要是因为中国的头盔生产企业大多以出口为主，所以，在国内市场上也基本都是按 EN1078 标准生产的头盔。需要注意的是，市场上的头盔有些虽然贴了 CE 标识，但并没有真正送到德国技术监督协会（TUV）和瑞士通用公证行（SGS）进行过认证。每一款产品，不同尺寸都应有相应的测试报告和认证证书，所以，在市场上流通的头盔不仅要贴有 CE 标识，还要有相应的测试报告和认证证书。

8. 正确佩戴头盔也很关键。佩戴头盔时，

---

① 百度百科. 头盔[EB/OL].(2017-01-09)[2019-03-22]. https://baike.baidu.com/item/ 头盔 /2035286?fr=aladdin.

需保持头盔和头部水平，头盔边缘在眉毛上1厘米左右。如果不在这个位置，则要检查头盔的大小是否合适，然后调整调节器旋钮及颚带，确保头盔正确佩戴。

9. 佩戴头盔时，宽松的系带使头盔可能随时跳动，并在头部受到碰撞时二次碰撞头部，以致保护效果下降。所以，需要调整系带长度，使系带和下巴之间的距离为一指间的空隙。这样可最大限度提高头盔的安全保护性能。

图 8-34

8.5 拓展与挑战

小朋友们可以利用本章学会的方法和技术，尝试设计制作如图 8-34 所示的面具头盔及图 8-35 所示的橄榄球头盔。

图 8-35

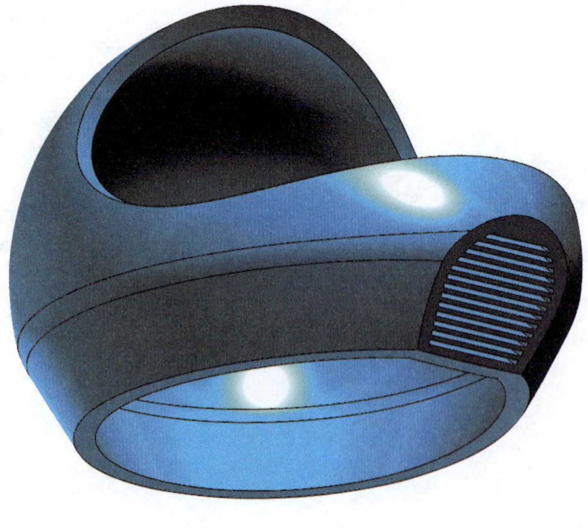

第9章

酷炫轮毂

9.1 轮 毂

轮毂是汽车上非常重要的金属部件，也叫作钢圈、轮圈。轮毂呈圆柱体形，如图 9-1 所示，以轴为中心，主要用于支撑汽车轮胎。简单来说，轮毂就是车胎与车轴的连接部位。此外，轮毂还是连接刹车盘、半轴和轮盘的重要零部件。轮毂根据不同车型的要求，其宽度、直径、材料、成型方式各不相同，种类繁多。①

图 9-1

在《中国制造 2025》等一系列国家政策的支持下，中国的汽车零部件制造工业也逐渐壮大，轮毂行业也快速发展了起来。过去，汽车轮毂轴承大多数是成对使用的球轴承或者是单列圆锥滚子。随着技术的不断发展，轿车轮毂轴承单元已经被广泛使用在轿车上。轮毂轴承单元的使用数量及使用范围不断增长，目前已经发展到第三代：第一代主要是双列角接触轴承；第二代则是在外滚道上增加了一个法兰，用螺母即可简单地将轴承固定在轮轴上，这使汽车在维修时变得更加容易；第三代的轮毂轴承单元采用了轴承单元和防抱刹系统相配合的技术。①

轮毂结构包括：轮缘、轮辐、偏距、胎圈座、槽底、气门孔。其中，轮缘又叫轮辋，与轮胎装配配合，用来支撑轮胎的方向；轮辐则是用来支撑轮辋的，连接着轮毂的车轮结构；偏距是指轮辋中心到轮辐安装面间的距离，有正偏距、负偏距和零偏距之分；胎圈座又叫安装面，主要用来支撑轮胎半径方向的轮辋部分；槽底是轮辋中具有一定深度和宽度的凹坑，可方便轮胎的拆卸；气门孔是用来安装轮胎气嘴所留的孔。

轮毂的挑选一般要考虑 3 个因素：

1. 轮毂大小。轮毂一定要适合车型，不能盲目选择。加大轮胎轮毂在一定程度上可以改善汽车的性能。在轮胎外径不变的情况下，安装大轮毂势必要配合使用宽而扁的轮胎，此时车的横向摆动的确会减小，从而提高汽车的稳定性，使其在过弯道时平稳轻盈，如同蜻蜓点水。但越扁的车胎，厚度就会越薄，在减震性能方面就会越差，极大地削减了汽车的舒适性。另外，如果遇到石子等路障时，车胎极易损毁，此时盲目加大轮毂的代价就太大了。通常来说，改装汽车时，根据原配轮毂的大小加大一两个号即可。

2. 三距。在选择轮毂时，不能只考虑外形和自己的喜好，需根据专业技师的推荐，选择合适的三距轮毂。

3. 形状。有的轮毂结构密集，设计复杂，看起来美观大方，凸显档次，很吸引人的眼球，如图 9-2 所示。但选择简约的轮毂也能体现出

---

① 百度百科 . 轮毂 [EB/OL] .（2018-08-13）[2019-03-22] . https://baike.baidu.com/item/ 轮毂 /9428673?fr=aladdin.

简约美，并且更加实用、方便。

图 9–2

此外，在选择轮毂材料时，可参考当下使用比较广泛的铝合金轮毂。它散热性好，极大地提高了轮毂的抗变形能力，也大大减轻了轮毂重量，使汽车动力损失减小，跑起来更快，同时更省油。相对于传统的铁铸轮毂，铝合金轮毂为广大车主所喜爱。

9.2 学习目标

1. 学习网格点的特殊应用。
2. 熟练掌握草图绘制的方法。
3. 掌握草图修改的方法。
4. 掌握多实体组合建模的方法。
5. 了解轮毂结构。

9.3 设计制作轮毂

注意：本章轮毂设计不考虑实际尺寸与强度问题。

1. 打开青少年三维设计软件，绘制轮辐部分时，选择“基本实体”中的“圆柱体”命令，在网格面上绘制一个半径为 20、高为 20 的圆柱体，如图 9–3 所示，单击“确定”按钮。

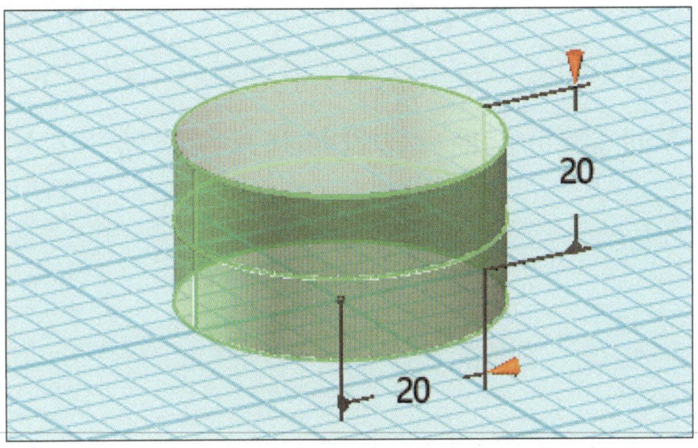

图 9–3

2. 选择“草图绘制”中的“直线”命令，鼠标移动到如图 9–4 所示的圆柱体上表面的圆弧线上，单击左键选择。此时，网格面变成垂直圆弧线的状态。

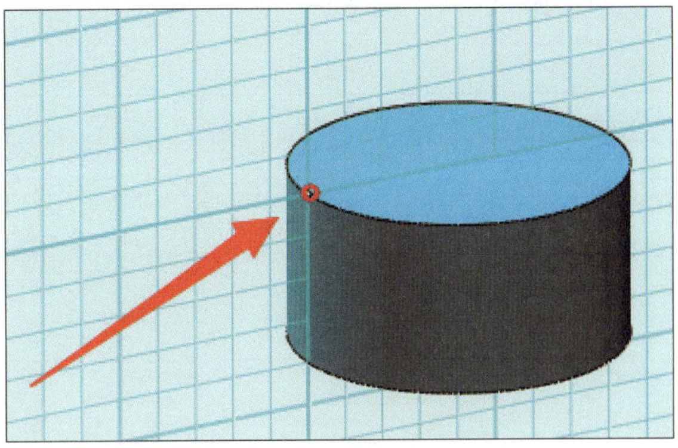

图 9–4

（1）单击查看视图中的“自动对齐”命令，如图 9–5 所示。

图 9–5

（2）参照如图 9–6 所示的尺寸，绘制草图。网格面上每一个小格的尺寸是 5×5（长 × 宽，下同），可借助网格点绘制草图（标注不用绘制）。

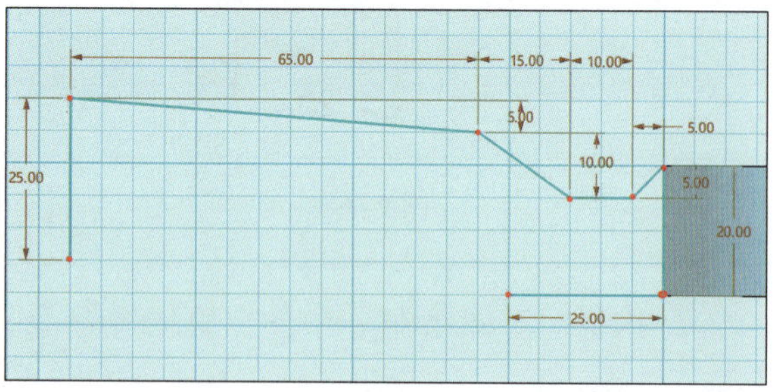

图 9–6

（3）选择“草图绘制”中的“圆弧”命令 ，绘制圆弧线，如图 9–7 所示。

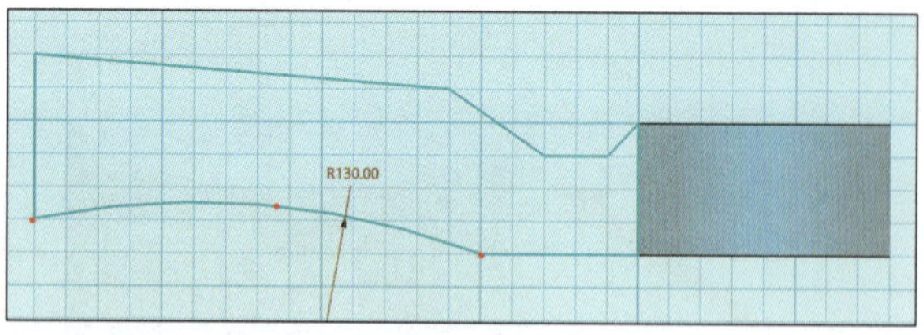

图 9–7

3. 选择“特征造型”中的“旋转”命令，“轮廓”选择上一步绘制的草图，“轴 A”选择如图 9–8 所示的圆柱体上表面的圆的弧线，旋转 360°，单击“确定”按钮。

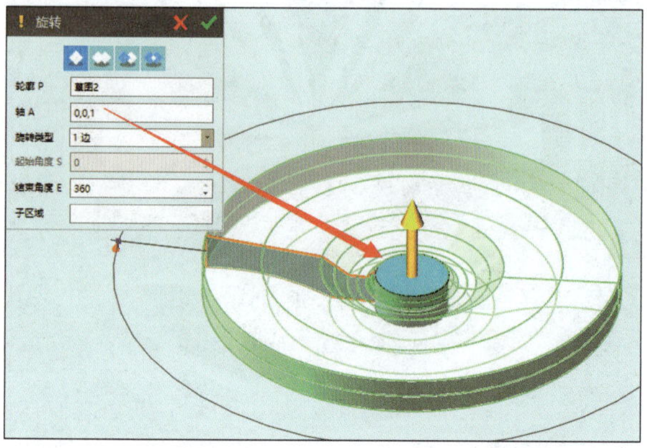

图 9–8

4. 制作轮辐镂空部分。单击骰子的“上”视角。选择“草图绘制”中的“直线”命令，鼠标单击如图 9–9 所示的加亮面的中心位置，作为绘制平面。

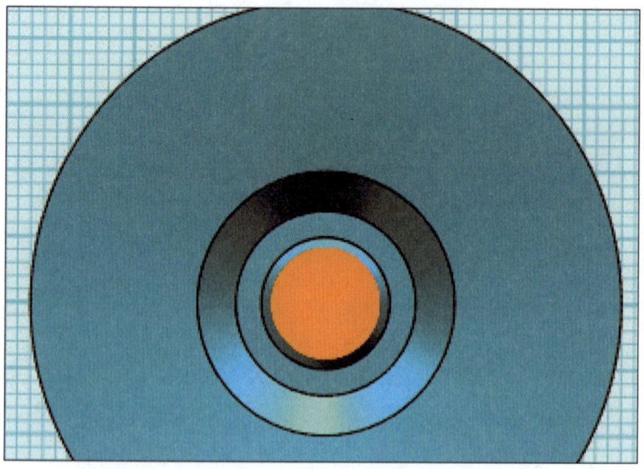

图 9–9

（1）以圆心位置绘制一条竖直直线，长度超出大圆，如图 9–10 所示。

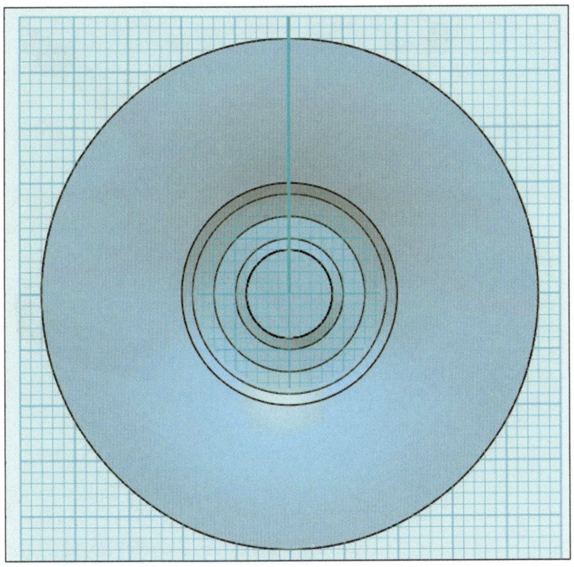

图 9-10

（2）选择“基本编辑”中的“阵列”命令，阵列类型选择“圆形阵列”，“基体”选择绘制的直线，“圆心”选择如图 9-11 所示的中心位置，“数目”设为 12，“间距角度”为 30°，单击“确定”按钮。

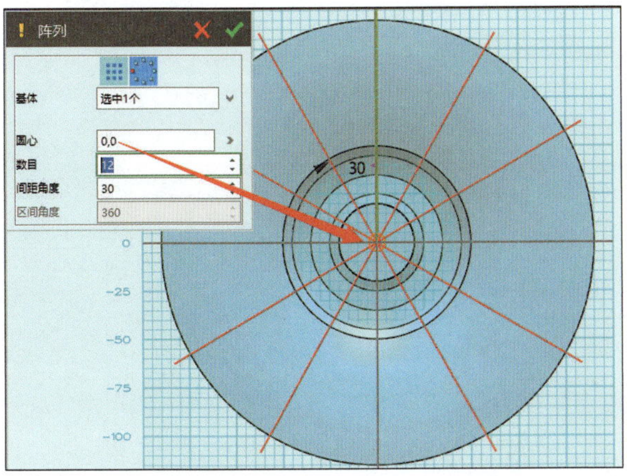

图 9-11

（3）选择“草图编辑”中的“链状圆角”命令，“曲线”选择如图 9-12 所示的加亮的 2 条曲线，“半径”设为 13，单击“确定”按钮。

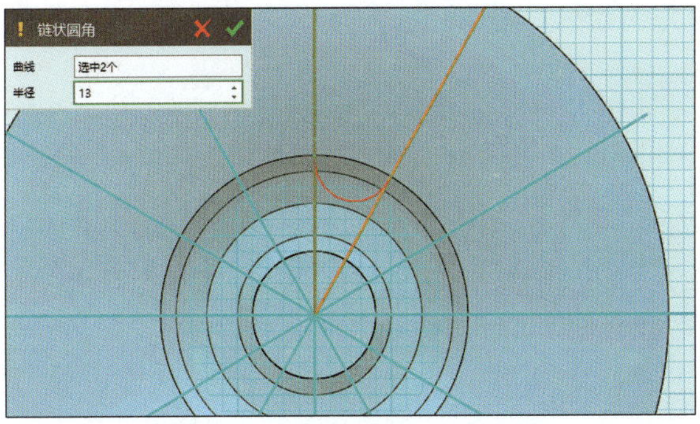

图 9-12

（4）重复执行“圆角”命令，在其他 5 组直线之间添加圆角，如图 9-13 所示。

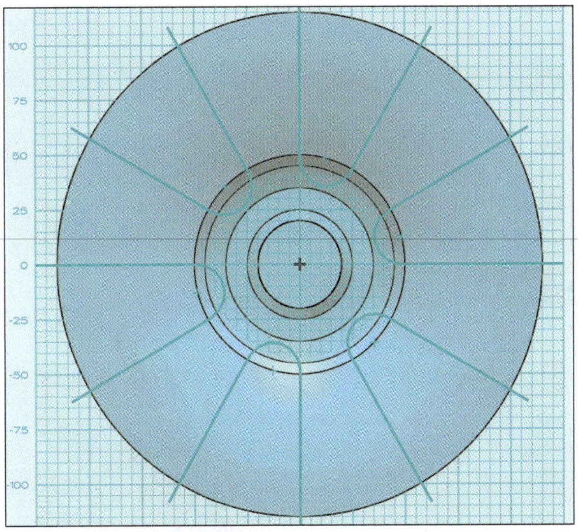

图 9-13

（5）用“直线”命令分别将草图开口连接起来，使其成为封闭环形草图，如图 9-14 所示。绘制完成后，选择“显示曲线连通性”命令，检查草图是否有问题。

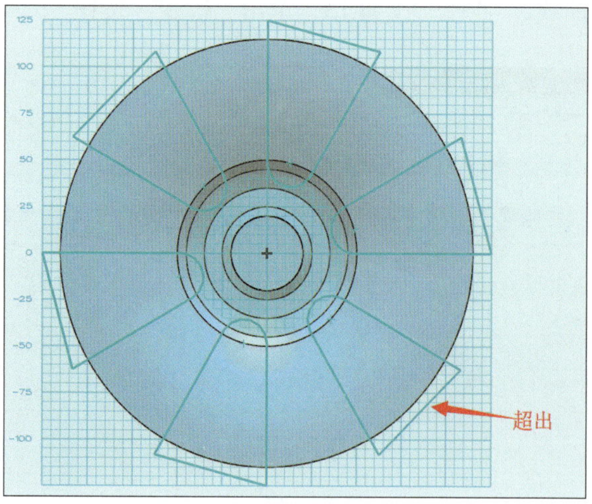

图 9-14

5. 选择“特征造型”中的“拉伸”命令，布尔运算选择“减运算”，“轮廓”选择上一步绘制的草图，“拉伸类型”设为对称，拉伸“厚度”为完全贯穿，如图9-15所示，单击“确定”按钮。

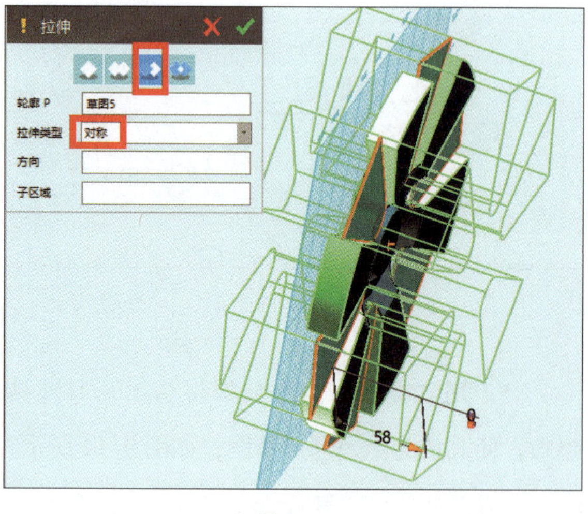

图 9-15

6. 制作轮辋。选择“草图绘制”中的“直线”命令，单击如图 9-16 所示的弧线位置，作为草图绘制平面。

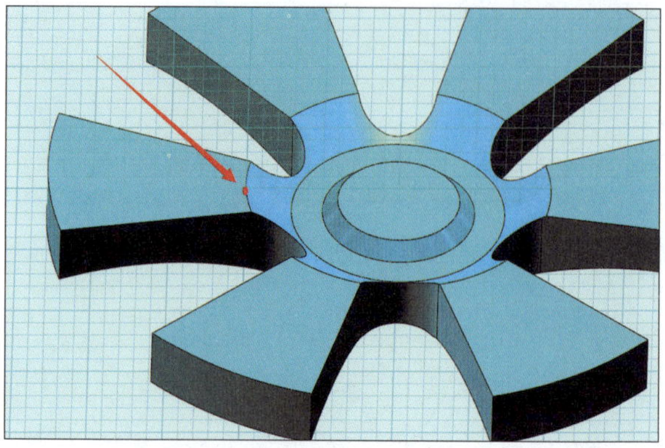

图 9-16

（1）单击“查看视图”中的“自动对称视图”。参照如图 9-17 所示的尺寸绘制草图。网格面上每一个小格的尺寸是 5×5，可借助网格点绘制草图（标注不用绘制）。

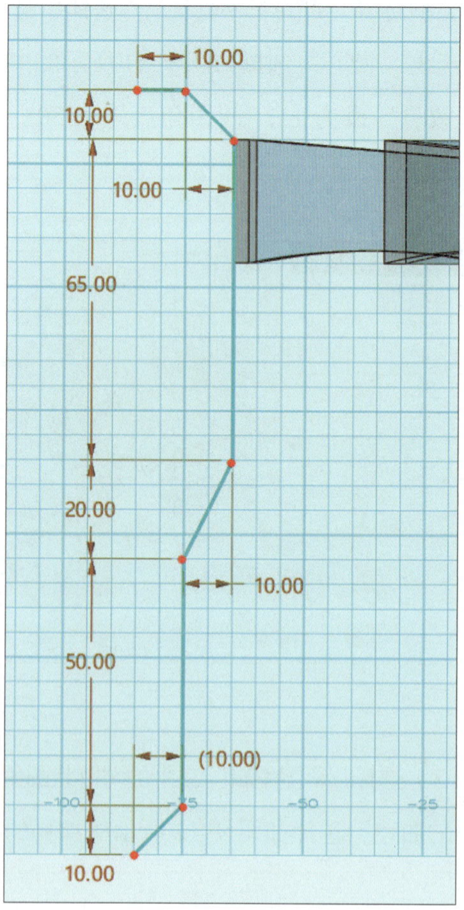

图 9-17

（2）框选绘制的所有直线，选择“草图编辑”中的“偏移曲线”命令，“距离”设为2，勾选“翻转方向”，如图9-18所示，单击“确定”按钮。

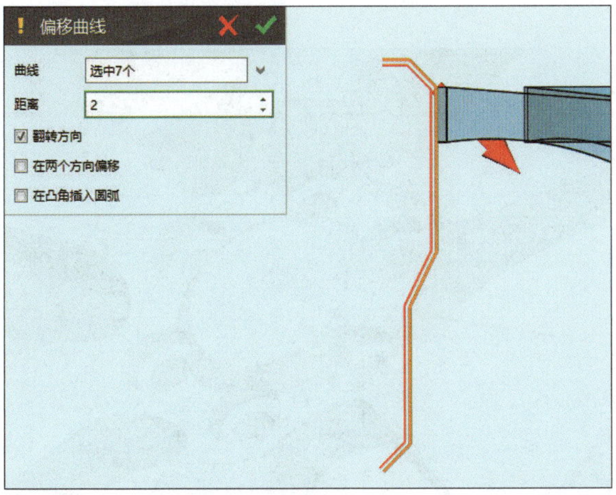

图9-18

（3）继续选择“直线”命令，将两组直线的两端连接封闭起来，如图9-19所示。

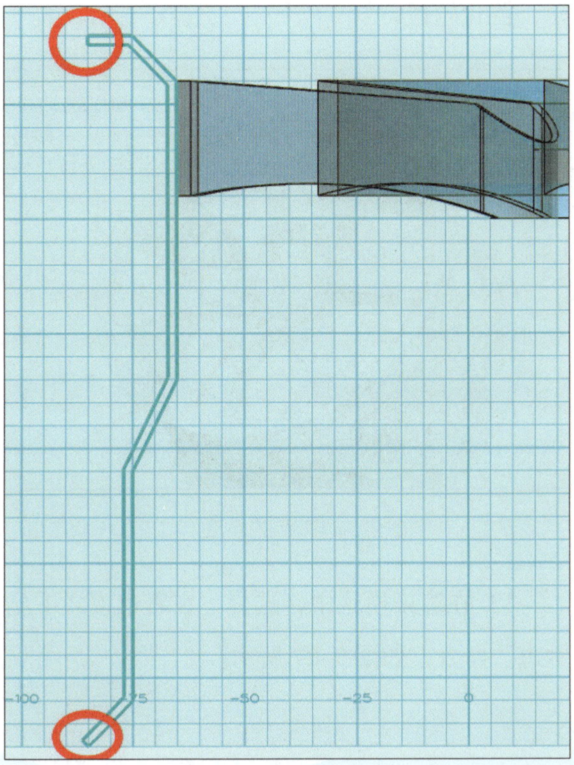

图9-19

7. 选择“特征造型”中的“旋转”命令，布尔运算选择“加运算”，“轮廓”选择上一步绘制的草图，旋转“轴A”选择如图9-20中所示的加亮圆弧边线，旋转360°，单击“确定”按钮。

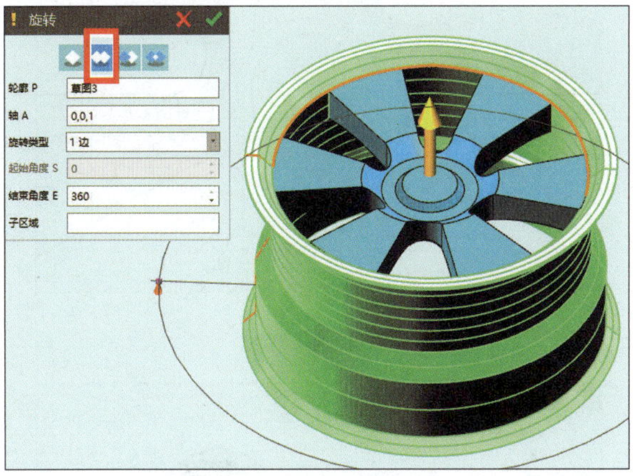

图9-20

8. 制作安装孔。选择“草图绘制”中的“圆”命令，单击选择如图9-21所示的红色箭头所指的面，作为草图绘制平面。

图9-21

参照如图9-22所示的图形，绘制一个半径为5的圆，并利用“基本编辑”中的“阵列”命令（“圆形阵列”）阵列其他5个圆。

9. 选择“特征造型”中的“拉伸”命令，布尔运算选择“减运算”，“轮廓”选择上一步绘制的草图,“拉伸类型”选择对称，拉伸“厚度”为完全贯穿，如图 9-23 所示，单击“确定”按钮。

图 9-22

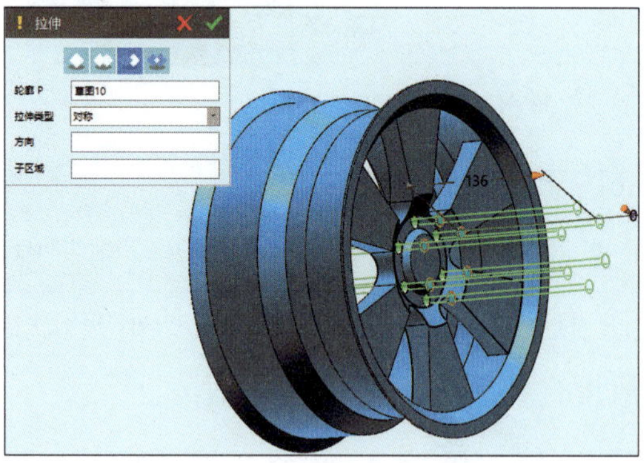

图 9-23

10. 重复第 8 步的操作，继续绘制 6 个半径为 9 的圆，如图 9-24 所示。此时的圆和第 8 步绘制的圆同圆心。

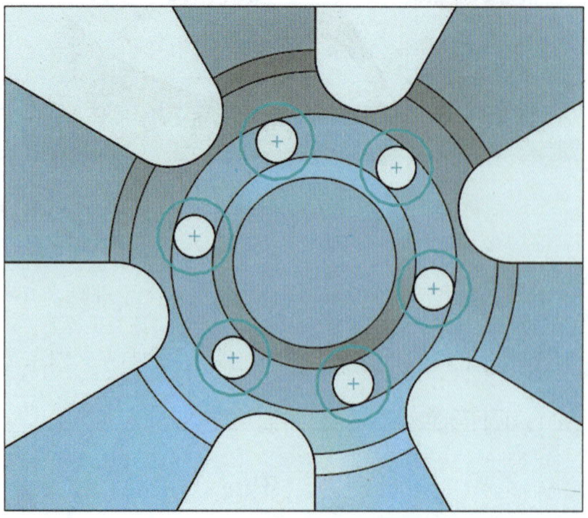

图 9-24

11. 选择“拉伸”命令，布尔运算设为“减运算”,“轮廓”选择上一步绘制的草图,“拉伸类型”为 1 边，拉伸“厚度”如图 9-25 所示，单击“确定”按钮。此处切出一个台阶的效果即可。

图 9-25

12. 选择“特征造型”中的“圆角”命令，参照如图 9-26 所示，将棱角位置全部添加圆角，美化轮毂。

图 9-26

13. 在渲染模式中，选择“在着色模式下显示边”命令，如图 9-27 所示。

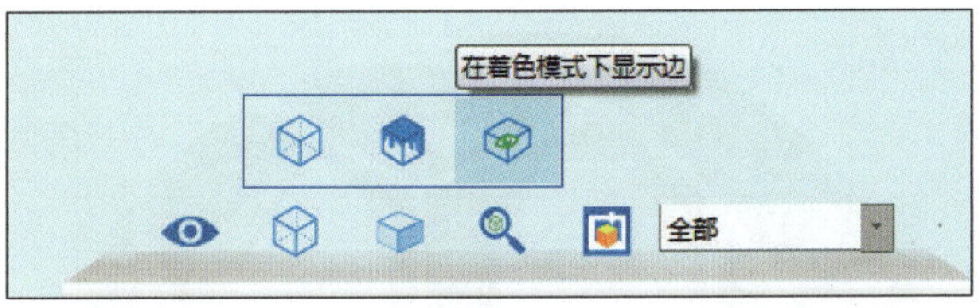

图 9–27

14. 在右侧侧条中选择“视觉样式”选项，为轮毂添加材质，如图 9–28 所示。

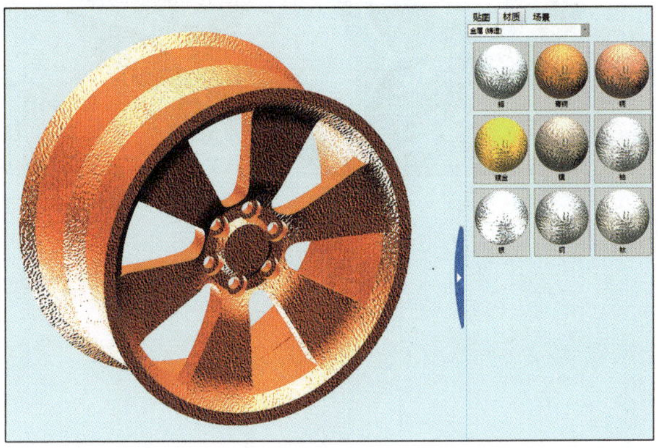

图 9–28

15. 至此，轮毂就设计制作完成了。选择“本地保存”命令，将文件名设置为“轮毂”，保存在计算机中。

9.4 轮毂的差异

市场上的轮毂，按照材质可以分为钢轮毂和合金轮毂，二者各有利弊。

钢轮毂最主要的优点是制造工艺简单（一般采用铸造的工艺生产），成本相对较低，且抗金属疲劳能力很强。但钢轮毂的缺点也相对比较突出，外观丑陋，重量较沉（相同的轮毂，钢材质比铝合金材质重很多），惯性阻力大，散热性也比较差，且非常容易生锈。

合金轮毂正好可以弥补钢轮毂的缺点。其重量较轻，惯性阻力小，制作精度高，在高速转动时的变形小，有利于提高汽车的直线行驶性能，减轻轮胎滚动阻力，从而降低油耗。合金轮毂的导热性能约为钢轮毂的 3 倍，故散热性好，对于车辆的制动系统，轮胎和制动系统的热衰减都能起到一定的作用。市场上原厂车的合金轮毂都以铝合金为主，当然也有很多改装轮毂为了达到一定的特殊要求以及视觉的提升，会选择铬、钛等元素作为基本材料。不过，跟钢轮毂相比，合金轮毂的价格要贵得多，所以往往在很多中低端级别的原厂车中，钢轮毂会出现在低配车型上，而合金轮毂则是高配车型的标配。

9.5 拓展与挑战

小朋友们可以利用本章学会的方法和技术，尝试设计制作如图 9–29、图 9–30、图 9–31 所示的轮毂结构。

图 9–29

图 9-30

图 9-31

第10章

酷炫轮胎

10.1 轮 胎[①]

轮胎是在各种车辆或机械上装配的接地滚动的圆环形弹性橡胶制品，如图 10–1 所示。

图 10–1

轮胎与轮毂是一个组合体，通常安装在金属轮辋上，能支承车身，缓冲外界冲击，实现与路面的接触并保证车辆的行驶功能。轮胎常在复杂和苛刻的环境中使用，在行驶时还需承受各种变形、负荷、力以及高低温作用。因此，轮胎必须具有较好的承载性能、防滑性能、缓冲性能。同时，还要求具备高耐磨性、耐屈挠性以及低的滚动阻力与生热性。轮胎属橡胶制品，全世界产出的橡胶约有一半用于轮胎生产。

轮胎是汽车上最重要的组成部件之一，它的作用主要有：

1. 支撑车辆，承受重力，传递不同方向的力。

2. 传送牵引和制动的扭力，保证轮胎和路面之间有良好的附着性，以提高汽车的动力性、制动性和通过性；与汽车悬架共同缓和汽车行驶时所受到的冲击，并衰减由此产生的震动。

3. 防止汽车零部件受到剧烈震动带来的早期损坏，适应车辆高速行驶的性能，降低行驶时的噪声，保证行驶的安全性、操纵稳定性、舒适性和节能经济性。

轮胎表面通常都会有花纹，如图 10–2 所示。这些花纹有助于增大轮胎与地面之间的摩擦力，以传递车辆的速度并控制行驶方向，如图 10–3 所示。

图 10–2

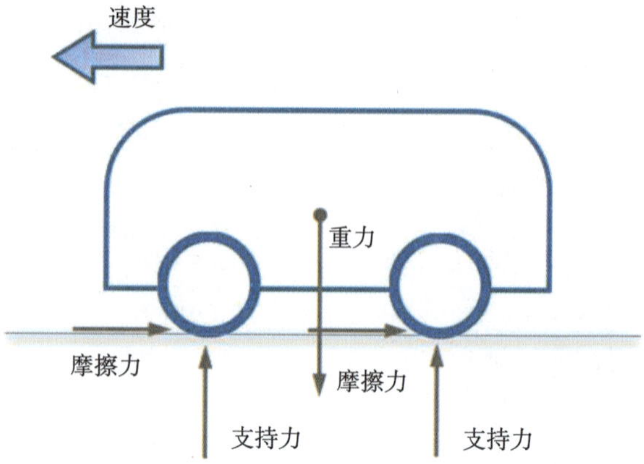

图 10–3

① 百度百科 . 轮胎［EB/OL］.（2019–03–28）［2019–04–19］.https://baike.baidu.com/item/ 轮 胎 /70718？fr=aladdin#ref_［1］_10523589.

此外，轮胎表面的花纹还大有用处。例如，轮胎的抓地性能能否完全发挥出来，与这些花纹有着极大的关系；车辆转弯、牵引的摩擦力，制动的效果，雨天车辆的排水能力，行驶时的减噪效果等，都与这些花纹有关。

轮胎表面的花纹的核心要素包括：①提高地面附着力；②降低行驶时产生的噪声；③增加水路的排水性。但这三要素与汽车行驶之间互相冲突和牵制，因此，轮胎厂商在设计轮胎表面的花纹时，会根据不同车型、不同需求、不同轮胎的产品定位，研发出不同功能效果的花纹。

在三维设计中，轮胎的花纹设计是一大难点。下面就让我们一起来设计一款轮胎吧。

10.2 学习目标

1. 学习轮胎花纹设计方法。
2. 学习参考数据的方法。
3. 学习测量方法。
4. 学习特殊功能的综合应用。
5. 了解摩擦力的相关因素。

10.3 设计制作轮胎

第 9 章设计制作了轮毂，本章将设计制作与之匹配的轮胎。

1. 在青少年三维设计软件中打开第 9 章设计制作的轮毂模型，如图 10-4 所示。

图 10-4

2. 选择“距离测量”命令，测量轮毂宽度。在轮毂两侧的圆弧边上各选一个点，如图 10-5 所示，查看“Z 方向距离”，可得轮毂宽度为 148.6（四舍五入）。

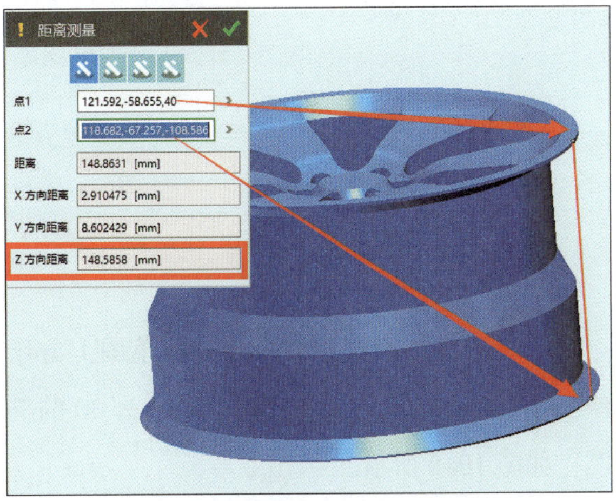

图 10-5

继续测量轮毂的半径，如图 10-6 所示，所得数据为 125。

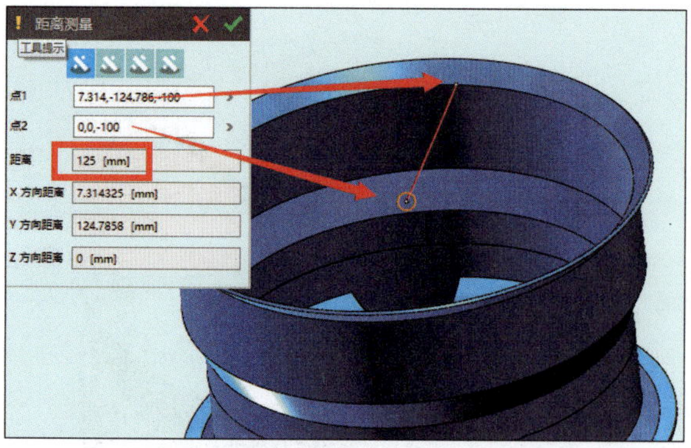

图 10-6

3. 开始设计轮胎。新建文件，单击骰子的“上”视角。

（1）选择“草图绘制”中的“直线”命令，在网格面上绘制如图 10-7 所示的草图（其中 148.6 为轮胎宽度，可在“长度”对话框中直接输入 148.6 调整直线长度）。

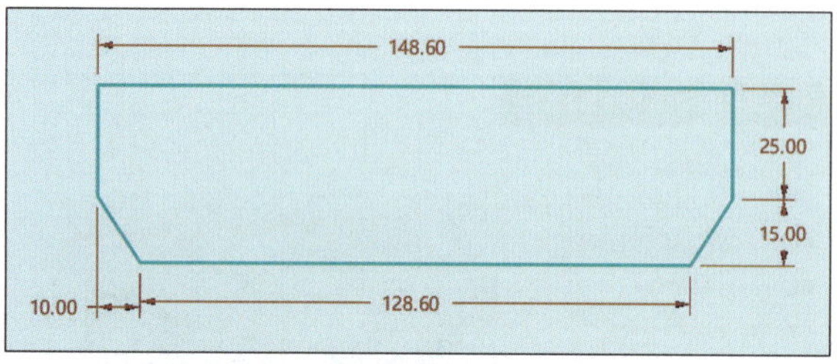

图 10-7

（2）选择“椭圆”命令⊙，在草图上方绘制一个长轴直径为 148.6，短轴直径为 30 的椭圆，如图 10-8 所示。

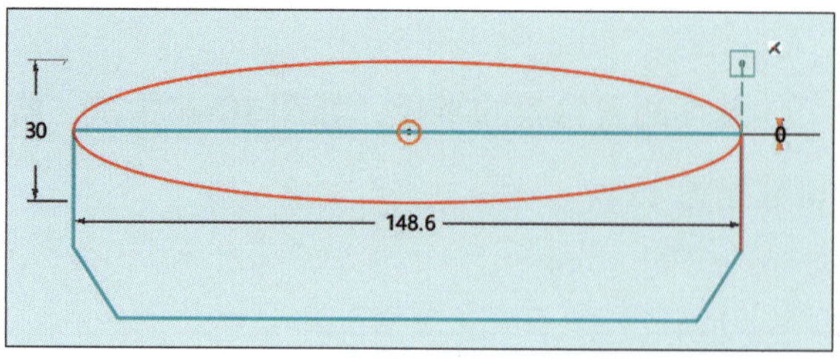

图 10-8

（3）选择“草图编辑”中的“修剪”命令，参照图 10-9，将多余的线段剪掉（选择“修剪”命令后直接单击需要修建的线）。

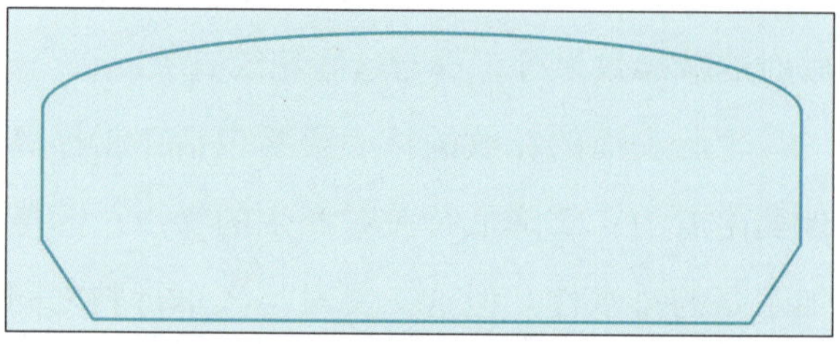

图 10-9

（4）选择“草图编辑”中的“曲线偏移”命令，“曲线”选择如图 10-10 所示的加亮曲线，“距离”设为 15，勾选“翻转方向”选项，单击“确定”按钮。

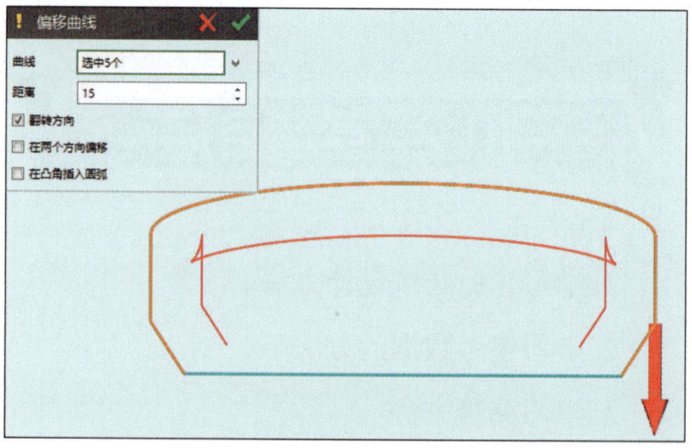

图 10-10

（5）选择“草图绘制”中的“直线”命令，参照图 10-11 绘制两条竖直直线。

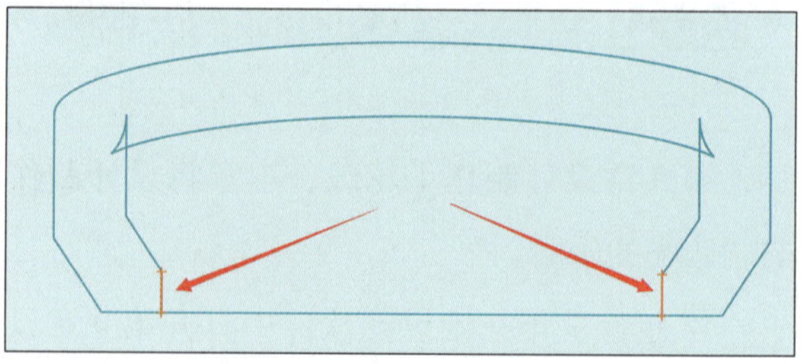

图 10-11

（6）选择“草图编辑”中的“修剪”命令

，参照图 10–12，将多余的线段剪掉。

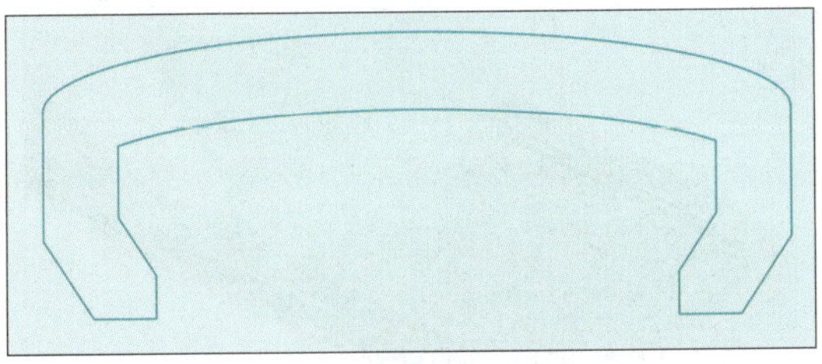

图 10–12

4. 选择“特征造型”中的“拉伸”命令，“拉伸类型”设为“1 边”，拉伸“厚度”设为 785.4（“厚度”为轮毂的周长，即为 2× 轮毂半径 ×π，其中轮毂半径为 125，π 取 3.1415，最终结果四舍五入保留一位小数），如图 10–13 所示，单击“确定”按钮。

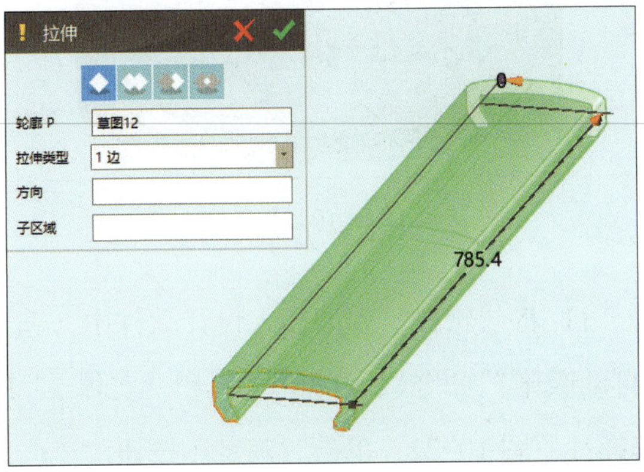

图 10–13

5. 绘制花纹。选择“草图绘制”中的“直线”命令，单击如图 10–14 所示的面中心位置，作为绘制平面。

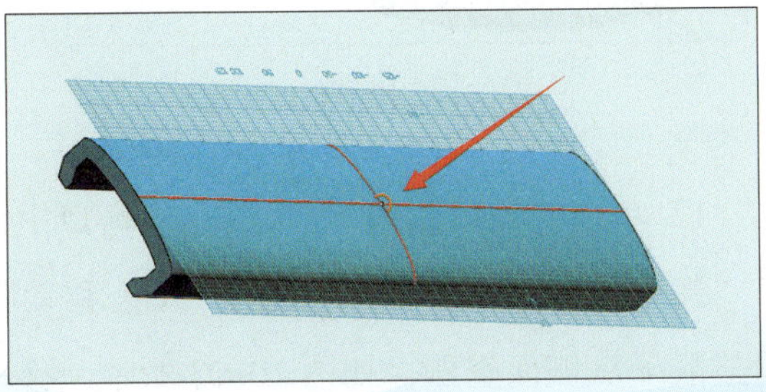

图 10–14

选择绘制平面后，单击如图 10–15 所示的“自动对齐视图”命令，绘制草图。参照图 10–16 绘制草图（也可以绘制自己喜欢的图形。草图一定要是环形封闭的轮廓，利用检查曲线连通性命令检查）。

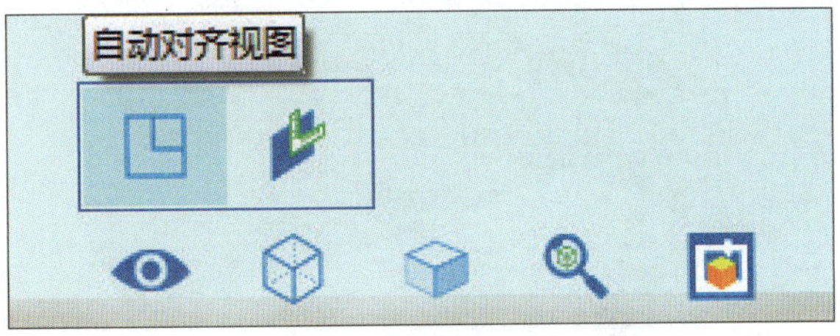

图 10–15

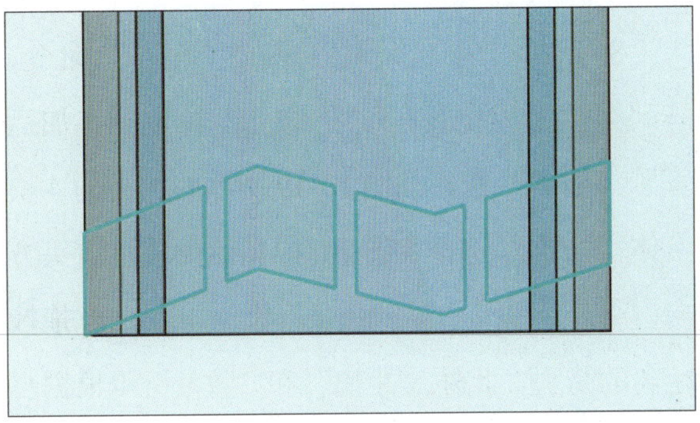

图 10–16

6. 选择“特征造型”中的“拉伸”命令，布尔运算选择“基体”，“轮廓”选择上一步绘制的草图，“拉伸类型”设为“2 边”，“厚度”为 –15 和 10，“锥度”为 –3°，如图 10–17 所示，单击“确定”按钮。

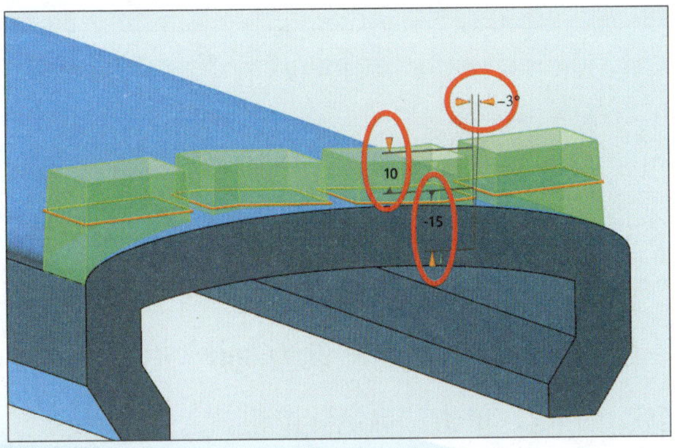

图 10–17

7. 选择“特征造型”中的圆角命令，参考图 10–18，在红色箭头所指的两处添加半径为 15 的圆角。

图 10–18

8. 选择“基本编辑”中的“阵列”命令，阵列类型为“线形阵列”，布尔运算选择“加运算”，“基体”选择如图 10–19 所示的加亮的 4 块实体，“方向”选择如图 10–19 所示的黄色箭头方向，“距离”设为 736，“数量”设为 16（注意拖拽距离的箭头。此外，“距离”和“数量”可根据自己设计的图形自行调整），单击“确定”按钮。

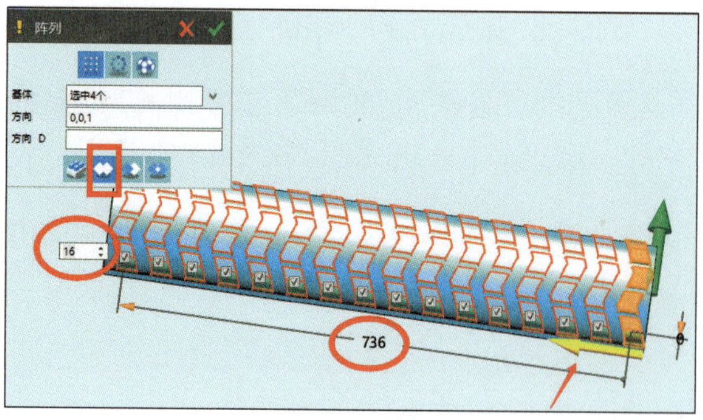

图 10–19

9. 选择“特殊功能”中的“圆柱折弯”命令，“基体”选择如图 10–20 所示的加亮实体，“基准面”选择如图 10–20 所示的平面，选择“角度”类型，“角度”设为 360°（注意“旋转”为 0），单击“确定”按钮。

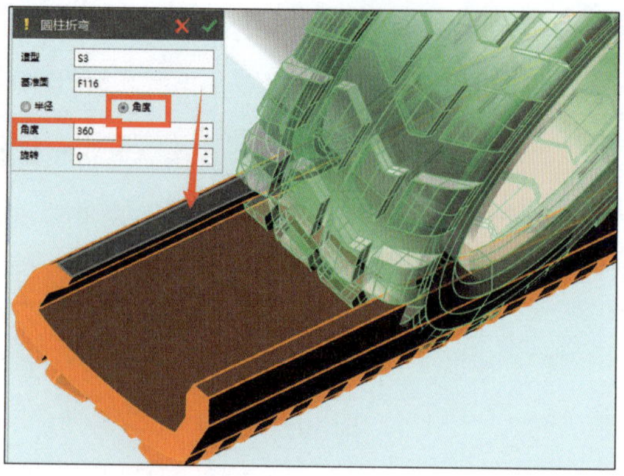

图 10–20

10. 选择“颜色”命令，为轮胎添加颜色，如图 10–21 所示。

图 10–21

11. 将“轮毂”模型插入设计软件中，选择“自动吸附”命令，“实体 1”和“实体 2”的选择参照图 10–22，单击“确定”按钮。

图 10–22

12. 单击“轮毂”，在弹出的悬浮窗口中选择“移动”命令，移动类型选择“动态移动”，调整骰子从侧面查看，如图 10–23 所示，移动

"轮毂"，单击"确定"按钮。

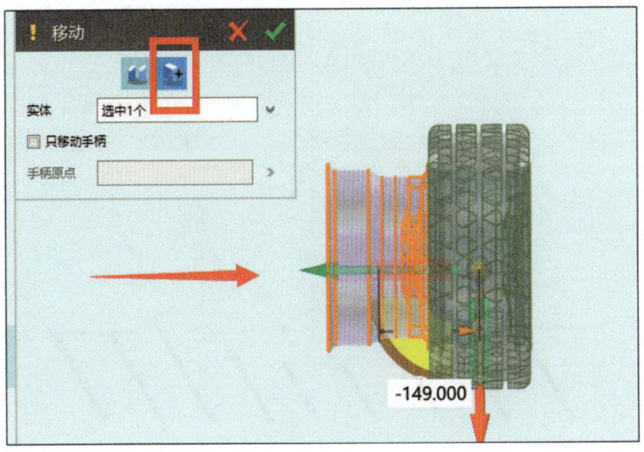

图 10–23

13. 至此，轮胎的设计制作就完成了，如图 10–24 所示。选择"本地保存"命令，将文件名设置为"轮胎"，保存在计算机中。

图 10–24

10.4 摩擦力[①]

阻碍物体相对运动（或相对运动趋势）的力叫作摩擦力。摩擦力的方向与物体相对运动（或相对运动趋势）的方向相反。

摩擦力与相互摩擦的物体有关。没有摩擦力，鞋带就无法系紧，螺丝钉和钉子就无法固定物体。

摩擦力分为滑动摩擦力、静摩擦力、滚动摩擦力 3 种。

一个物体在另一个物体表面发生滑动时，接触面间产生阻碍它们相对运动的摩擦，称为滑动摩擦。滑动摩擦力的大小与接触面的粗糙程度和正压力有关。如图 10–25 所示的滑雪情景，当人穿上鞋底光滑的滑雪鞋后，与地面的滑动摩擦力就减小了，人就可以轻松地在雪地上滑行了。滑动摩擦力的方向与物体相对运动的方向相反，如图 10–26 所示。

图 10–25

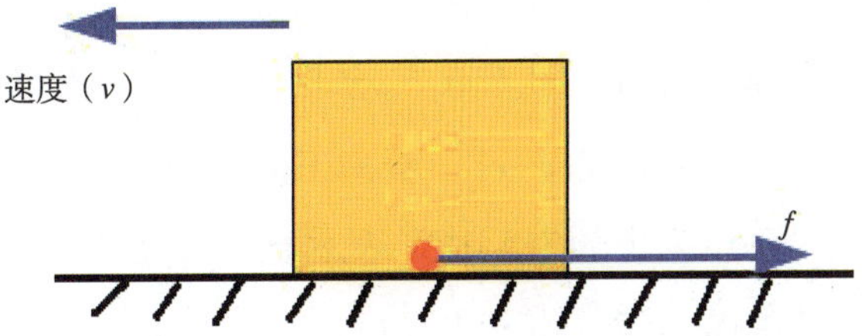

图 10–26

静摩擦力是两个相互接触的物体间有相对运动的趋势（实际并未产生相对运动）时产生

① 摘自人民教育出版社出版的八年级下册《物理》教材。

的摩擦力。手握杯子时，手和杯子之间没有发生相对运动，那么，手和杯子之间的力就是静摩擦力，如图 10–27 所示。手的握力越大，手与杯子之间的静摩擦力越大，杯子就拿的越牢固。静摩擦力的方向与物体相对运动的趋势方向相反，如图 10–28 所示。

图 10–27

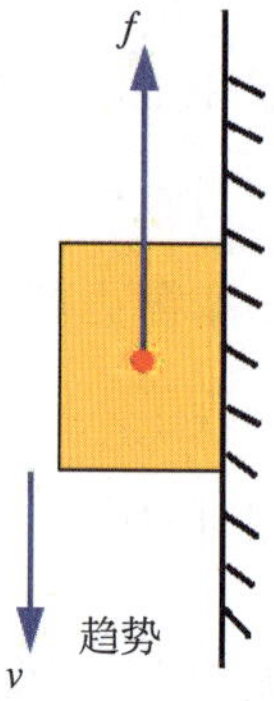

图 10–28

一个物体在另一物体表面做无滑动的滚动或有滚动趋势时，由于两物体在接触部分受压发生形变而产生的阻碍滚动的作用，叫作滚动摩擦力。当物体发生滚动时，物体与地面间的接触面前方会发生形变，使支撑面作用于物体的合弹力 N 的作用点从最低点向前移。通过这个弹力，相对于物体的质心产生一个阻碍物体滚动的力矩，就是滚动摩擦力（F 或 F'），如图 10–29 所示。滚动摩擦力可通过 F 或 $F' = fW/r$（式中，F 或 F' 表示滚动摩擦力，F 一般为主动轮，F' 为从动轮，单位为牛顿（N）；W 表示轮子的重量，单位为牛顿；r 表示轮子的半径，单位为米；f 表示滚动摩擦因数，具有长度的量纲）来进行计算。

物体所受的摩擦力与其受到的正压力和接触面的粗糙程度有关。增大有利摩擦的方法包括：增大压力、增大接触面的粗糙程度等。减小有害

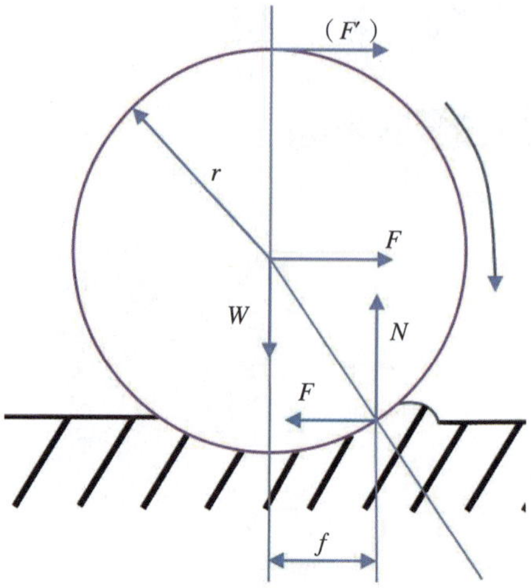

图 10–29

摩擦的方法包括：减小压力、使物体与接触面光滑、使物体与接触面分离、变滑动为滚动等。

10.5 拓展与挑战

1. 小朋友们，本章涉及的尺寸参考方式还可以直接在轮毂的基础上进行直接设计，尝试一下吧。

2. 小朋友们可以利用本章学会的方法和技术，尝试设计制作如图 10–30 所示的自行车轮胎和图 10–31 所示的急速轮胎。

图 10–30

图 10–31

第11章

铁艺鸟笼

11.1 铁 艺

铁艺，又称为铁艺术，有着悠久的历史。传统的铁艺主要用于建筑、家居、园林的装饰。在法国、英国、意大利、瑞士、奥地利等国家，铁艺装饰的运用颇为广泛。从皇家到民居，从园林到庭院，从室内楼梯到室外护栏，形态各异、精美绝伦的铁艺装饰比比皆是。从铁艺的线条、形态和色彩来看，具有独特风格和代表性的是英国和法国，但两国的铁艺又各成风格。英国的铁艺整体形象庄严、肃穆，线条与构图较为简单明朗，如图 11–1 所示；而法国的铁艺却充满了浪漫温馨、雍容华贵的气息，如图 11–2 所示。如果说英国的铁艺像一个英俊倜傥的绅士，那么法国的铁艺则似一位华冠锦带的皇子。

图 11–1

随着时代的发展，铁作为一种极具时代感而又饱含古典美的创造材料，如今被运用得十分娴熟。铁艺大师们用现代人的审美与技能，熔炼着这古老的材料，并用他们独有的匠心技艺将铁的运用拓展至新的境界，做出精美的作品，如图 11–3 所示。

图 11–2

图 11–3

随着社会的发展，装饰艺术和装饰材料不断更新，各种艺术形式的装饰风格也不断涌现，返璞归真的思潮成为一种新的时尚。作为古老的传统艺术装饰风格，铁艺艺术被注以新的内容和生命，被广泛应用于建筑外部装饰、室内装饰、家具装饰及环境装饰。铁艺因特点鲜明、风格质朴、经济实用、工艺简便，在现代装饰中占有一席之地，如图 11–4 所示。

图 11-4

11.2 学习目标

1. 学习管状结构的设计方法。
2. 学习镂空效果的制作方法。
3. 学习参考线的使用方法。
4. 了解铁艺的特点。

11.3 设计制作铁艺鸟笼

1. 打开青少年三维设计软件，单击骰子的“上”视角。选择“草图绘制”中的“直线”命令，在网格面上绘制一条竖直直线，如图 11-5 所示，作为鸟笼的中轴线。

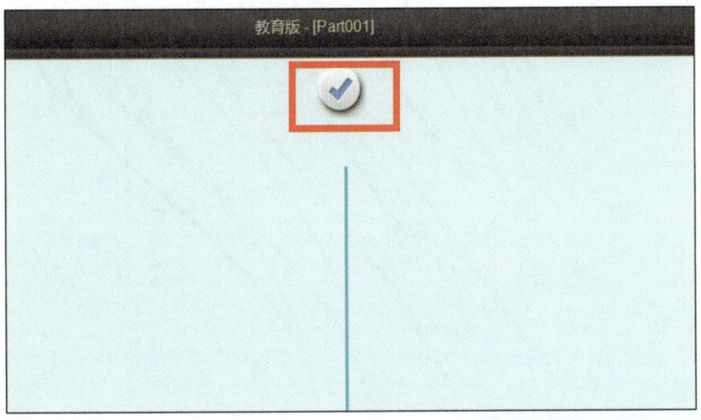

图 11-5

2. 选择“草图绘制”中的“通过点绘制曲线”命令，在网格面上绘制一条曲线，如图 11-6 所示。曲线全部在直线右侧，曲线光滑均匀，形状相似即可。

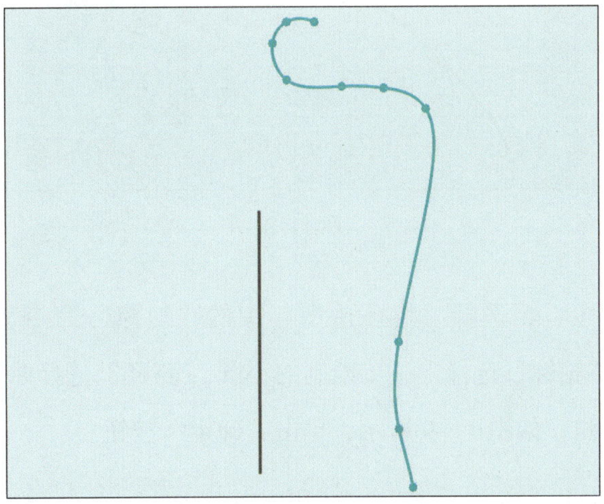

图 11-6

3. 选择“草图绘制”中的“圆形”命令，绘制轮廓圆。选择上一步绘制的曲线上任意一点，此时网格面垂直于曲线，如图 11-7 所示。以选择的曲线上的点为圆心，绘制一个半径为 1.5 的圆（此处圆的半径值可参照曲线的尺寸，比例合适即可），如图 11-8 所示，单击“确定”按钮。

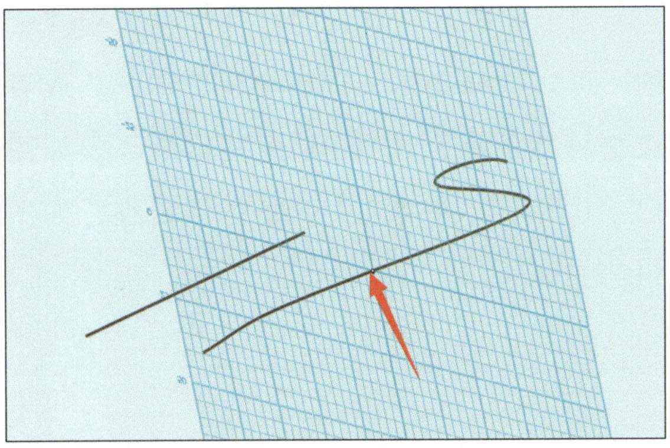

图 11-7

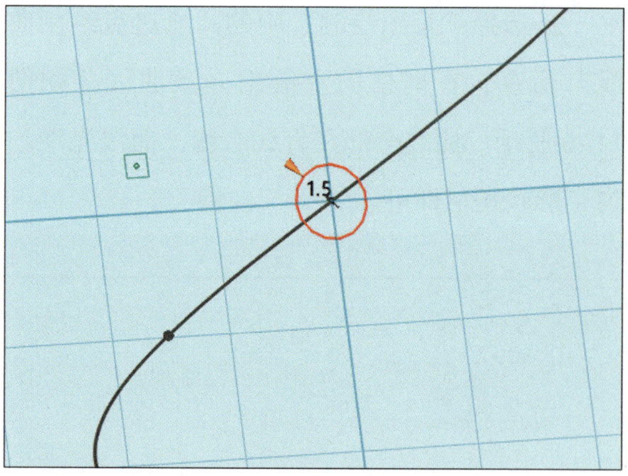

图 11-8

4. 选择“特征造型”中的“扫掠”命令，“轮廓”选择上一步绘制的小圆，“路径”选择曲线，如图 11-9 所示，单击“确定”按钮。

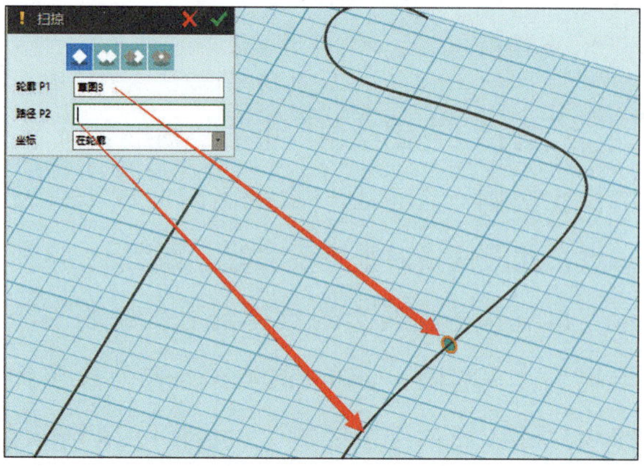

图 11-9

扫掠完成后，得到的杆件如果太粗或太细，可以选择撤销，重新绘制轮廓圆。或者双击杆件曲面，选择 DE 面偏移命令，如图 11-10 所示，拖拽箭头调整杆件粗细，如图 11-11 所示。

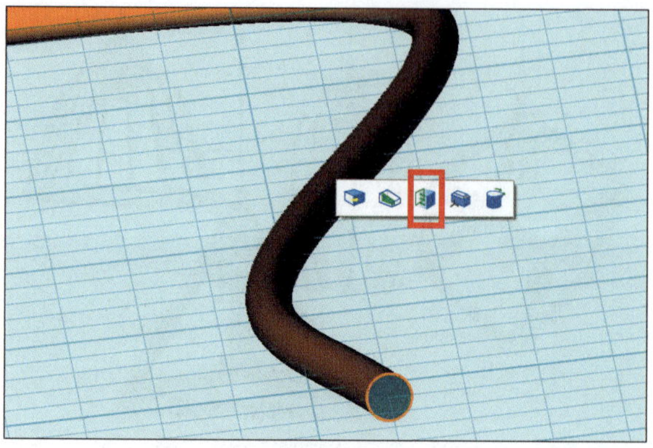

图 11-10

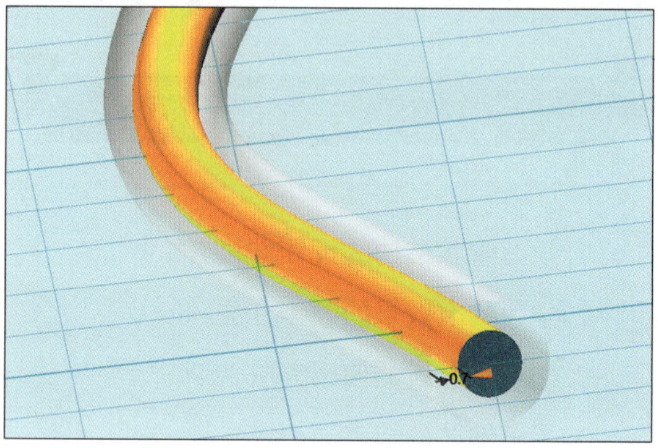

图 11-11

5. 选择“基本编辑”中的“阵列”命令，阵列类型选择“圆形阵列”，“基体”选择扫掠杆件，“方向”选择第 1 步绘制的竖直直线，如图 11-12 所示，数量调整适合即可，单击“确定”按钮。

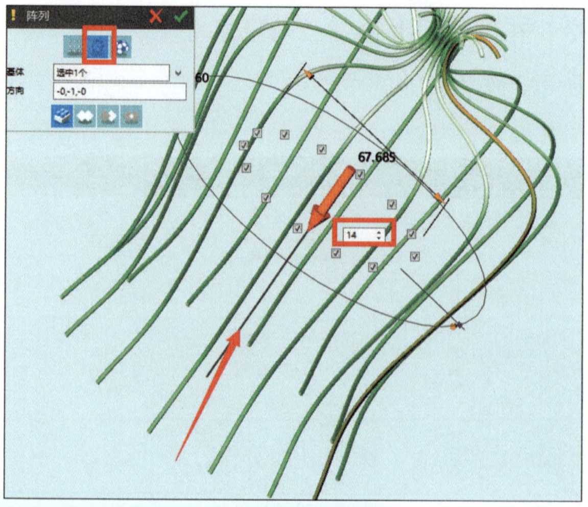

图 11-12

6. 选择“基本实体”中的“圆环”命令，圆环“中心”选择竖直直线上的一点，如图 11–13 所示，圆环内半径尺寸和扫掠截面尺寸相同，外半径通过拖拽箭头，调整到如图 11–13 所示的位置，与杆件连接在一起，单击“确定”按钮。

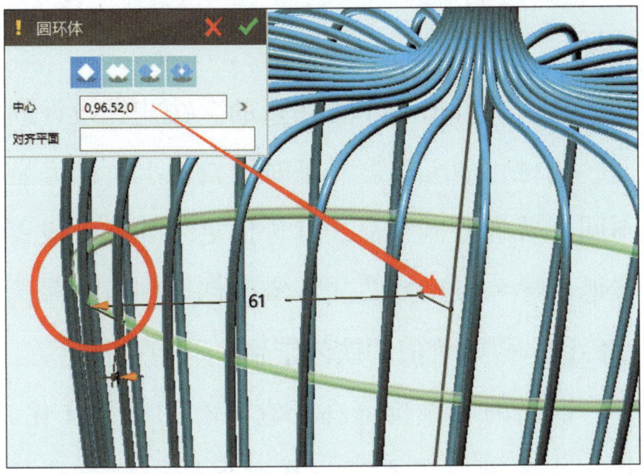

图 11–13

7. 按第 6 步操作，在不同位置添加圆环，如图 11–14 所示。

图 11–14

8. 选择“基本实体”中的“圆柱体”命令，圆柱体“中心”选择竖直直线上的一点，如图 11–15 所示，半径调整到与鸟笼衔接的位置，单击“确定”按钮。

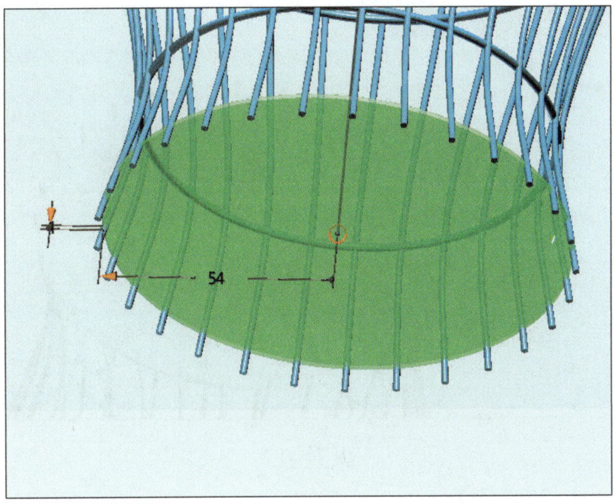

图 11–15

9. 选择“基本实体”中的“椭球体”命令，“中心”放在圆柱体底面位置，如图 11–16 所示，单击“确定”按钮。

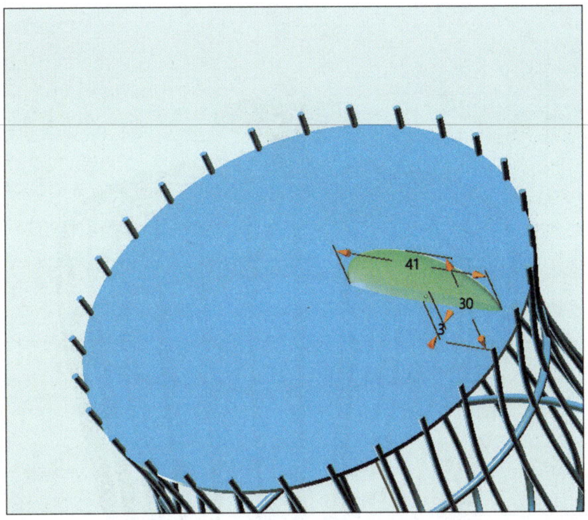

图 11–16

10. 选择“基本编辑”中的“阵列”命令，阵列类型选择“圆形阵列”，“基体”选择椭球体，“方向”选择竖直直线，布尔运算选择“减运算”，如图 11–17 所示，数量调整适合即可（阵列的结果不能将圆柱体切断了），单击“确定”按钮。

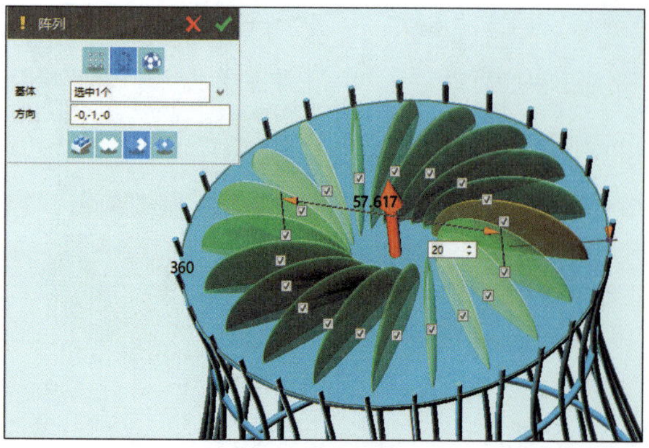

图 11-17

11. 选择“颜色”命令，为鸟笼上色，如图 11-18 所示。

图 11-18

12. 至此，铁艺鸟笼就设计制作完成了。选择“本地保存”命令，将文件名设置为“铁艺鸟笼”，保存在计算机中。

11.4 艺术的价值

艺术的价值是不可估量的。铁艺在设计周期、选材、加工难度、工时等费用上，已完全不同于普通铁制物品，其价值更是如此。应更多地倡导和鼓励铁艺艺术家们创造创新更多具有传世、收藏价值的铁艺作品。

铁艺的收藏价值在于它独有的铁艺文化。其文化内涵经久不衰，具有很强的传承性和保值性，具有其他艺术材料无可替代的价值，经得住时间的考验。铁艺以其自身金属材料的质感和变形工艺的特殊品质，展示了它的厚重、古朴和刚柔并蓄，凸显了其古典华贵的气息和亲和力，充满了儒雅的文化色彩，令人赏心悦目。铁艺或锃亮的钢铁光泽，或柔美的曲线，或简约的线条，或沧桑的铁锈，都受到了越来越多人的青睐。

铁艺最令人欣赏的是其特有的原始沧桑美和通过人工锻造所赋予的一些特有的、复杂的、富有人性化、个性化的元素，如图 11-19 所示。机械化工业生产是无法完全取代手工制作的。手工制作的铁艺是被赋予生命的，是机械无法加工处理的。一个工业模具可以快速地生产复制成百上千件产品，但手工制作的每一件作品都是这世间独一无二的存在。

图 11-19

一件铁艺作品“含金量”的高低，除了看其基本的时间长短、材质、厚重度，主要是看它的美学设计含量、手工制作凝结的智慧及其定位是商品还是艺术品，如图 11-20 所示。

图 11-20

11.5 拓展与挑战

1. 小朋友们可以利用本章学会的方法和技术，尝试设计制作如图 11-21、图 11-22 的鸟笼。

图 11-21

图 11-22

2. 利用本章学习的管道设计方法，尝试设计如图 11-23、图 11-24 所示的汽车排气管。

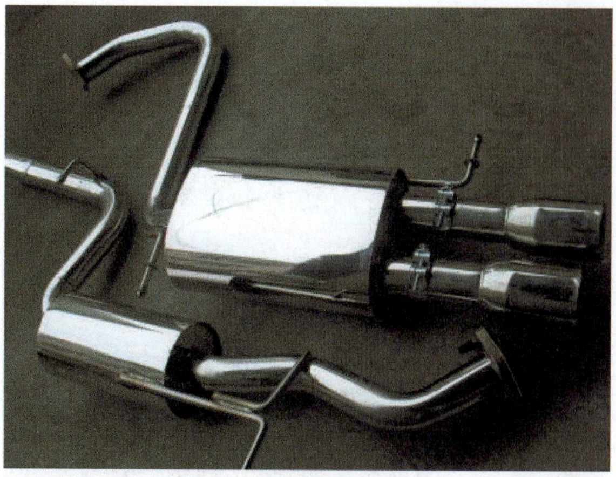

图 11-23

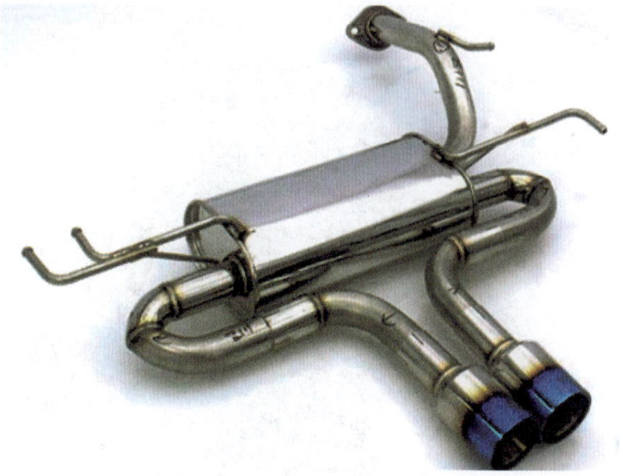

图 11-24

第12章

玫瑰花

12.1 玫瑰之源

玫瑰原产于中国，栽培历史悠久，在植物分类学上是一种蔷薇科蔷薇属灌木（Rosa rugosa）。现在，“玫瑰”常被引用为蔷薇属系列品种的统称。目前，常见的蔷薇属栽培品种也可称作现代月季或现代蔷薇（其与真正的玫瑰长相不同），如图 12-1 所示。野玫瑰的果实可食，无糖，富含维生素 C，常用于香草茶、果酱、果冻、果汁和面包等中。在西方文化中，玫瑰长久以来就象征着美丽和爱情。古希腊和古罗马民族用玫瑰象征着他们的爱神阿芙罗狄蒂（Aphrodite）、维纳斯（Venus）。在希腊神话中，玫瑰是宙斯所创的杰作，并以此向诸神炫耀自己的能力。

图 12-1

玫瑰是英国的国花。象征着爱情、爱与美、容光焕发、勇敢、高贵。

玫瑰花有红黄白紫蓝等多种颜色，不同颜色代表了不同的寓意。

玫瑰花是蔷薇科植物玫瑰和重瓣玫瑰的花。蔷薇科植物玫瑰和重瓣玫瑰属落叶灌木，原产于中国北部，现中国各地均有栽培，以山东省、江苏省、浙江省及广东省最多。玫瑰花采收时间一般在每年的 5—6 月盛花期前，采摘已充分膨大但未开放的花蕾，文火烘干或阴干储存；或采后装入纸袋，贮于石灰缸内，封盖储存，每年梅雨期需更换新石灰。

玫瑰花（图 12-2）具有浓郁甜美的香气，是一些食品、化妆品的主要添加剂。

图 12-2

此外，玫瑰花也有药用价值。其味甘微苦、性微温，归肝、脾、胃经；芳香行散；具有舒肝解郁、和血调经的功效；主治胸膈满闷，胃脘、胁肋、乳房胀痛，泄泻痢疾，跌打损伤，风痹，痈肿等。

12.2 学习目标

1. 学习曲面转实体的设计方法。

2. 学习网格中心坐标轴的使用方法。

3. 掌握扫掠的使用方法。

4. 掌握基本编辑功能的综合应用。

5. 了解仿生结构的设计方法。

12.3 设计制作玫瑰花

1. 打开青少年三维设计软件，单击骰子的“上”视图。选择“草图绘制”中的“通过点绘制曲线”命令，在网格面上绘制如图 12–3 所示的曲线。参照网格中心点绘制曲线。

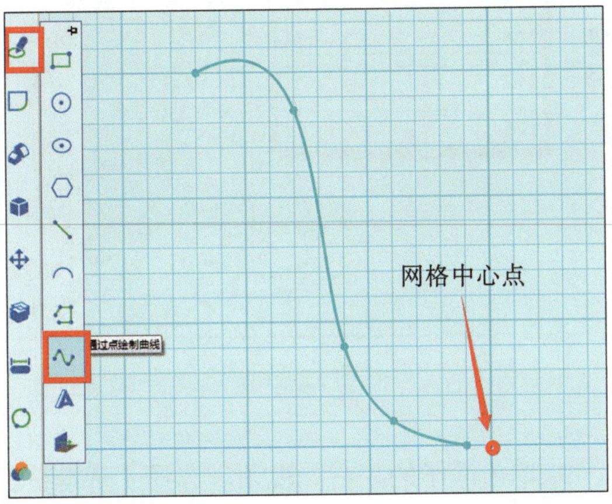

图 12–3

2. 选择“特征造型”中的“旋转命令”，“轮廓”选择上一步绘制的草图，“轴 A”选择网格中间如图 12–4 所示的红色轴线，单击“确定”按钮。

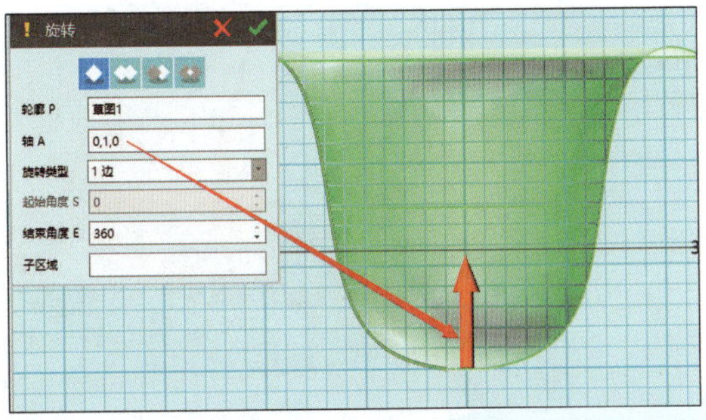

图 12–4

3. 选择“特殊功能”中的“抽壳”命令，“造型 S”选择上一步得到的旋转体，“厚度 T”设为 2，如图 12–5 所示，单击“确定”按钮。

图 12–5

4. 单击骰子的“上”视角。选择“草图绘制”中的“通过点绘制曲线命令”，单击网格面作为绘制平面，在网格面上绘制如图 12–6 所示的曲线，单击“确定”按钮。绘制完成后，用直线将曲线两端连接起来。

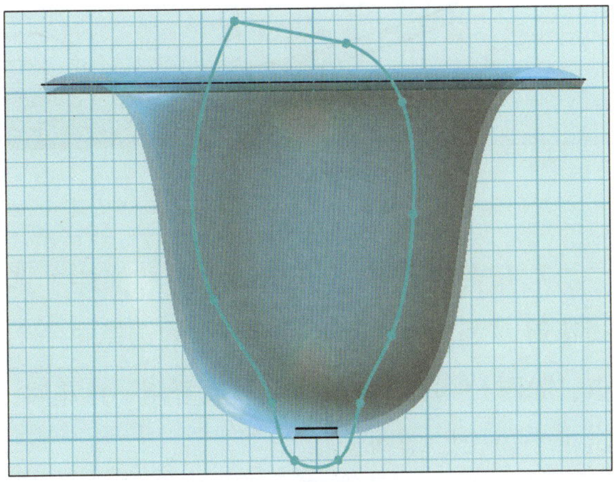

图 12–6

5. 选择“特征造型”中的“拉伸”命令，布尔运算选择“交运算”，“轮廓”选择上一步绘制的草图，“厚度”为贯穿，如图 12–7 所示，单击“确定”按钮。

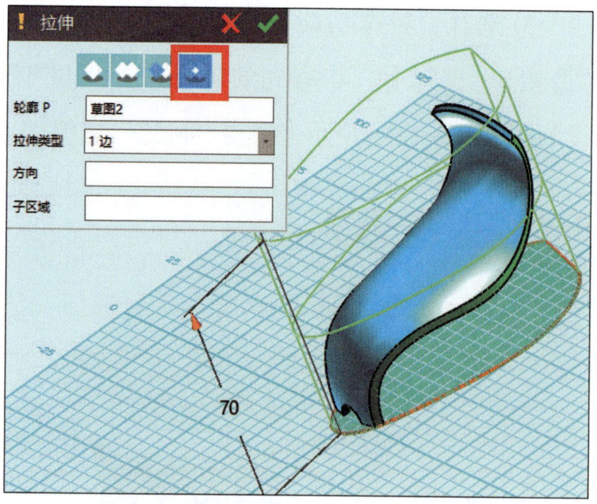

图 12–7

6. 选择“特征造型”中的“圆角”命令，“边”选择如图 12–8 所示的边，调整半径值，直到圆角可以出现为止，单击“确定”按钮。

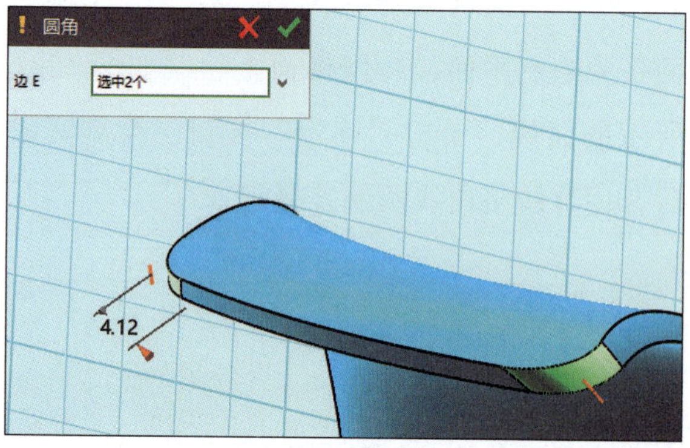

图 12–8

7. 在键盘上按住【Ctrl+C】键，“实体”选择花瓣，“起始点”和“目标点”均选择同一个点，如图 12–9 所示，在同一位置复制一片花瓣，单击“确定”按钮。

8. 选择“基本编辑”中的“缩放”命令，“实体”选择一片花瓣，如图 12–10 所示，“方法”选择“非均匀”，“X 比例”设为 0.8，“Y 比例”设为 1.2，“Z 比例”设为 0.8，单击“确定”按钮。

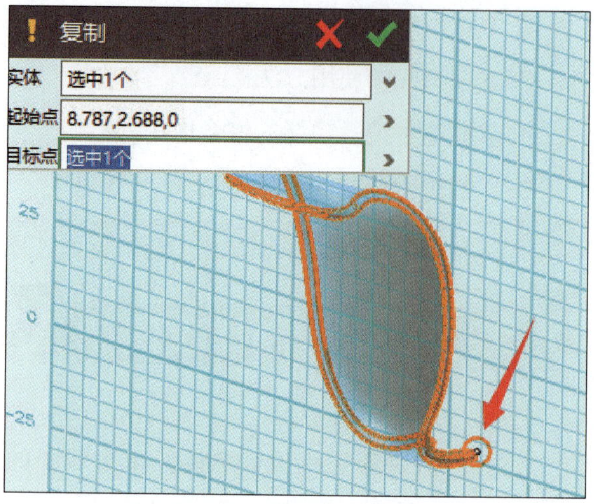

图 12–9

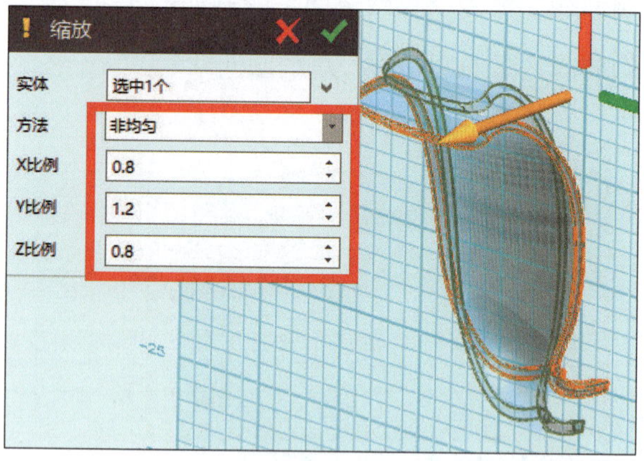

图 12–10

9. 单击骰子的“右”视角。选择“基本编辑”中的“移动”命令，移动方法选择“动态移动”，通过拖拽箭头，调整花瓣位置，如图 12–11 所示，单击“确定”按钮。

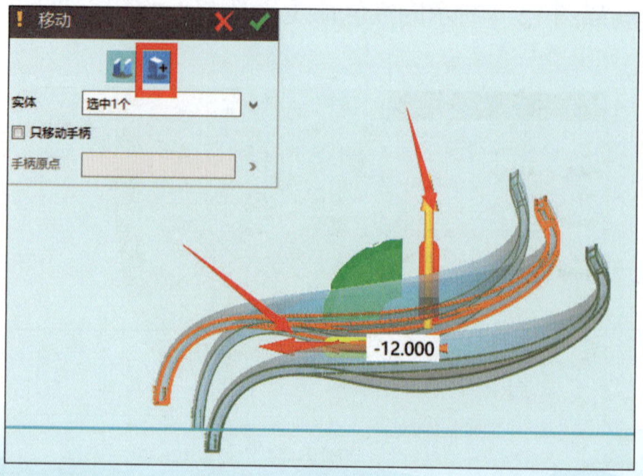

图 12–11

10. 选择移动后的花瓣，重复第 7、第 8、第 9 步的操作，得到如图 12-12 所示的效果，单击“确定”按钮。

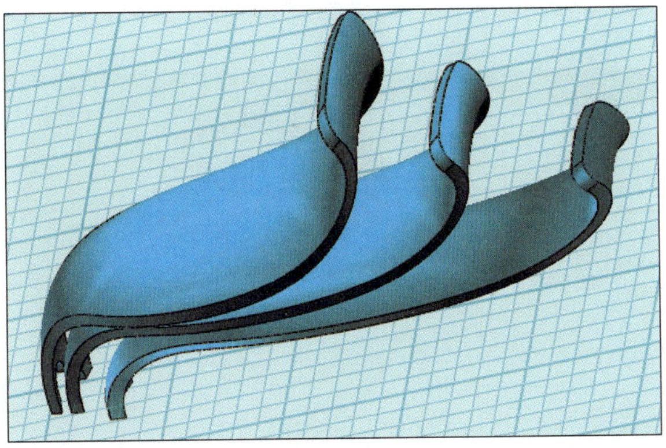

图 12-12

11. 选择最外侧的花瓣，重复第 7、第 8、第 9 步的操作，将第 8 步缩放比例“X 比例”设为 1.2，“Y 比例”设为 0.8，“Z 比例”设为 1.2，得到如图 12-13 所示的效果，单击“确定”按钮。

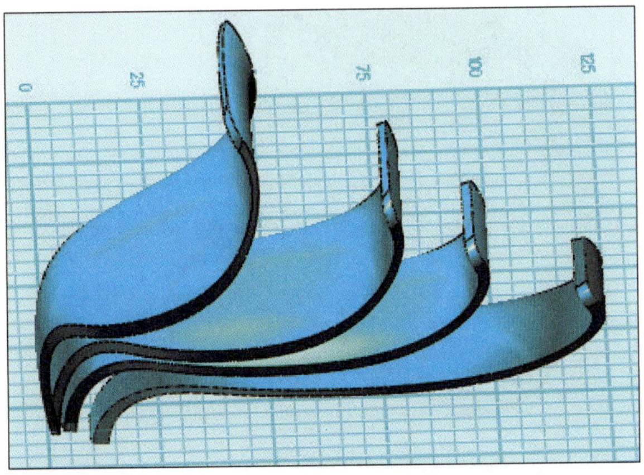

图 12-13

12. 选择“基本编辑”中的“阵列”命令，阵列类型选择“圆形阵列”。“方向”选择如图 12-14 所示的红色箭头方向，或者在方向对话框中输入 0，1，0，阵列“数量”设为 4，单击“确定”按钮。

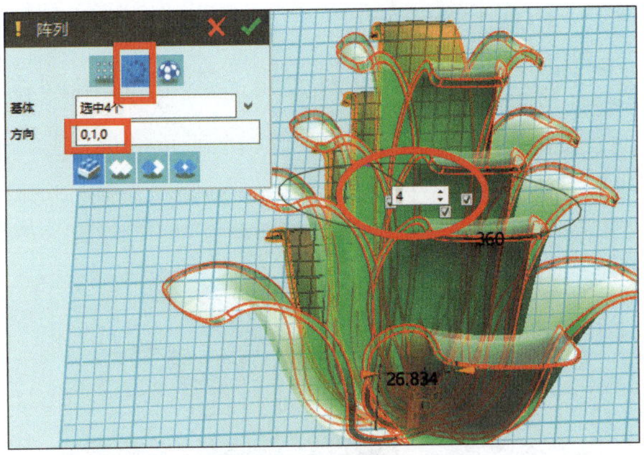

图 12-14

13. 单击骰子的“后”视角。选择“基本编辑”中的“移动”命令，将花瓣移动错开，如图 12-15 所示，单击“确定”按钮。

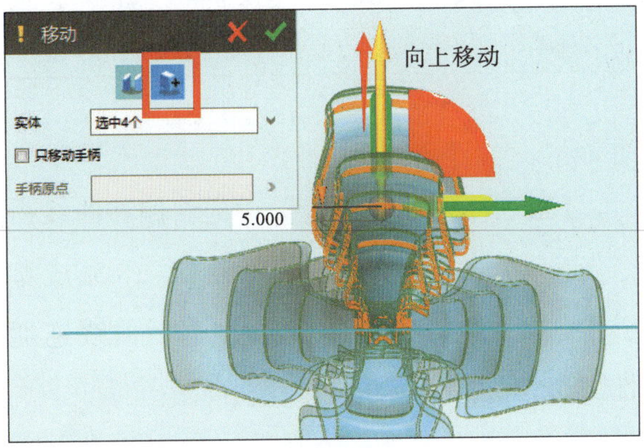

图 12-15

14. 继续选择“基本编辑”中的“移动”命令，将如图 12-16 所示的花瓣移动错开，单击“确定”按钮。

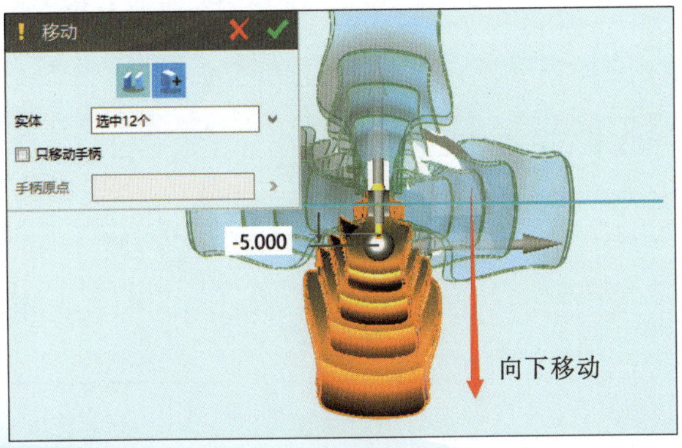

图 12-16

15. 单击骰子的“上”视角。选择“草图绘制”中的“通过点绘制曲线命令”，单击网格面，在网格面上绘制如图 12-17 所示的曲线。

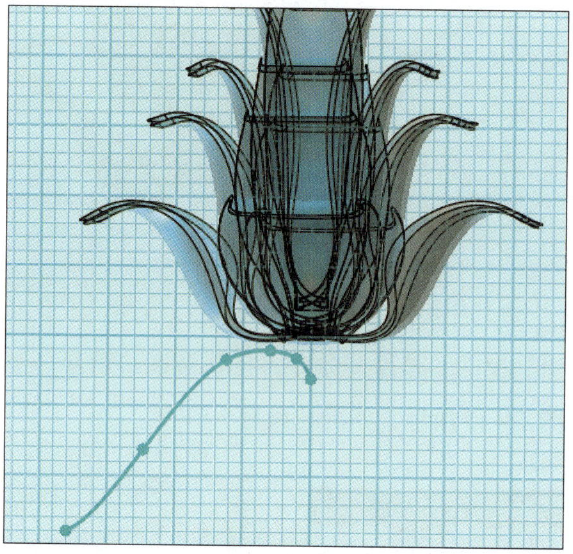

图 12-17

16. 利用“草图编辑”中的“偏移曲线命令”和“直线”命令，参照图 12-18 完成草图绘制。绘制完成后，选择“显示曲线连通性”命令，检查草图是否存在问题。

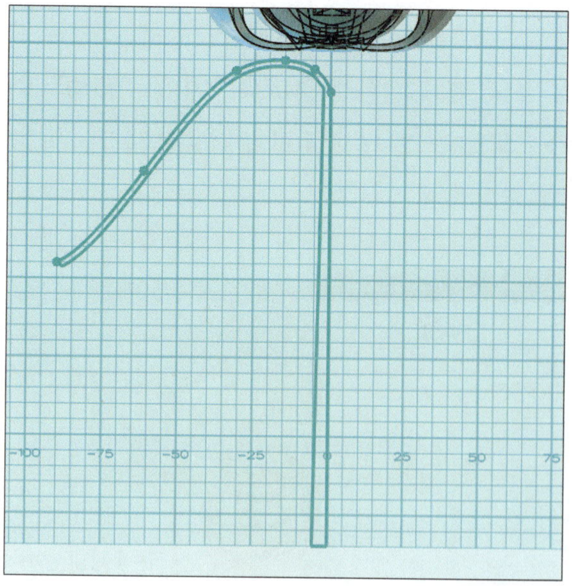

图 12-18

17. 选择“特征造型”中的“旋转”命令，“轮廓”选择上一步绘制的草图，“轴 A”选择如图 12-19 所示的右边的直线，单击“确定”按钮。

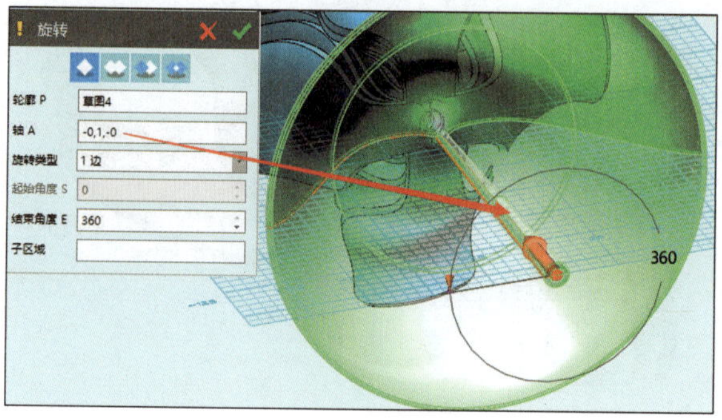

图 12-19

18. 鼠标框选所有花瓣，选择“显示 / 隐藏”中的“隐藏”命令，将花瓣隐藏。选择“草图绘制”中的“通过点绘制曲线”命令，单击如图 12-20 所示的面，作为草图绘制平面。

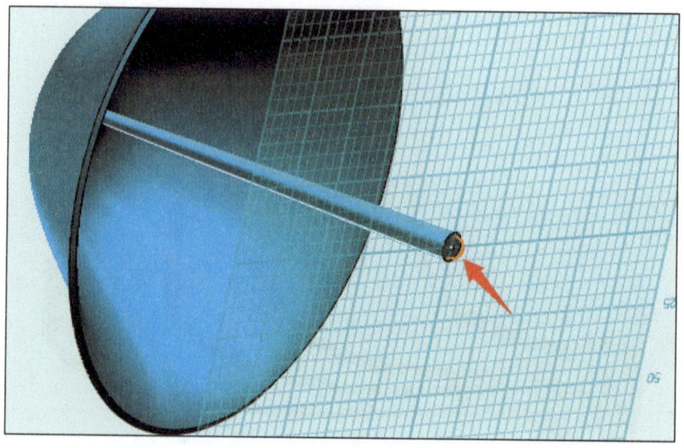

图 12-20

单击骰子的“前”视角。参照如图 12-21 所示的图形绘制草图（先绘制一个叶子图形，然后阵列。绘制完成后选择“显示曲线连通性”，检查草图是否存在问题）。

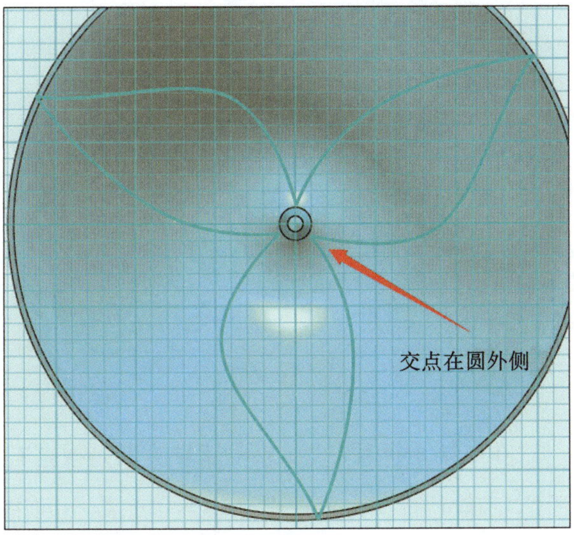

图 12-21

19. 选择“特征造型”中的“拉伸”命令，布尔运算选择“交运算”，“轮廓”选择上一步绘制的草图，如图 12-22 所示。

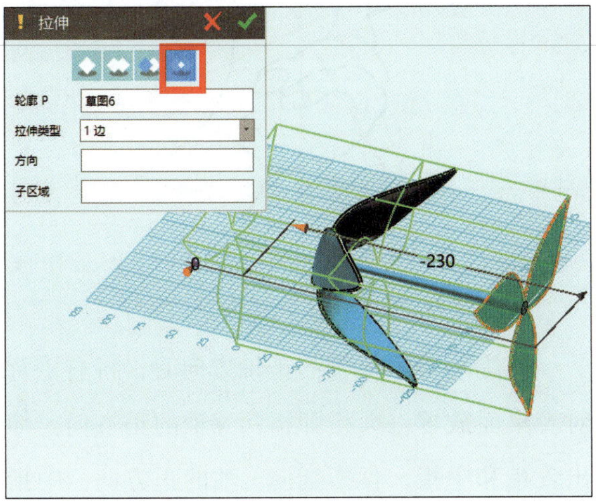

图 12-22

20. 选择“显示/隐藏”中的“全部显示”命令，将花瓣显示出来。单击骰子的“上”视角。选择“基本编辑”中的“移动”命令，利用动态移动方法，将花瓣与花径连接上，如图 12-23 所示。

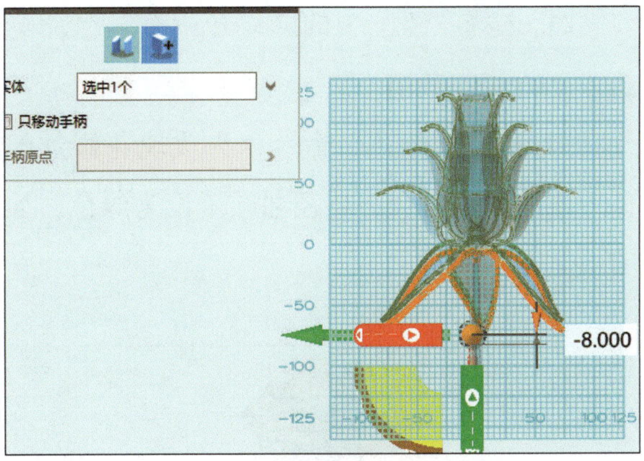

图 12-23

21. 选择“组”中的“成组”命令，将第一层花瓣编组，如图 12-24 所示，单击“确定”按钮。

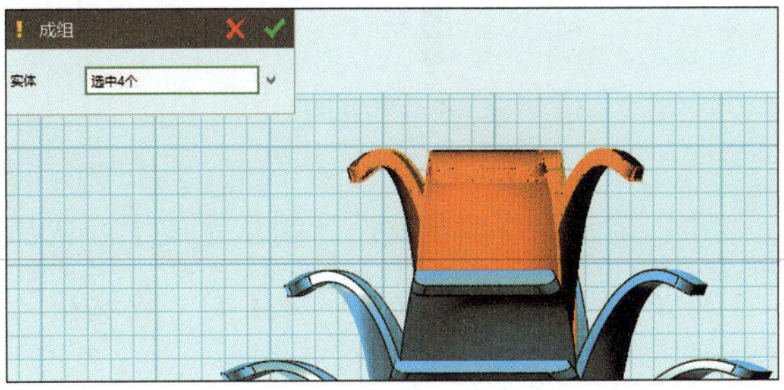

图 12-24

重复使用“成组”命令，将每一层花瓣编组。

22. 选择“基本编辑”中的“移动”命令，将第二层和第三层花瓣调整角度，达到错位效果，如图 12-25 所示。

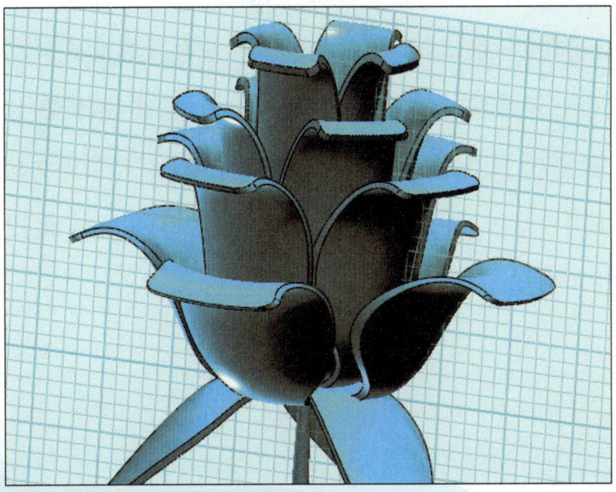

图 12-25

23. 选择“组”中的“炸开所有”组命令 ，将花瓣组取消。

24. 选择“颜色”命令，为玫瑰花添加颜色。花瓣设为红色，花径和叶子设为绿色，如图 12–26 所示。

图 12–26

25. 至此，玫瑰花就设计制作完成了。选择“本地保存”命令，将文件名设置为“玫瑰花”，保存在计算机中。

12.4 三维坐标

三维坐标是指通过相互独立的三个变量构成的具有一定意义的点。它表示空间的点，在不同的三维坐标系下，具有不同的表达形式。

三维笛卡尔坐标（x，y，z）是在三维笛卡尔坐标系下的点的表达式，如图 12–27 所示。其中，x，y，z 分别是拥有共同的零点且彼此相互正交的 x 轴，y 轴，z 轴的坐标值。

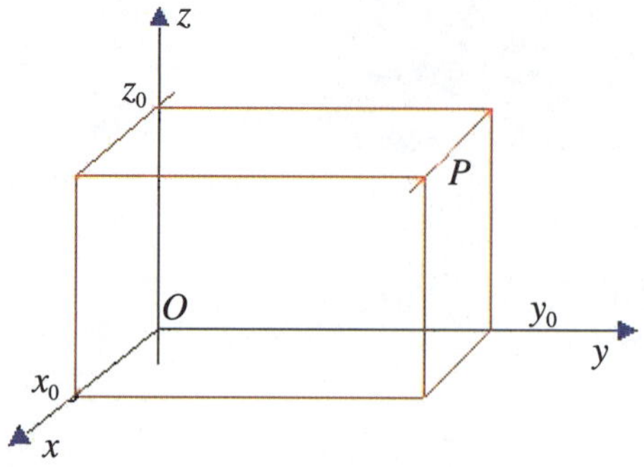

图 12–27

在三维坐标系中，z 轴的正轴方向是根据右手定则确定的。右手定则也决定了三维空间中任一坐标轴的正旋转方向，如图 12–28 所示。

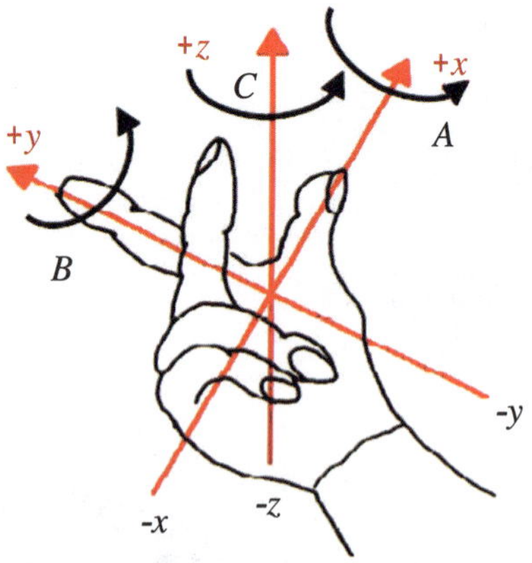

图 12–28

标注 x、y 和 z 轴的正轴方向时，将右手背对着桌面放置，拇指即指向 x 轴的正方向。伸出食指和中指，食指指向 y 轴的正方向，中指所指的方向即为 z 轴的正方向。

确定轴的正旋转方向时，用右手的大拇指指向轴的正方向，弯曲其余手指。那么，手指所指的方向即为轴的正旋转方向。

12.5 拓展与挑战

小朋友们利用本章学会的方法和技术，尝试设计制作如图 12–29 所示的荷花、如图 12–30 所示的牵牛花、如图 12–31 所示的曼陀罗花。

图 12–29

图 12–30

图 12–31

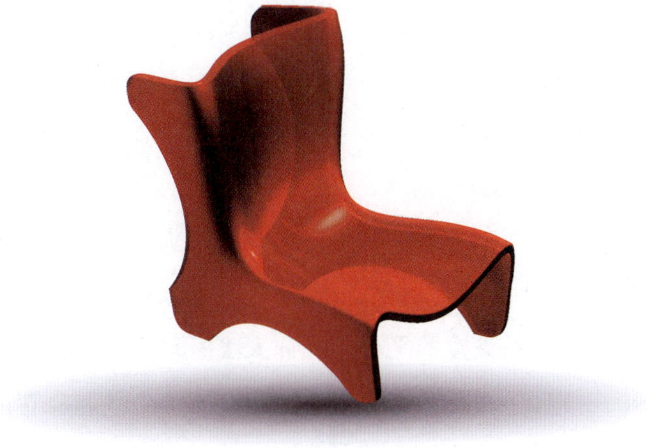

第13章

流线曲面椅

13.1 椅 子

椅子是一种有靠背、扶手的日常生活家具。古代没有椅子，通常席地而坐。据文籍记载，“椅子”一词始见于唐朝，而椅子的形象则要上溯到汉魏时传入北方的胡床。

唐朝以前，“椅”字有“车旁”的意思，即车的围栏，其作用是人乘车时有所依靠。后来，受车旁围栏启发，椅子制成在四足支撑的平台上安装围栏的形式，并沿用“椅”字称为“椅子”。从现存资料看，唐朝已有相当讲究的椅子了，如图 13–1 所示。

图 13–1

五代十国时期至宋朝，高型坐具空前普及，椅子的形式也多了起来，出现了靠背椅、扶手椅、圈椅等。同时，根据尊卑等级的不同，椅子的形状、质地和功能有很大的区别。

座椅坐起来是否舒适跟人体的尺度有关。而人与人之间是存在差异的。总体来说，南、北方有差异；男女也有差别。所以，选择一把舒适的座椅主要看下面几点。

1. 座面高度。座面高度应等于小腿的长度，即坐下后小腿自然下垂，脚掌正好着地。太高，小腿悬空着，大腿下面受压迫太多，时间稍长就会发麻；太低，大腿放不到座面上，人体重量集中在臀部，时间稍长也会不舒服。

2. 座面深度。以坐为主的椅子，座面深度应该等于大腿的长度，即坐下后膝关节的弯处正好在座面边缘。座面太深，腰背无着落；座面太浅，大腿没有足够支撑，都会不舒服。

3. 椅子坐垫和靠背的材料。二者都应该是“外柔内刚”型的——支架要足够有力，但是表面柔软，有一定厚度的弹性材料。表面柔软的弹性材料需跟人体接触，故应选择透气、耐磨、耐脏，且不容易跟人体或衣物产生静电的材料。

4. 座椅靠背。座椅靠背最好能对腰部、背部和颈部起到全部或者部分支撑作用。坐的时间越长，座椅靠背的支撑作用就应越好。餐椅只在用餐时使用，坐得时间短，一般可以忽略靠背。办公椅坐的时间相对较长，一般会考虑靠背的支撑作用。进口的椅子尺寸通常更适合生产国家的人群，在购买的时需注意。

5. 椅子扶手。最好选择可以调节扶手高度的椅子。

当今社会，人们的生活节奏很快，工作压力很大，高背式单人椅比较适合家居使用，能传递出休闲、舒适的居家氛围；流线型，颜色对比强烈，具有强烈视觉美感的椅子，如图 13–2 所示，既适合家居也适合工作室使用；个性化突出的休闲椅、躺椅、摇椅，可以放在阳台或者某个空间角落，作为放松心情的转换站。

图 13-2

13.2 学习目标

1. 学习简单曲面的设计方法。
2. 掌握放样的使用方法。
3. 掌握在曲线上阵列的方法。
4. 掌握缩放和非均匀缩放的方法。
5. 练习参考网格建模的方法。
6. 了解汽车座椅的设计要求。

13.3 设计制作曲面椅

1. 打开青少年三维设计软件，单击骰子的“上”视图。选择“草图绘制”中的“通过点绘制曲线”命令，在网格面上绘制如图 13–3 所示的曲线，单击“确定”按钮。所有点均参照网格点进行绘制。

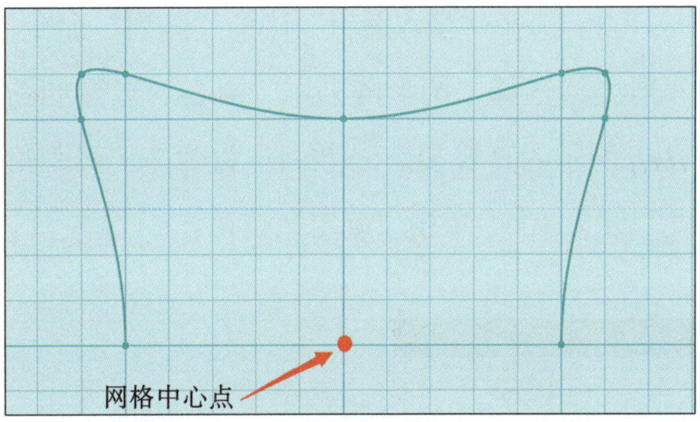

图 13–3

2. 选择“草图绘制”中的“直线”命令，单击曲线中点，单击如图 13–4 所示的面，作为绘制平面。

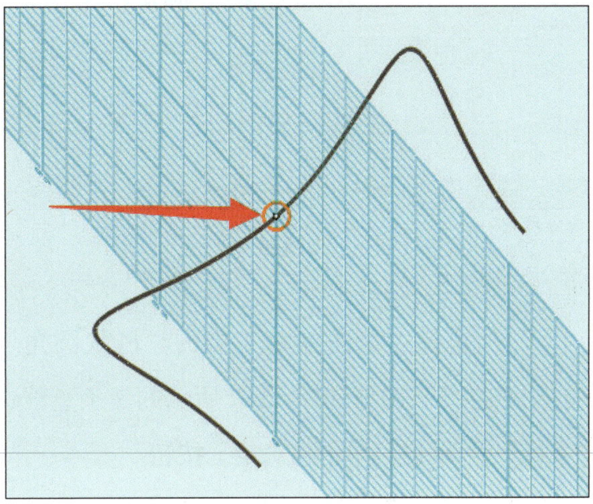

图 13–4

（1）单击“自动对齐视图”命令，参照图 13–5 绘制直线（长度为 8 个小格），单击“确定”按钮。

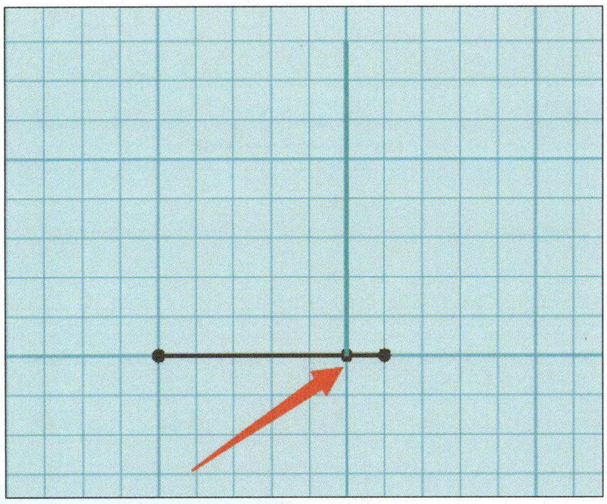

图 13–5

（2）选择“基本编辑”中的“阵列”命令，阵列类型选择“圆形阵列”，“圆心”选择如图 13-6 所示的直线端点，“数目”设为 2，“间距角度”设为 100，单击“确定”按钮。

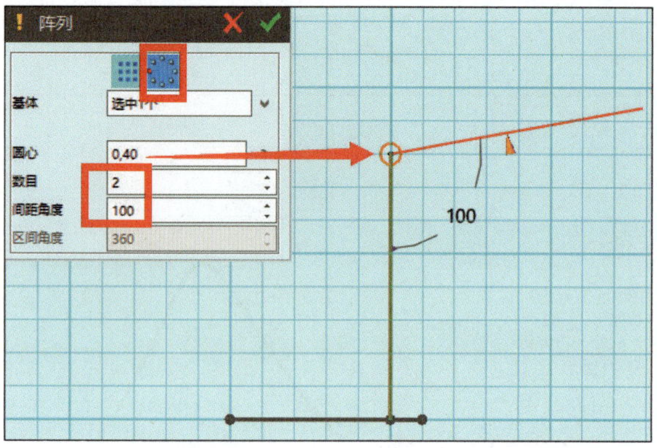

图 13-6

（3）选择“草图编辑”中的“链状圆角”命令，“曲线”选择如图 13-7 所示的 2 条直线，“半径”设为 15，单击“确定”按钮。

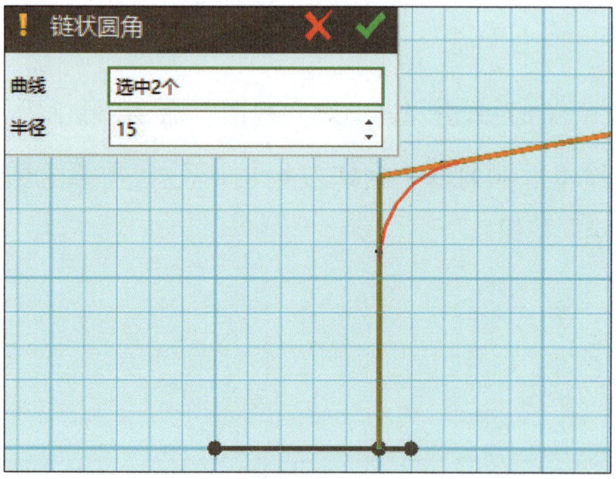

图 13-7

（4）单击完成功能。

3. 选择“基本编辑”中的“阵列”命令，阵列类型选择“在曲线上”，“基体”选择第 1 步绘制的曲线，“边界”选择第 2 步绘制的曲线，“间距”设为 19，“数量”设为 5，如图 13-8 所示，单击“确定”按钮。

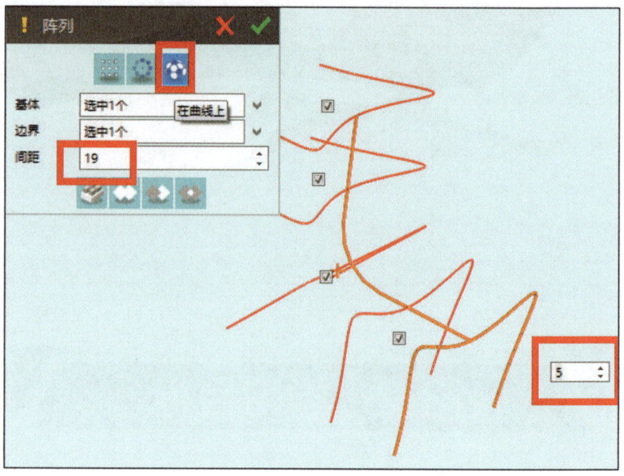

图 13-8

4. 选择“基本编辑”中的“缩放”命令，“实体”选择如图 13-9 所示的最中间的曲线，“方法”为非均匀缩放，“X 比例”设为 0.75，其他为 1，单击“确定”按钮。

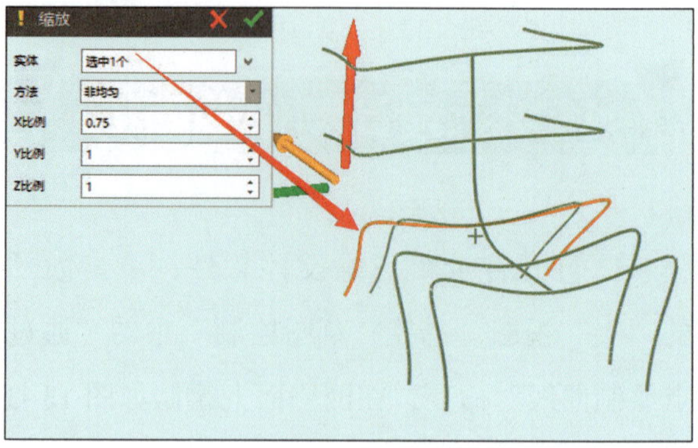

图 13-9

继续选择“缩放”命令，“实体”选择如图 13-10 所示的第二条和第四条曲线，“X 比例”设置为 0.9，其他为 1，单击“确定”按钮。

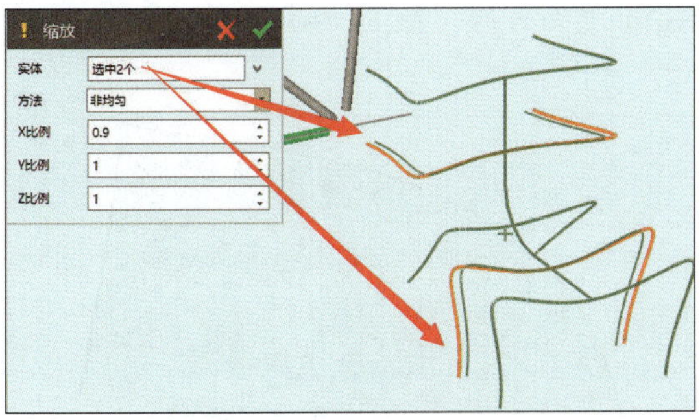

图 13–10

5. 选择“特征造型”中的“放样”命令，“放样类型”选择轮廓，“轮廓”依次选择阵列的曲线，如图 13–11 所示，单击“确定”按钮。

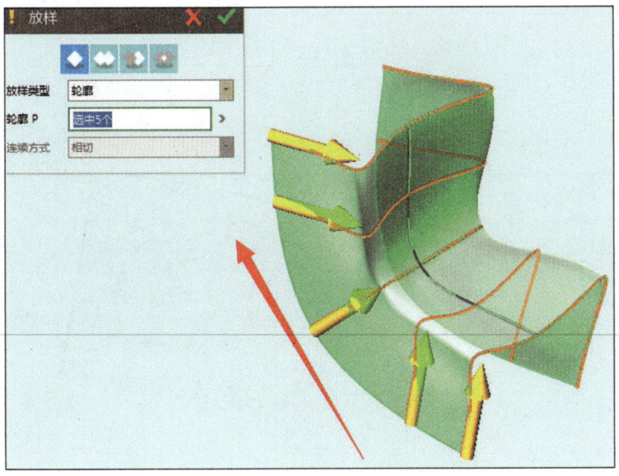

图 13–11

6. 选择“特殊功能”中的“抽壳”命令，“造型”选择曲面椅，“厚度”设为 2，如图 13–12 所示，单击“确定”按钮。

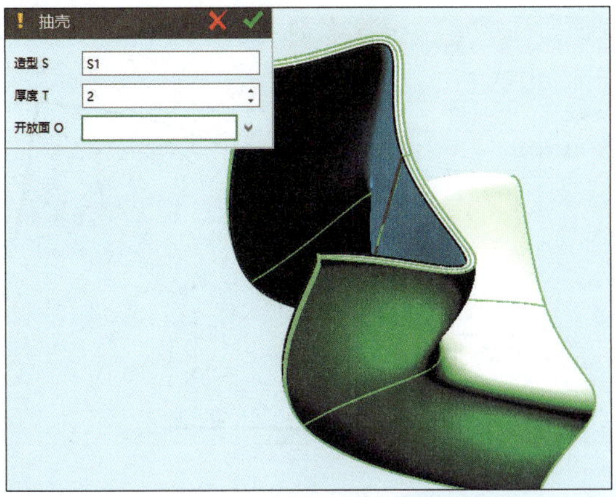

图 13–12

7. 在网格面上放置 1 个六面体，作为参考体，如图 13–13 所示。

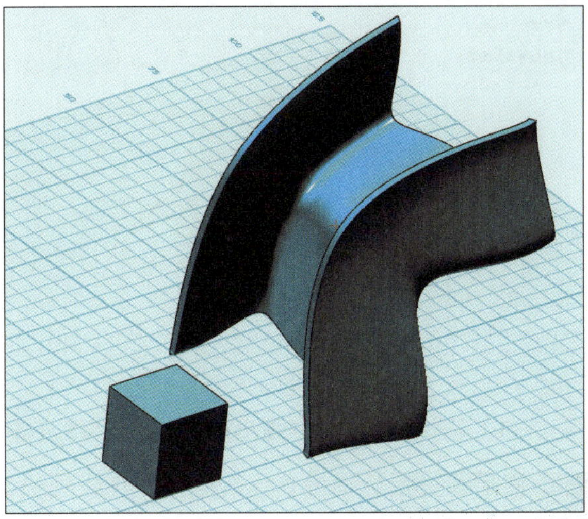

图 13–13

（1）选择“草图绘制”中的“直线”命令，绘制平面选择如图 13–14 所示的平面。进入草图绘制界面后，取消“直线”绘制，参照图 13–15 中红色箭头所指的曲线绘制草图。

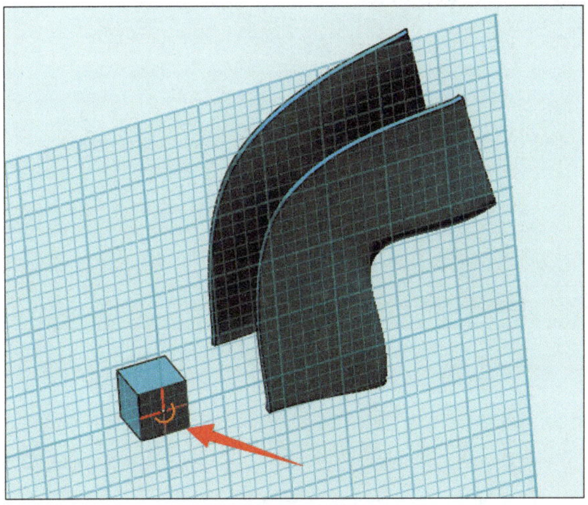

图 13–14

（2）选择“草图编辑”中的“偏移曲线”命令，“曲线”选择绘制的曲线，“距离”设为 11，方向向左，单击“确定”按钮。

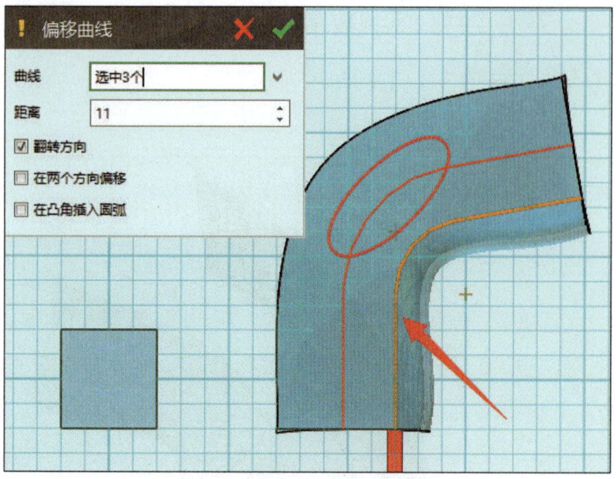

图 13–15

（3）选择图 13–5 中圈出的圆弧线，将其删除，然后通过鼠标拖拽直线端点，将直线延长，如图 13–16 所示。

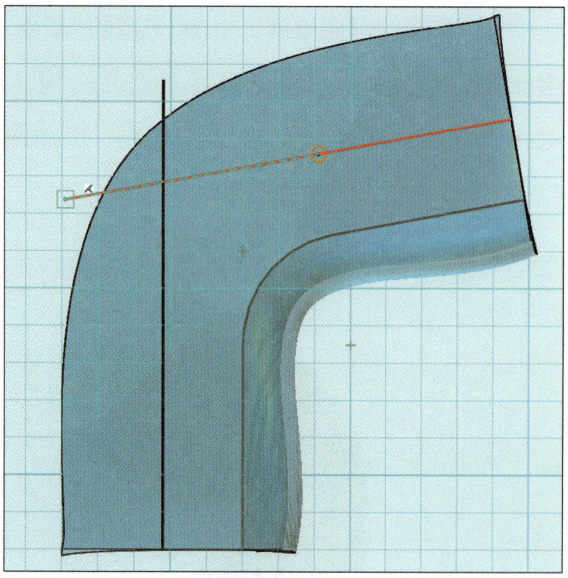

图 13–16

（4）选择“草图绘制”中的“直线”命令，继续绘制图 13–17 所示的直线。

（5）选择“草图绘制”中的“圆弧”命令，参照图 13–18 绘制圆弧。

（6）选择“基本编辑”中的“镜像”命令，“实体”选择圆弧线，“镜像线”选择如图 13–19 所示的黄色直线，单击“确定”按钮。

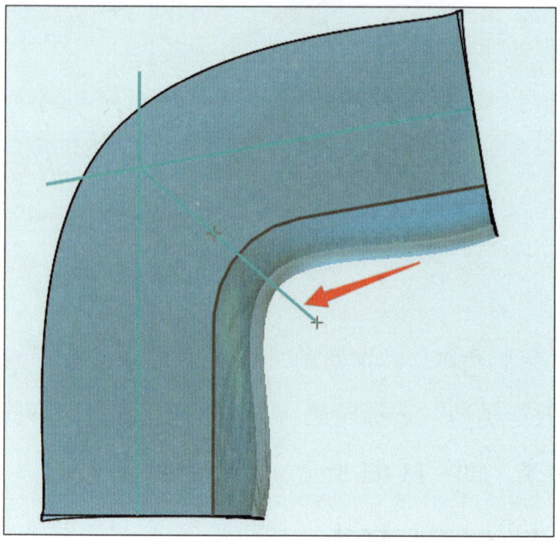

图 13–17

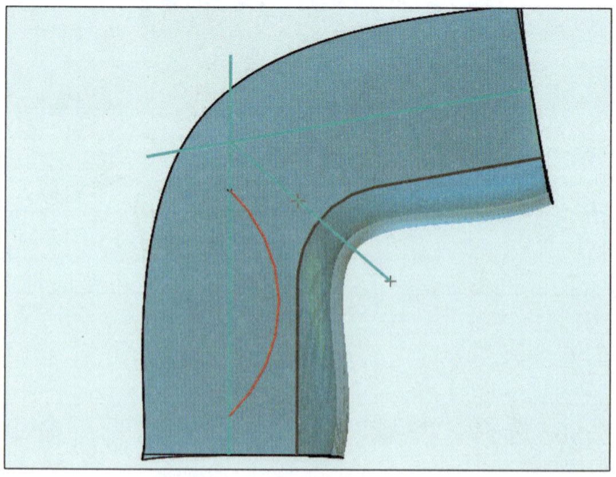

图 13–18

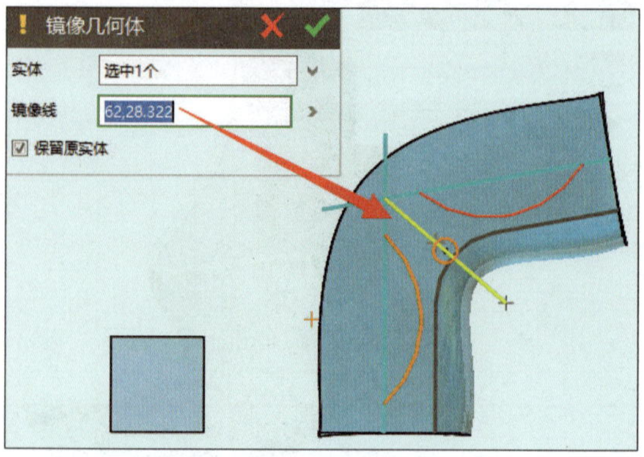

图 13–19

（7）选择“草图编辑”中的“修剪”命令，参照图 13-20，将多余的线段修剪掉，单击“确定”按钮。

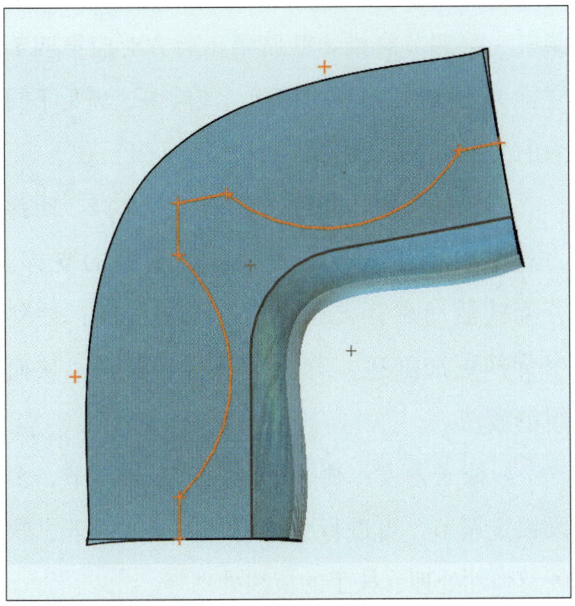

图 13-20

8. 选择“特殊功能”中的“实体分割”命令，“基体”选择曲线椅，“分割 C”选择上一步绘制的草图，如图 13-21 所示，单击“确定”按钮。

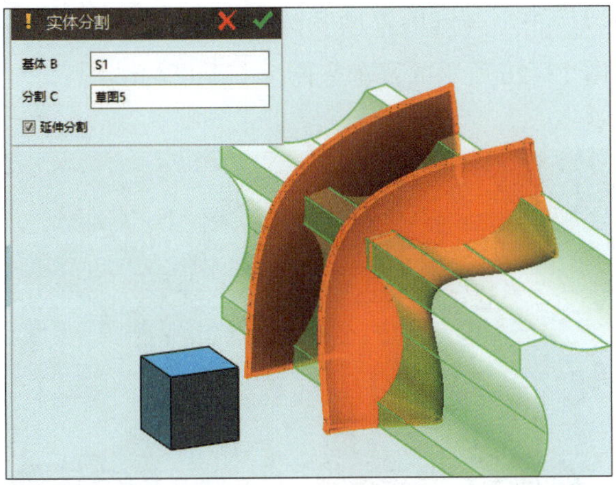

图 13-21

9. 选中如图 13-22 所示的加亮实体，将其删除。同时，删除第 7（1）步绘制的曲线。

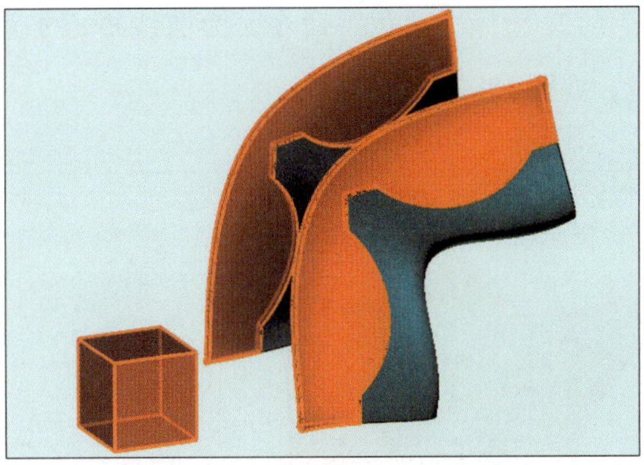

图 13-22

10. 选择“基本编辑”中的“缩放”命令，“方法”选择非均匀，“Y 比例”和“Z 比例”设为 1.5，“X 比例”设为 1，如图 13-23 所示，单击“确定”按钮。

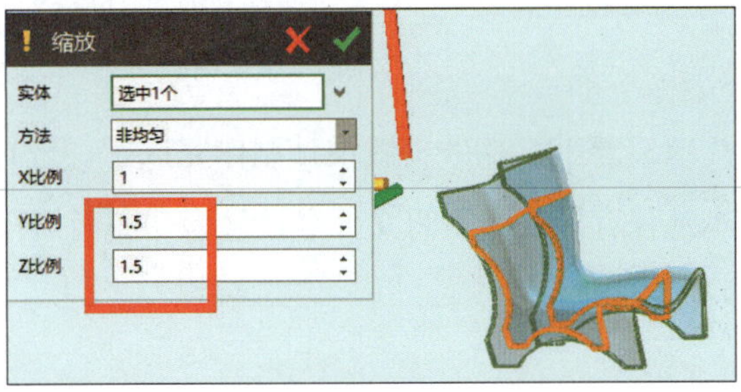

图 13-23

11. 选择“特征造型”中的“圆角”命令，为图 13-24 中红色箭头所指处添加“半径”为 5 的圆角，单击“确定”按钮。

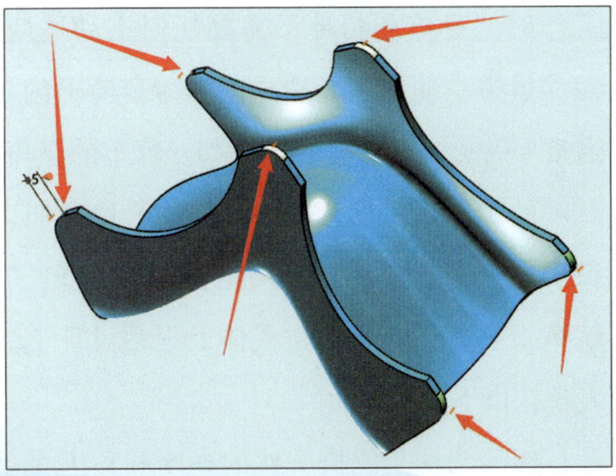

图 13-24

12. 选择“颜色”命令，为曲线椅添加颜色，如图 13–25 所示。

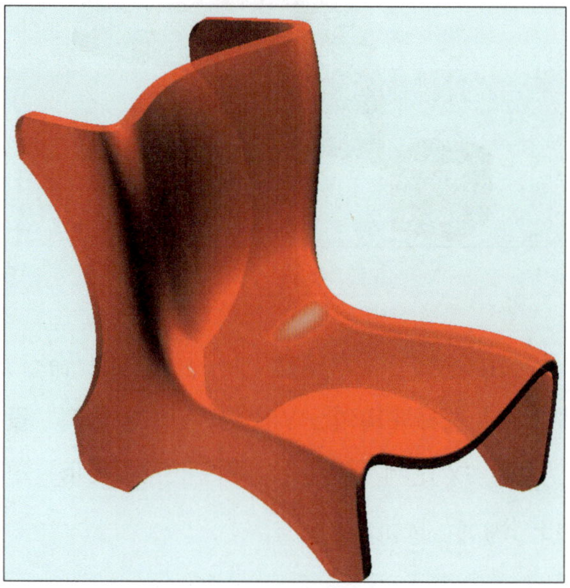

图 13–25

13. 至此，曲线椅就设计制作完成了。选择“本地保存”命令，将文件名设置为“曲面椅”，保存在计算机中。

13.4 人体工程学设计

人体工程学设计就是使工具的使用方式尽量适合人体的自然形态。这样，工具的使用者在工作时，身体和精神不需要任何主动适应，从而尽量减少使用工具造成的疲劳。椅子的设计通常要符合人体工程学。比如，赛车的座椅，从驾驶的稳定性、安全性和对人体骨骼及肌肉的保护性来说，必须进行人体工程学设计，以缓解车手的疲劳。座椅在人体工程学设计上主要表现在以下几个方面。

1. 座椅头枕。座椅头枕的高度和角度是可调节的，能让使用者的颈椎自然贴合头枕，从而规范使用者的坐姿，抵抗久坐的疲惫感。头枕的最佳高度为能完全支撑颈椎部时。

2. 座椅靠背：腰部的最佳支撑位置是背部第三、第四节脊椎（肚脐眼正后方对应第四节脊椎）。通过可调节的椅背，能够快速满足不同人的使用需求，分担腰椎骨的压力。

3. 靠背支撑：分离式活动靠背支撑，回弹力集中在腰部，可给使用者最紧贴的支撑。分离式活动靠背支撑可通过调节弧度，使整个背部更加舒适，背脊椎骨得到放松，从而缓解疲劳。

4. 椅子角度：椅子的角度可自由调节、多段锁定调节，可进行弓形背部的弧线处理、软硬及弹性处理、扶手的流线处理等。

13.5 拓展与挑战

小朋友们可以查阅有关赛车座椅的情况，使用本章学会的方法和技术，尝试设计制作如图 13–26 所示的赛车座椅。

图 13–26

此外，小朋友们也可以尝试设计制作如图 13-27、图 13-28 所示的椅子。

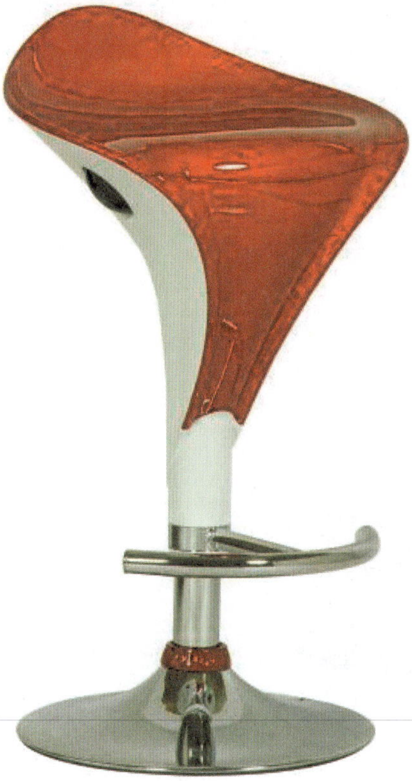

图 13-27

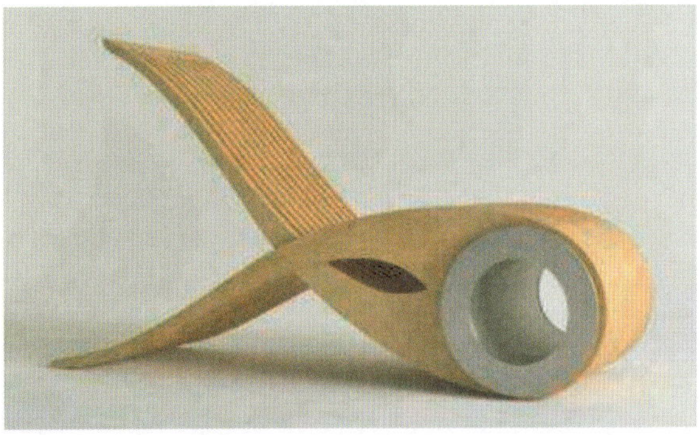

图 13-28（a）

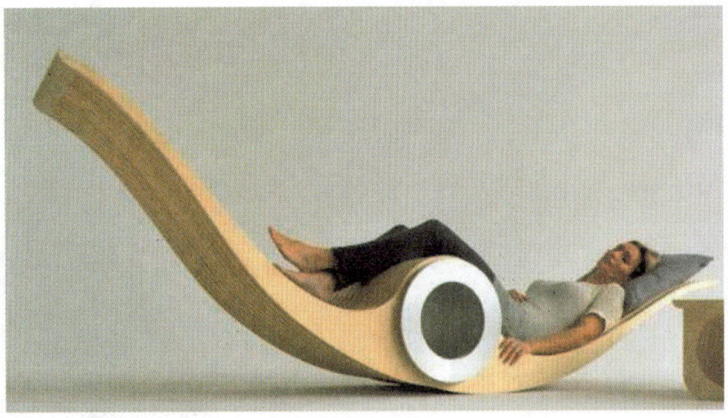

图 13-28（b）

第14章

个性茶壶

14.1 茶文化

茶文化起源于中国，是饮茶活动过程中形成的文化特征，包括茶道、茶艺、茶具等（图 14-1）。茶道是以修行得道为宗旨的饮茶艺术，是茶文化的核心，是饮茶过程中，饮茶人自我完善、自我认识的过程。简单地说，茶道就是饮茶人在品茶中的感悟和对茶的理解和觉悟。

图 14-1

在中国优秀文化的基础上，茶艺广泛吸收和借鉴了其他艺术形式，并扩展到文学、艺术等领域，形成了具有浓厚民族特色的中国茶文化。茶艺是鉴赏茶叶品评技法和艺术操作手段、领略品茗美好环境等整个品茶过程的美好意境，体现了形式和精神的相互统一，是饮茶活动过程中形成的文化现象。茶艺包括选茗、择水、烹茶技术、茶具艺术、选择环境等一系列内容。茶艺背景是突出主题思想的重要手段，它烘托渲染了茶性清新、唯美、朴实的气质，具有较强的艺术感染力。不同风格的茶艺有不同的背景要求，只有处于相应的背景中，才能体味出茶的意境。

现在常说的“茶具”主要是指茶壶、茶杯、茶勺等这类喝茶的道具，如图 14-2 所示。

图 14-2

茶具是中国古老茶文化中的又一点睛之作。它是一种艺术，是一种美。那么，如何怎么挑选茶具呢？主要从以下几个方面考虑。

1. 美感。在为自己选择一款茶壶时，就造型、外观而言，选择自己喜欢满意的即可。

2. 品质。泡茶用的茶壶，通常以砂为主。砂这种材料即有吸水性又不透光，外观上有种磨砂朦胧感，在其上题字或绘制图案，也别具一番韵味。所以，一般情况下，砂壶比瓷壶更受欢迎。至于茶壶的质地，胎骨坚、色泽润者为佳。

3. 壶味。在选购新壶时，应嗅一嗅壶中的味道。若新壶中略带瓦味，则可选用；但若带烟味或其他杂味，如油味或人工着色味，则最好不要选用。

4. 紧密度。茶壶的紧密度是指壶盖和壶身贴合的紧密程度。茶壶的紧密度越好，泡茶时就能更好地留住茶香，反之则茗香散漫。

下面一起来学习设计制作一款自己喜欢的个性茶壶吧。

14.2 学习目标

1. 掌握特征造型与基本编辑的综合运用。
2. 掌握空间相对位置的选择方法。
3. 掌握边界的使用方法。
4. 了解中国茶文化的传承。

14.3 设计制作茶壶

1. 打开青少年三维设计软件，单击骰子的“上”视角。在“草图绘制”中选择“正多边形”命令，在网格面上绘制外接圆半径为25的正六边形，六边形“中心”设在网格中心位置处，如图14–3所示，单击“完成”命令。

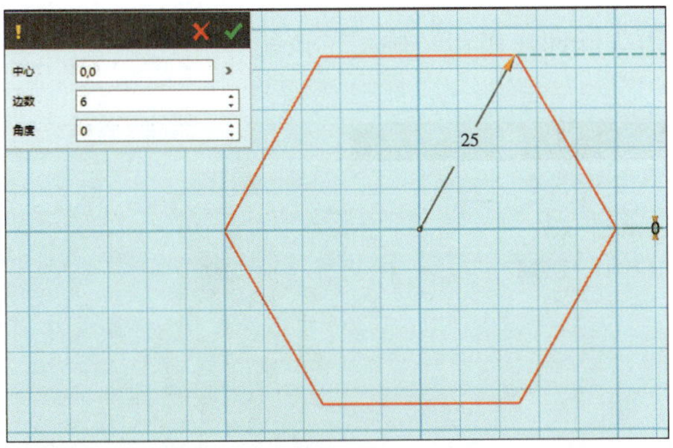

图 14–3

2. 选择“基本编辑”中的“阵列”命令，阵列类型选择“线形阵列”，“基体”选择正六边形，“方向”选择如图14–4所示的黄色箭头方向，或直接在对话框中输入0，0，1，“距离”设为100，“数量”设为5，单击“确定”按钮。

3. 选择“基本编辑”中的“缩放”命令，“实体”选择第二个正六边形（从上往下数，下同），如图14–5所示，“方法”为均匀，“比例”设为0.7，单击“确定”按钮。

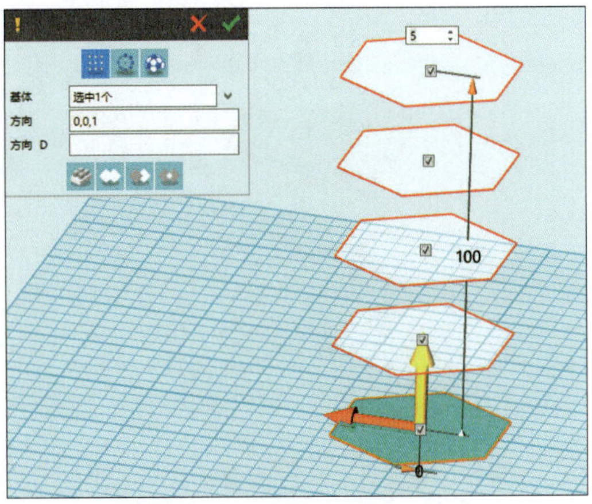

图 14–4

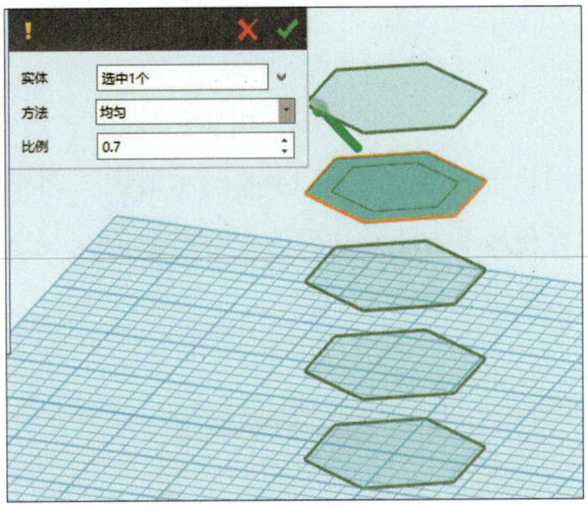

图 14–5

继续选择“缩放”命令，“实体”选择第四个正六边形，如图14–6所示，缩放“比例”为1.5，单击“确定”按钮。

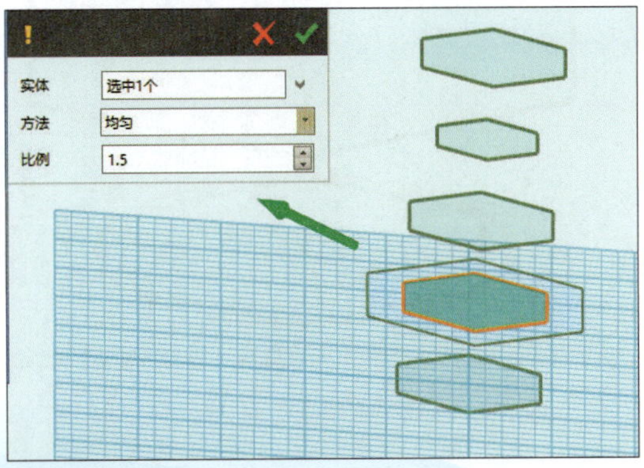

图 14–6

4. 选择第一个正六边形，如图 14–7 所示，将其删除。

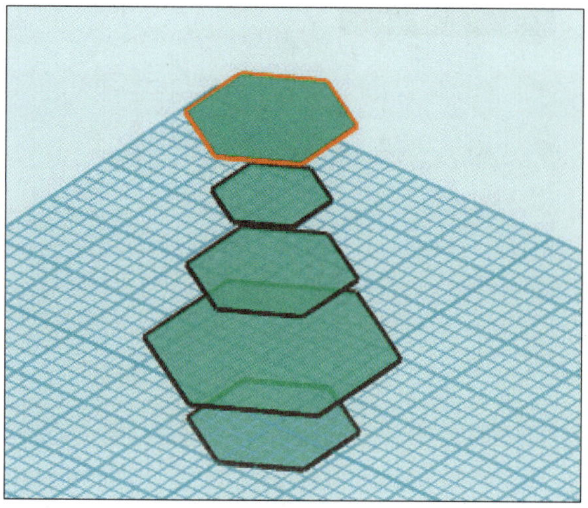

图 14–7

5. 选择“草图绘制”中的“圆形”命令，在网格面上绘制如图 14–8 所示的圆，圆中心位置和最下方正六边形的中心重合，“半径”为 25，单击“确定”按钮。

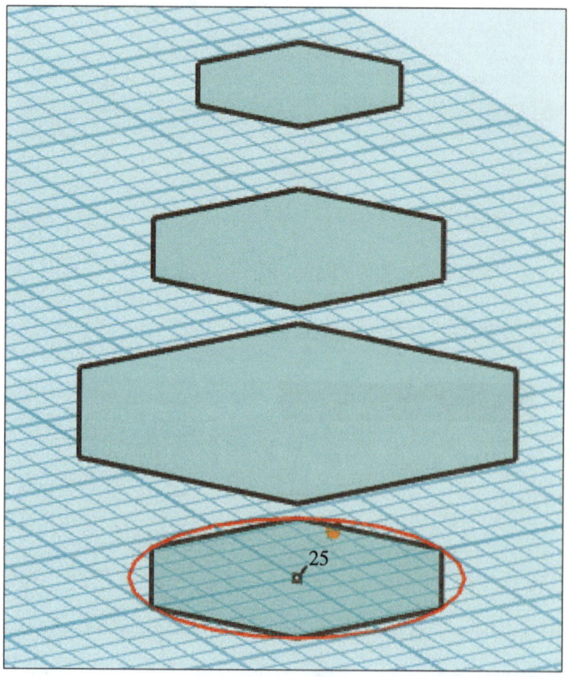

图 14–8

6. 选择“基本编辑”中的“移动”命令，移动类型选择“动态移动”，“实体”选择上一步绘制的草图，拖拽黄色箭头，向上移动，距离为 100，如图 14–9 所示，单击“确定”按钮。

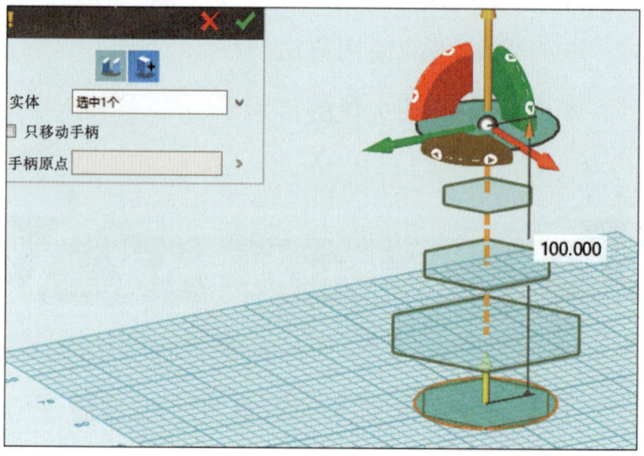

图 14–9

7. 选择“特征造型”中的“放样”命令，“放样类型”选择轮廓，“轮廓”选择草图中相对位置的相同地方，如图 14–10 所示，所有黄色箭头同向，单击“确定”按钮。

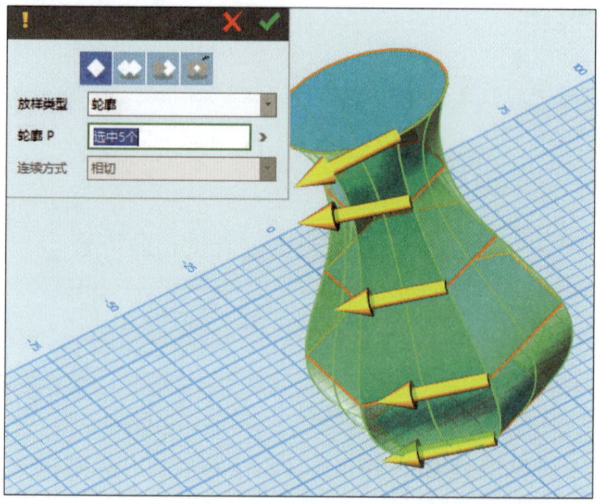

图 14–10

8. 选择“特殊功能”中的“抽壳”命令，“厚度”设为 –2，“开放面”选择瓶口，如图 14–11 所示。

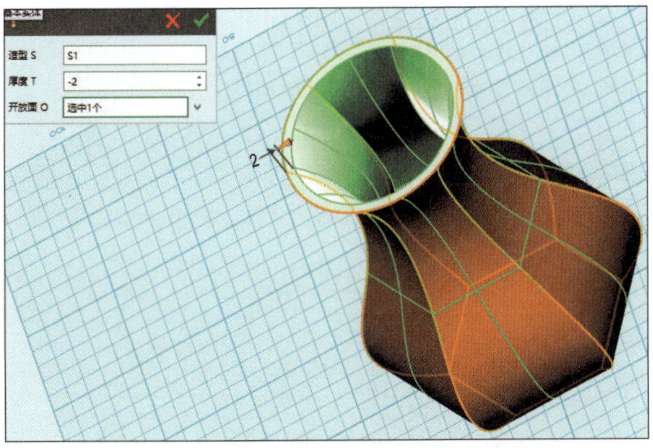

图 14–11

9. 选择“特征造型”中的“由指定点开始变形实体”命令，“几何体”选择如图 14–12 所示的加亮的 5 个面，“点”选择瓶口左侧的特殊点（移动鼠标寻找），“方向”选择如图 14–12 所示的绿色箭头方向，或在对话框中输入 -1，0，0。调整长为 10，宽为 30，如图 14–12 所示，单击“确定”按钮。

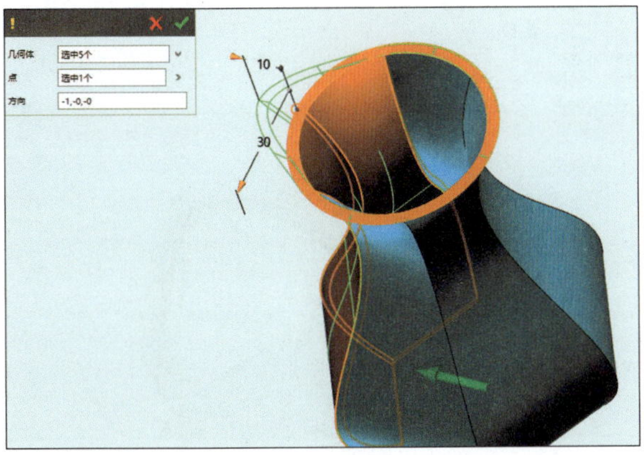

图 14–12

10. 选择“草图绘制”中的“通过点绘制曲线”命令，鼠标单击如图 14–13 的边线位置，作为绘制平面（这里很重要）。

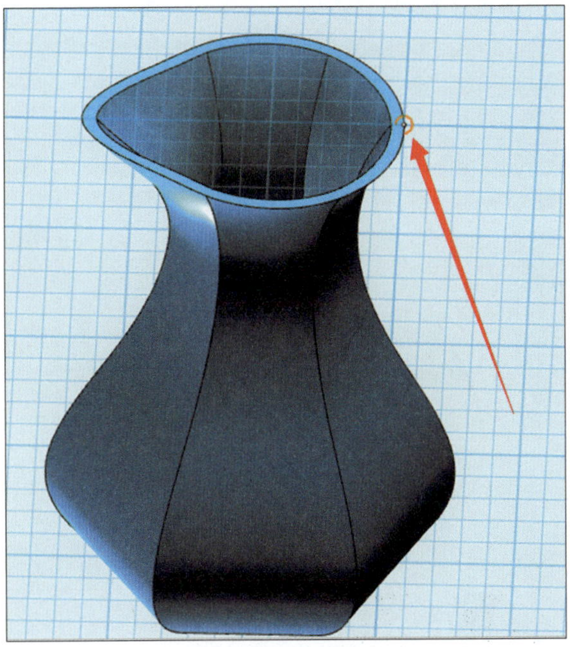

图 14–13

单击“自动对齐视图”命令，如图 14–14 所示。

图 14–14

选择“草图绘制”中的“通过点绘制曲线”命令，参照图 14–15 绘制曲线。

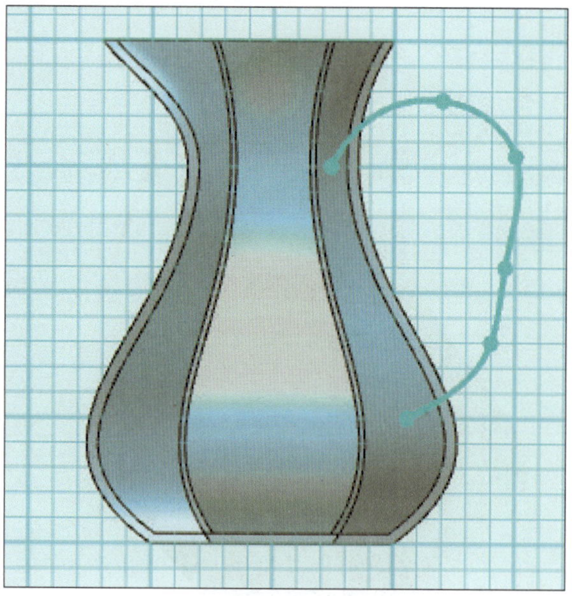

图 14-15

11. 选择“草图绘制”中的“正多边形”命令，单击如图 14-16 所示的位置，即曲线的垂直面，作为绘制平面。

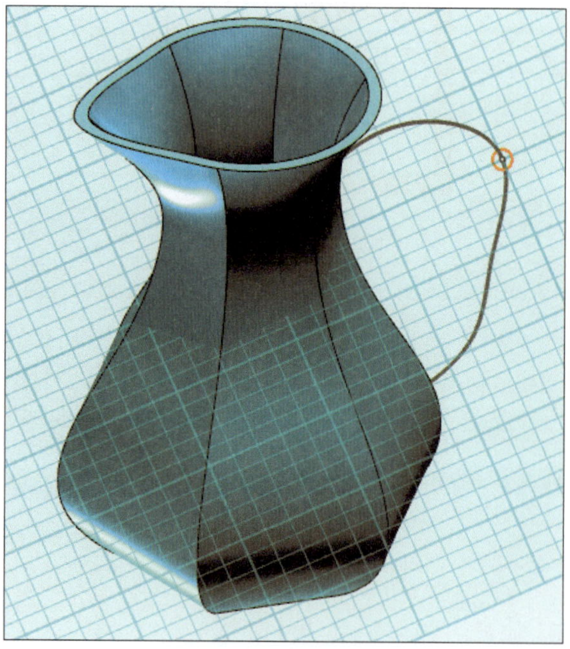

图 14-16

如图 14-17 所示，绘制外接圆半径为 4 的正六边形，单击“确定”按钮。

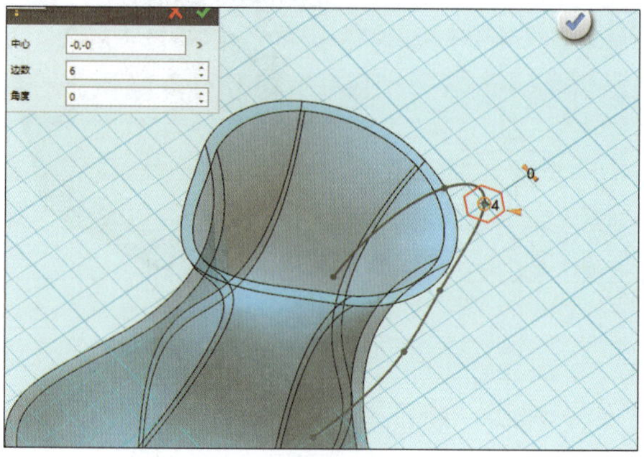

图 14-17

12. 选择“特征造型”中的“扫掠”命令，“轮廓”选择上一步绘制的正六边形，“路径”选择曲线，如图 14-18 所示，单击“确定”按钮。完成把手制作。

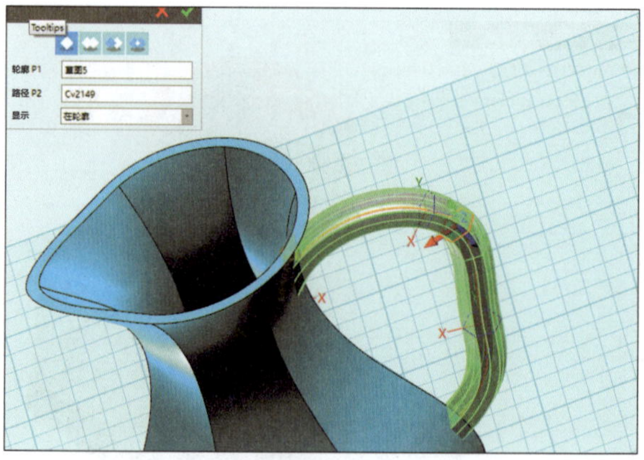

图 14-18

13. 选择“组合编辑”命令，布尔运算选择“加运算”，“基体”选择壶，“合并体”选择把手，“边界”选择如图 14-19 所示的壶身加亮的面，单击“确定”按钮。

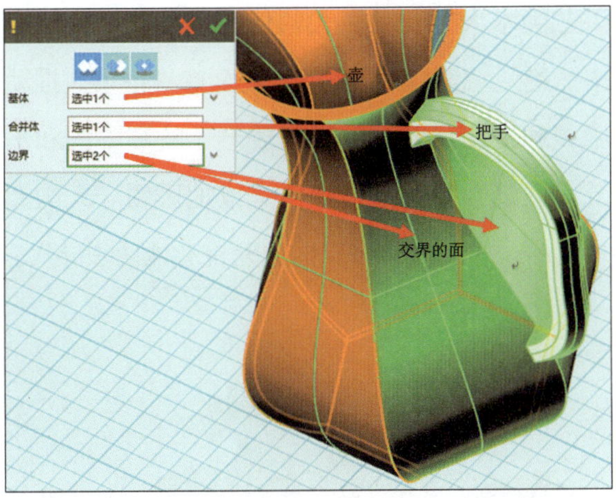

图 14-19

14. 选择“草图绘制”中的“直线”命令，单击如图 14-20 所示的位置，作为绘制平面。

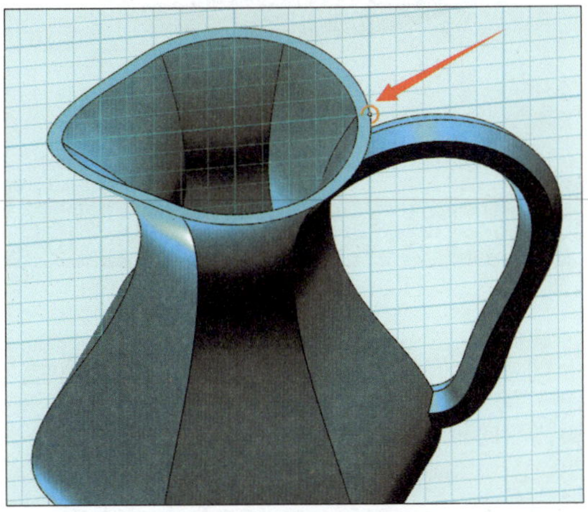

图 14-20

单击骰子的“前”视角。参照图 14-21，利用“直线”命令和“通过点绘制曲线”命令绘制图形。

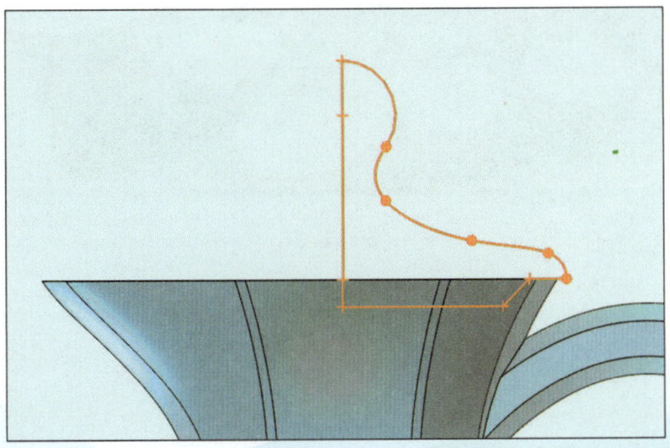

图 14-21

15. 选择“特征造型”中的“旋转”命令，“轴 A”选择如图 14-22 所示的黄色箭头，单击“确定”按钮。

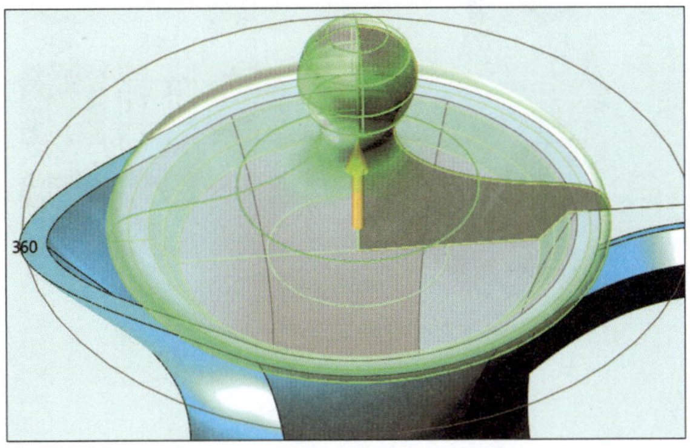

图 14-22

16. 先单击壶盖，再选择“特征造型”中的“由指定点开始变形实体”命令，“点”选择如图 14-23 所示的左侧相对于壶嘴的点，在“方向”对话框中输入 -1，0，0，调整长为 10，宽为 30，如图 14-23 所示，单击“确定”按钮。

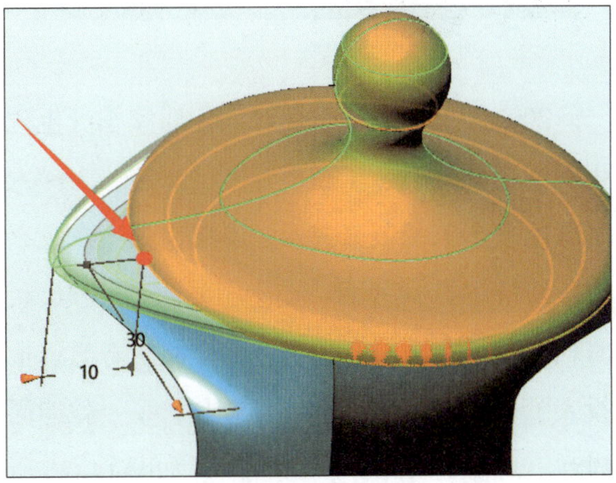

图 14-23

17. 选择左侧工具栏中的“视觉样式”选项，为茶壶添加材质，如图 14-24 所示。

图 14-24

18. 至此，个性茶壶就设计完成了。选择“本地保存”命令，将文件名设置为“茶壶”，保存在计算机中。

14.4 制壶艺术

2002 年初，当代著名民间发明家季汉生先生对制壶艺术产生了超乎寻常的兴趣。为深入了解明代名家的制壶艺术，季汉生先生在宜兴市丁蜀镇住了 14 个月，萌生了要制作一款反映时代风范、突破制壶传统艺术作品的奇想。他投入了近 10 年的精力，最终创作出了一款能同时泡出两种茶水的“中华龙壶”。如图 14–25 所示。“中华龙壶”象征着“一国两制”，是明代壶艺史上的一大艺术杰作。它的问世丰富了中国茶文化的内涵，使中国紫砂茗壶有了第 587 种壶品，堪称世界茶文化的一次新革命。中国工艺美术大师、制壶大师何道洪称此壶为“壶中一绝”。此款国宝级茶壶被全球华侨华人推动中国和平统一系列活动组委会、欧洲中国和平统一促进会指定为馈赠国家或地区领导人的专用礼品，已被赠予多位国家元首和地区领导人。

图 14-25

14.5 拓展与挑战

小朋友们可以利用本章学会的方法和技术，尝试设计如图 14–26 所示的茶壶及茶具组。

图 14-26

第15章

京剧脸谱

15.1 京剧文化

京剧，曾称平剧，如图 15-1 所示，是中国五大戏曲剧种之一。其腔调以西皮、二黄为主，用京胡和锣鼓等伴奏，场景布置注重写意，被视为中国国粹，居中国戏曲三鼎甲“榜首”。

图 15-1

京剧舞台艺术通过无数艺人长期的舞台实践，在文学、表演、音乐、唱腔、锣鼓、化妆、脸谱等各个方面，构成了一套互相制约、相得益彰的格律化和规范化的程式。京剧作为创造舞台形象的艺术手段是十分丰富的，用法也十分严格。不能驾驭这些格律化和规范化的程式，就无法完成京剧舞台艺术的创造。京剧在形成之初便进入了宫廷，因此，它的发育成长不同于地方剧种。京剧所要表现的生活领域更宽，所要塑造的人物类型更多，对它的技艺的全面性、完整性要求也更严，对它所创造的舞台形象的美学要求也更高。相应地，它的民间乡土气息将减弱，纯朴、粗犷的风格特色也相对淡薄。因此，它的表演艺术更趋于虚实结合的表现手法，最大限度地超脱舞台空间和时间的限制，以达到“以形传神，形神兼备”的艺术境界。其表演上要求精致细腻，处处入戏；唱腔上要求悠扬委婉，声情并茂；武戏则不以火爆勇猛取胜，而以“武戏文唱”见佳，如图 15-2 所示。

图 15-2

京剧脸谱是一种具有中国文化特色的特殊化妆艺术。由于每个历史人物或某一种类型的人物都有一种大概的谱式，就像唱歌、奏乐都要有乐谱一样，所以，这种表现某类人物的妆容称为“脸谱”。京剧脸谱艺术是广大戏曲爱好者非常喜爱的一门艺术，国内外都很流行，被公认为是中国传统文化的标识之一。脸谱的主要特点有三点：美与丑的矛盾统一，与角色的性格关系密切，图案是程式化的，如图 15-3 所示。

脸谱的画法主要有两种。第一种为相对简单的面部画法，略施脂粉，以“生”“旦”为例，叫作“俊扮”“素面”“洁面”；另外一种画法相对复杂，以“净”“丑”为例，重施油彩，图案复杂，叫作“花脸”，如图 15-4 所示。

图 15-3

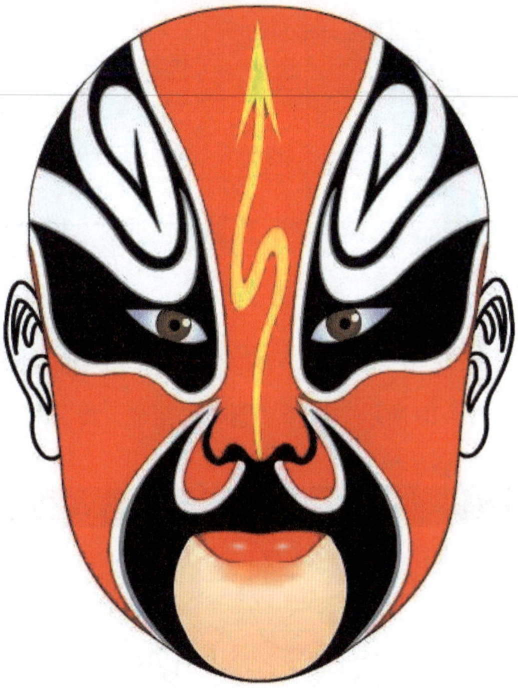

图 15-4

戏曲中的脸谱，主要指“净”的面部妆容。而“丑”，因其扮演喜剧角色，故在鼻梁上抹一小块白粉，俗称“小花脸”。

15.2 学习目标

1. 掌握草图绘制与基本编辑的综合运用。
2. 掌握曲面放样的综合运用。
3. 掌握特殊功能的综合应用。
4. 学习曲线的投影和镶嵌用法。
5. 了解中国戏曲文化。

15.3 设计制作京剧脸谱

1. 打开青少年三维设计软件，选择“基本实体”中的“六面体”命令，在网格中间绘制一个六面体（此六面体作为参考体），如图 15–5 所示。

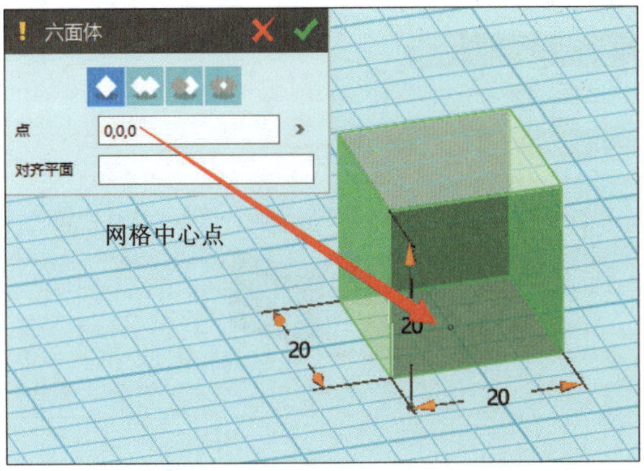

图 15–5

2. 单击骰子的“上”视角。选择“草图绘制”中的“通过点绘制曲线”命令，单击网格面作为绘制平面，参照图 15–6 所示的图形绘制曲线（近似即可）。绘制时，可先绘制一条竖直直线作为参考，然后再绘制曲线，绘制完成后再删除直线。

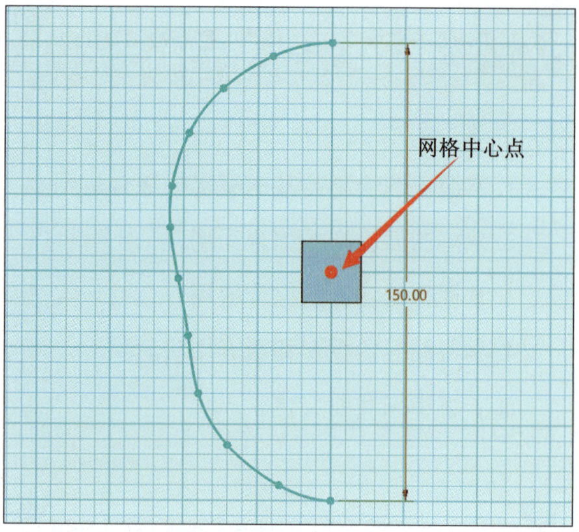

图 15-6

3. 选择“基本编辑”中的“阵列”命令，阵列类型选择“圆形阵列”，“基体”选择上一步绘制的草图，“方向”输入 0，1，0，阵列“角度”设为 180°。阵列“数量”设为 13，如图 15-7 所示，单击“确定”按钮。

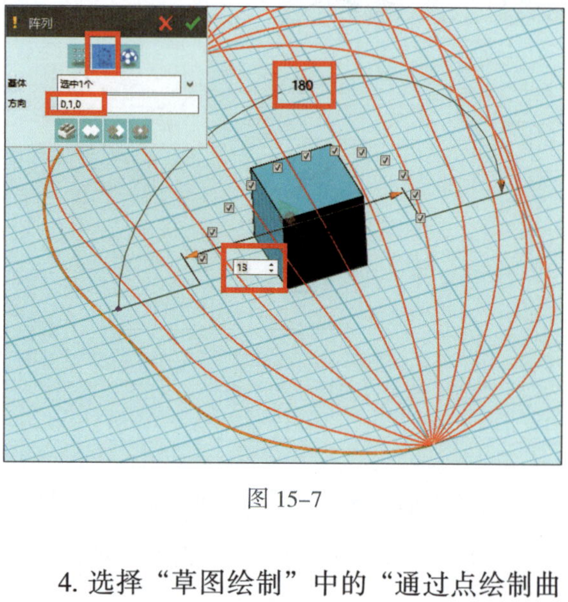

图 15-7

4. 选择“草图绘制”中的“通过点绘制曲线”命令，单击如图 15-8 所示的位置（六面体边线的中点），作为绘制平面。

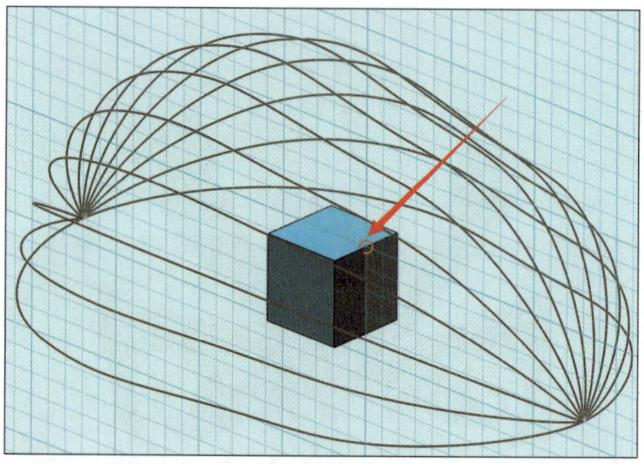

图 15-8

单击骰子的“左”视角。参照图 15-9 所示的图形绘制曲线（近似即可）。该曲线是在原有的曲线上，增加了鼻子的突起效果。单击完成命令。

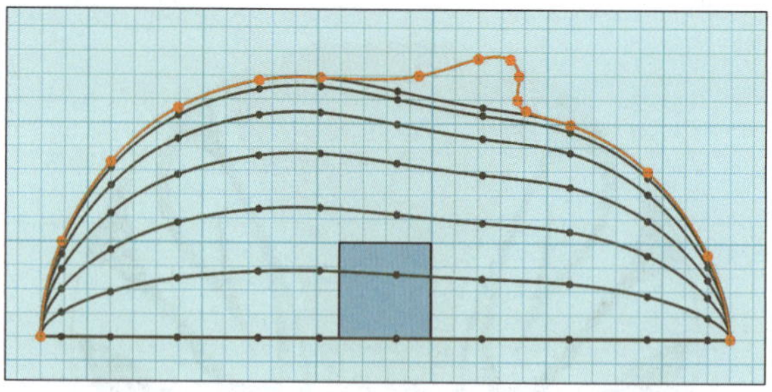

图 15-9

5. 选中第 3 步阵列曲线中位置居中的曲线，如图 15-10 所示，选择“删除”命令，将其删除。

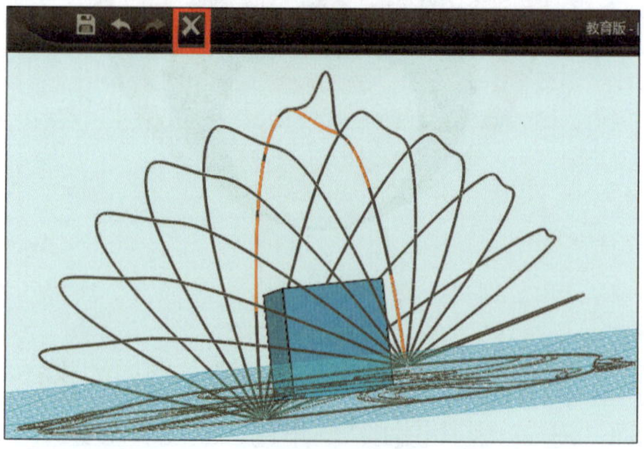

图 15-10

6. 选择“特征造型”中的“放样”命令，从左侧第一条曲线开始，依次选择草图作为“轮廓”，如图 15-11 所示，单击“确定”按钮。

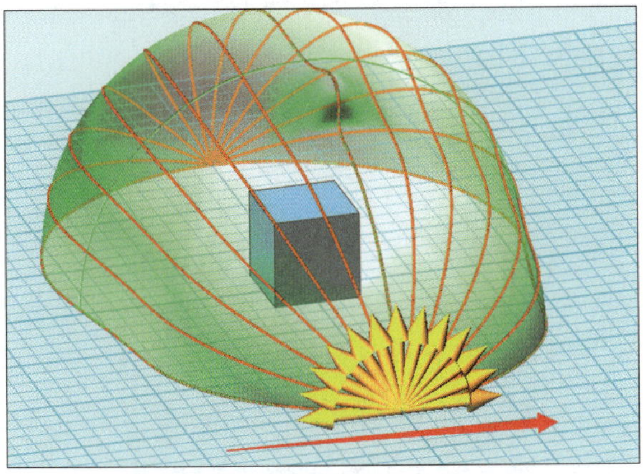

图 15-11

7. 选择“草图绘制”中的“直线”命令，单击如图 15-12 的位置，作为绘制平面。

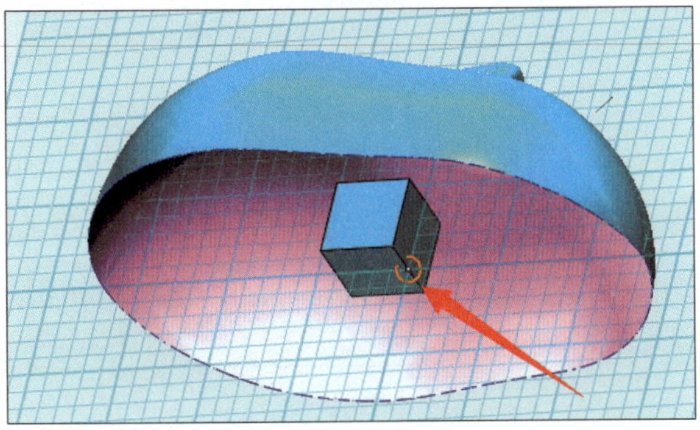

图 15-12

单击骰子的“左”视角。参照图 15-13 所示的图形绘制直线，单击“确定”按钮。

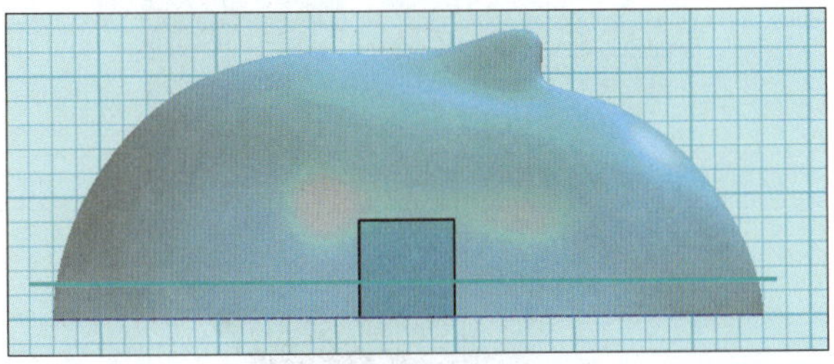

图 15-13

8. 选择“特殊功能”中的“实体分割”命令，“基体”选择面具，“分割 C”选择上一步绘制的直线，如图 15-14 所示，单击“确定”按钮。

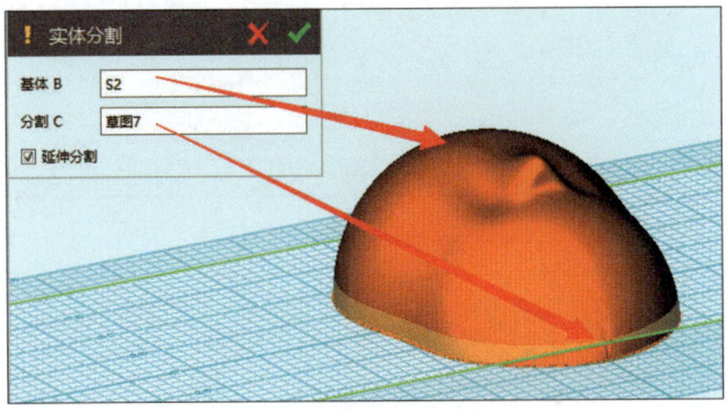

图 15-14

9. 将分割的直线下半部分结构删除，如图 15-15 所示。

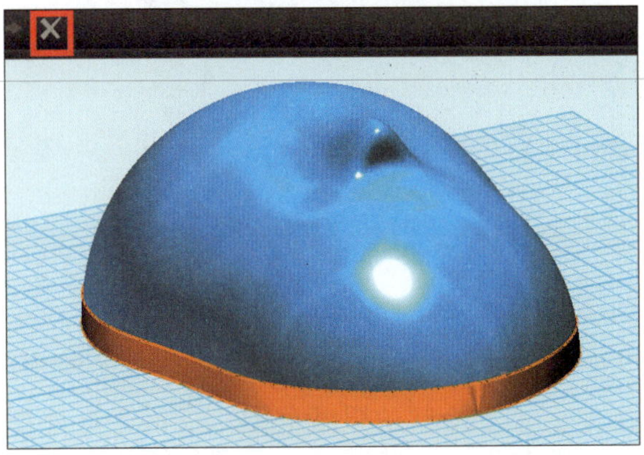

图 15-15

10. 选择“特殊功能”中的“抽壳”命令，“造型”选择面具，“厚度”设为 1，“开放面”选择底面，如图 15-16 所示，单击“确定”按钮。

11. 选择“草图绘制”中的“通过点绘制曲线”命令，单击网格面作为绘制平面，参照图 15-17 所示的图形绘制曲线（即绘制眼睛）。

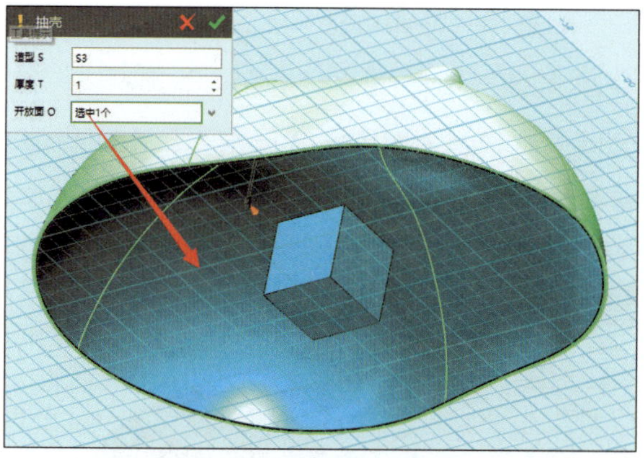

图 15-16

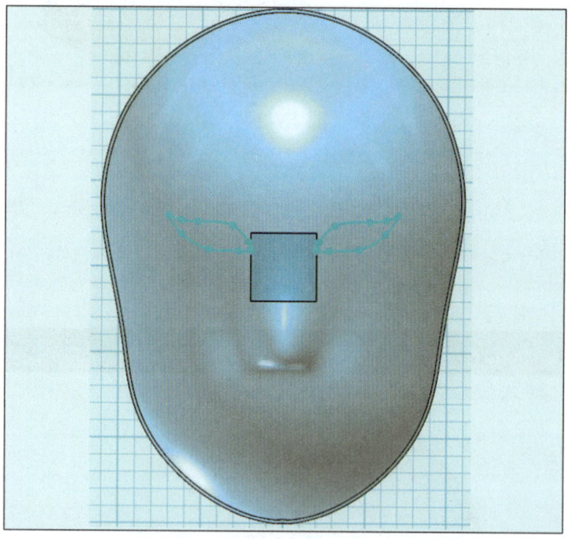

图 15-17

12. 选择“特征造型”中的“拉伸”命令，拉伸上一步绘制的眼睛草图。布尔运算选择“减运算”，“厚度”穿透面具，如图 15-18 所示，单击“确定”按钮。

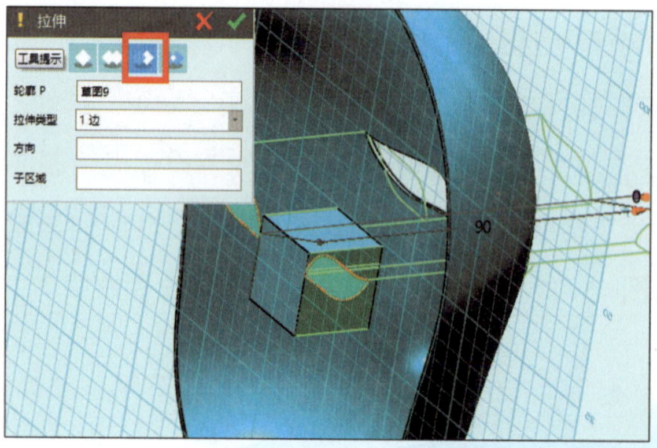

图 15-18

13. 选择“草图绘制”中的“通过点绘制曲线”命令，单击网格面作为绘制平面，参照图 15-19 所示的图形绘制曲线（即绘制面部花纹，花纹可以在互联网上寻找一种自己喜欢的纹路）。

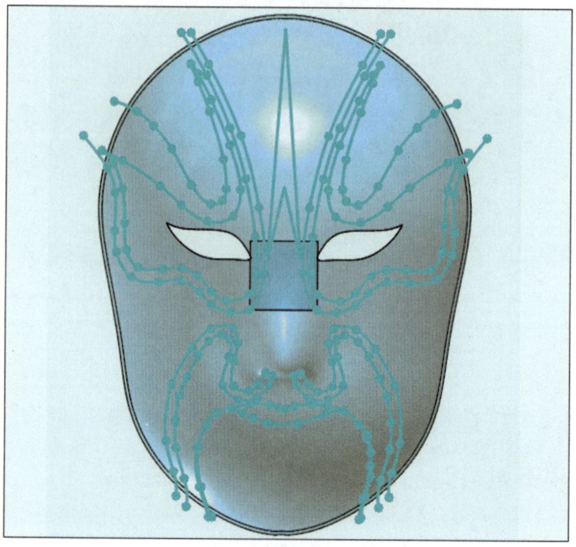

图 15-19

14. 选择“特殊功能”中的“实体分割”命令，“基体”选择面具，“分割 C”选择上一步绘制的曲线组，如图 15-20 所示，单击“确定”按钮。

图 15-20

15. 将六面体删除。选择“颜色”命令，为面具添加颜色，如图 15-21 所示。

图 15-21

16. 至此，京剧脸谱就设计制作完成了。选择“本地保存”命令，将文件名设置为“京剧脸谱”，保存在计算机中。

15.4 京剧脸谱的起源与传承

京剧脸谱起源于生活。每个人面部器官的形状、轮廓相似，生理布局也有一定的规律，面部肌肉的纹理与人物的年龄、生理、经历、生活的自然条件也都有密切关系，所以，京剧脸谱的勾绘是以生活为依据，也是生活的概括。如生活中常说的人的脸色，晒得漆黑、吓得煞白、臊得通红、病得焦黄等，既是剧中人物心理活动、精神状态的揭示和生理特征的表现，又是确定脸谱色彩、线条、纹样与图案的基础。脸谱虽然来源于生活，但又是实际生活的放大和夸张表现。演义小说和说唱艺术对历史人物夸张、形象的描写，也是京剧脸谱的依据来源。如关羽的丹凤眼、卧蚕眉，张飞的豹头环眼，赵匡胤的面如重枣等，所有这些描写，都被戏曲化妆吸取下来，在京剧舞台上的表现尤为明显、突出。

京剧脸谱的色画方法基本上分为 3 类：揉脸、抹脸、勾脸。脸谱最初的作用只是夸大剧中角色的五官部位和面部纹理，用夸张的手法表现剧中人性格、心理和生理上的特征，以此来为整个戏剧的情节服务。发展到后来，脸谱由简到繁、由粗到细、由表及里、由浅到深，逐渐成为一种具有民族特色的、以人的面部为表现手段的图案艺术，如图 15-22 所示。

图 15-22

京剧脸谱的色彩十分讲究。看起来五颜六色的脸谱，品来却巨细有因，绝非仅仅是为了好看。不同色彩绘制在不同图案轮廓里，人物就被性格化了。脸谱的通用色彩含义为：

红色一般情况下表示忠贞、英勇的人物性格，多为正面角色，如关公等。其他情况下有讽刺意义，表示假好人。在一些特例情况下也表示老人显示年轻红光犹在的含义，或坏人做了点好事。

黑色一般情况下表示正直、无私、刚直不阿的人物形象，如包公。其他情况下有表示阴阳中的阴，用于鬼魂。

白色一般情况下表示阴险、疑诈、飞扬、肃煞的人物形象，如曹操。

紫色一般情况下表示刚正、稳练、沉着的人物形象。其他情况下有面色不好，丑陋的含义。

黄色表示枭勇、凶猛的人物形象，如宇文成都。

金色一般情况下表示神仙高人。其他情况下有猛将的含义。

银色一般情况下表示神仙、妖怪。

绿色一般情况下表示顽强、暴躁的人物形象。其他情况下表示绿林好汉。

蓝色表示刚强、骁勇、有心计的人物性格，如窦尔。

15.5 拓展与挑战

小朋友们可以利用本章学会的方法和技术，尝试设计如图 15–23 所示的面具。你知道这个面具代表的人物是谁吗？

图 15–23

第16章

甲壳虫车壳

16.1 汽车外观设计

汽车外观设计是就汽车的外表所做出的设计。设计一款全新的车型外观，一般需要 2~5 年的时间。

首先，设计师们需从收集潮流信息、了解竞争对手、留心其他设计领域、注重与消费者的交流等各方面寻找设计灵感。从每一个细节中得到启发，再经过无数的思维碰撞，最终将灵感融合，初步绘制出设计草图。根据不同的设计师及设计师的经验，针对一款车型的设计草图有 30~50 张。在此阶段，车辆设计师们最关注的并不是产品的设计细节，而是要把对未来产品的设想视觉化，如图 16–1 所示。这一部分工作要求设计师对汽车行业潮流有足够的认识，以及必不可少的审美和美术水平。

图 16–1

其次，精选出初步绘制的设计草图，以综合设计方案为基础，同时考虑发动机的位置、轴距等技术参数，绘制出全尺寸的设计草图。

再次，就可以制作设计效果图了。在计算机中建立汽车外形模型，即虚拟汽车模型，分析车体表面的光影分布，并进入下一步研发工作。虚拟模型的数据为制作实物汽车模型提供了极有价值的参考。这一部分工作主要在计算机中完成，如图 16–2 所示，对设计师的软件运用水平及对车的结构分布理解有相当高的要求。

图 16–2

最后，制作实物汽车模型，如图 16–3 所示。实物汽车模型通常是指油泥模，其外敷材料主要是可塑性工作黏土。在制作实物汽车模型时，先用泡沫板堆扎在金属和木制的底层结构上，制作出一个粗略的模型。然后，用手工，并借助软件对模型不断修改。同时，用磨具对粗糙的敷层进行细加工。待细小型零部件制作完成后，嵌入汽车内饰的整体结构，并在木制和橡胶底层结构上敷上黏土。最后，利用曲线胶带在模型上定义形态变化和线条走势，利用可反光塑料布（DI-NOC）确认高线和表面 SURFACE 的变化，使模型在任何光线下都

图 16–3

能带来和谐的空间感。这一部分工作主要是模型师根据设计师的定义将模型通过手工做出。

16.2 学习目标

1. 熟练运用曲面分割、镶嵌等功能。
2. 掌握草图曲线的特殊运用。
3. 掌握特殊功能的综合应用。
4. 了解汽车外观设计需要具备的素质。

16.3 设计制作甲壳虫车壳

1. 打开青少年三维设计软件，单击骰子的“上”视角。在“草图绘制”中选择“直线”命令，参照图 16–4 所示的图形绘制直线（利用网格点绘制）。

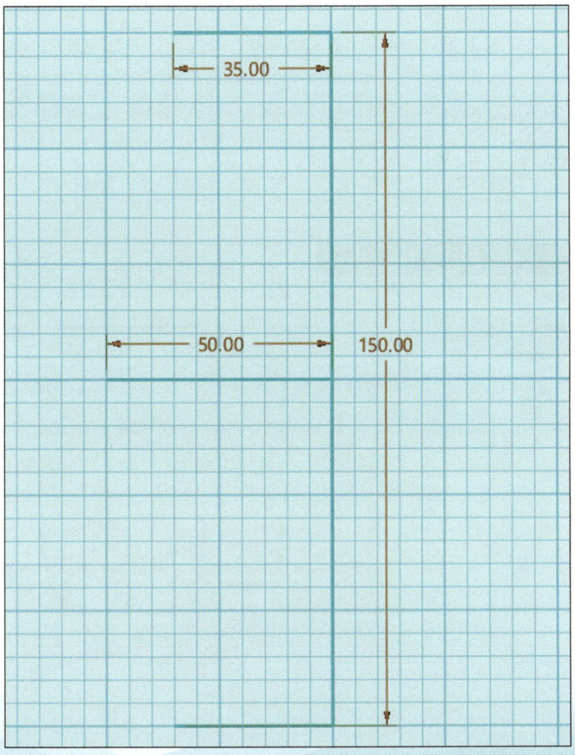

图 16–4

选择“草图绘制”中的“通过点绘制曲线”，参照图 16–5 所示的图形绘制曲线（利用网格点）。

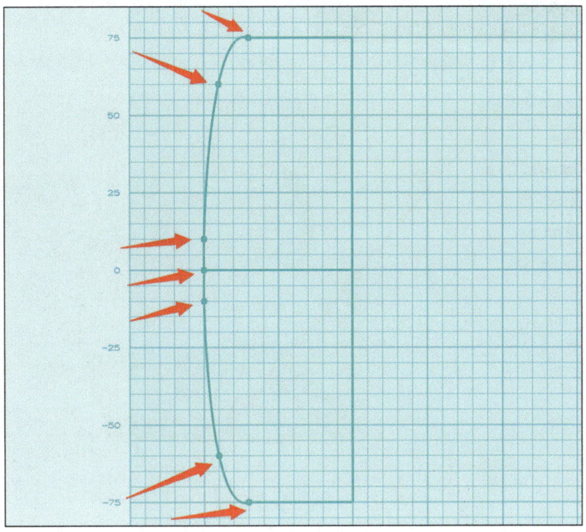

图 16–5

绘制完成后，将中间的直线删除，如图 16–6 所示。

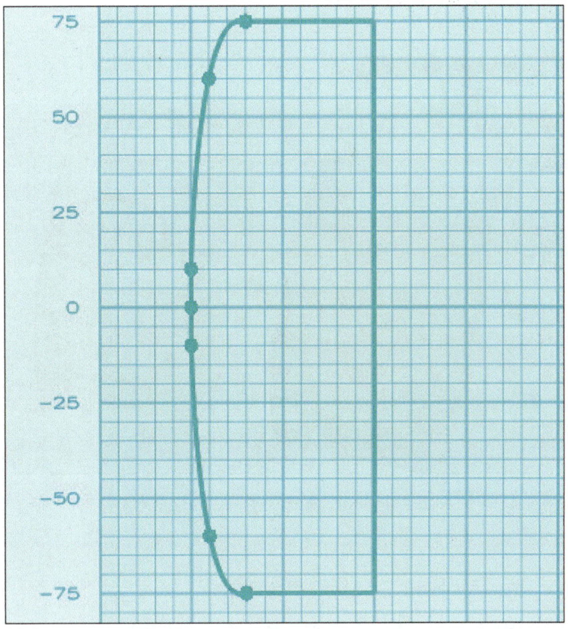

图 16–6

2. 选择“特征造型”中的“旋转”命令，“轴 A”选择如图 16–7 所示的红色箭头，“结束角度”设为 180°，如图 16–7 所示，单击“确定”按钮。

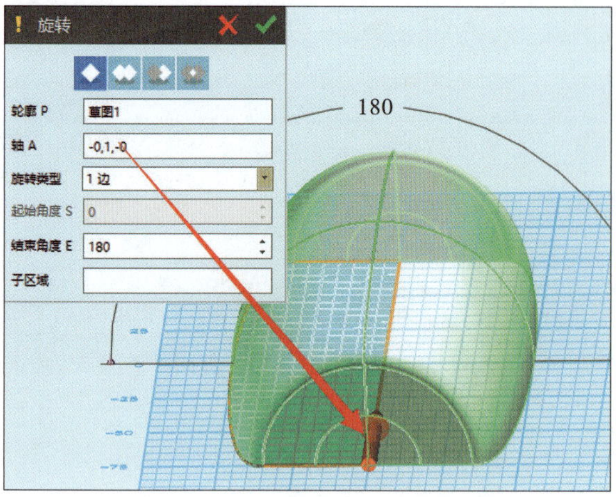

图 16–7

3. 选择“基本编辑”中的“阵列”命令，阵列类型选择“线形阵列”，“方向”选择如图 16–8 所示的绿色箭头方向，“距离”设为 120，“数量”设为 2，单击“确定”按钮。

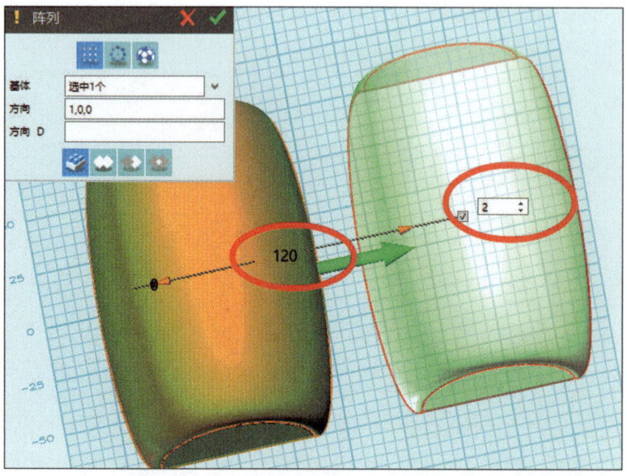

图 16–8

4. 单击骰子的“上”视角。

（1）选择“草图绘制”中的“直线”命令，单击网格面，作为绘制平面。绘制一条如图 16–9 所示的对称轴。

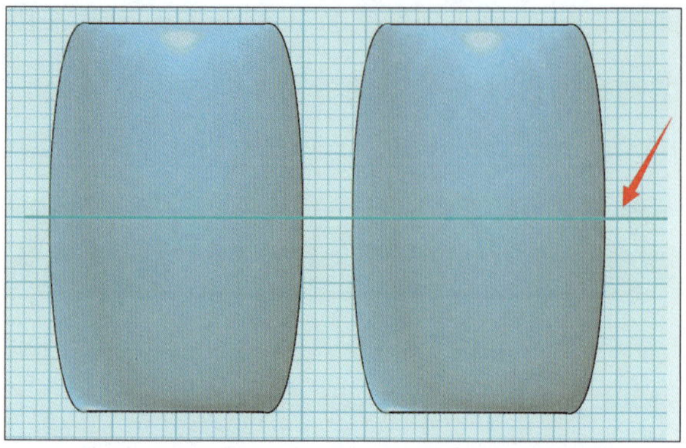

图 16–9

（2）选择“草图绘制”中的“圆弧”命令，参照图 16–10 绘制草图。

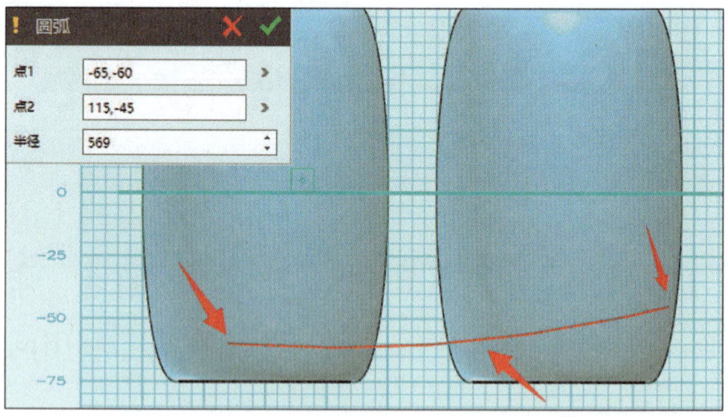

图 16–10

（3）选择“基本编辑”中的“镜像”命令，“实体”选择圆弧线，“镜像线”选择对称轴，如图 16–11 所示。

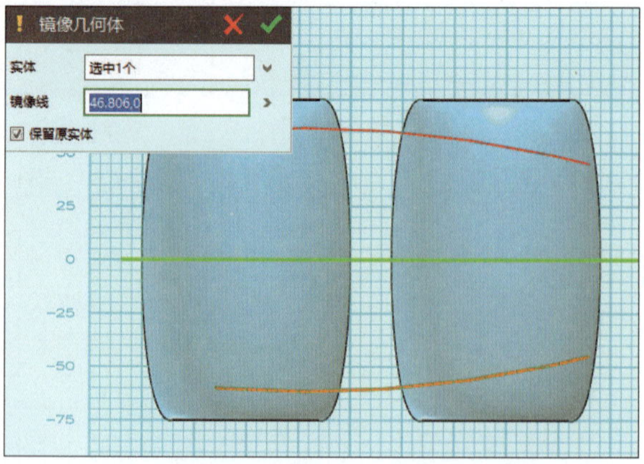

图 16–11

（4）选择“直线”命令，将圆弧线两端连接在一起。将中间的对称轴删除，如图 16–12 所示。

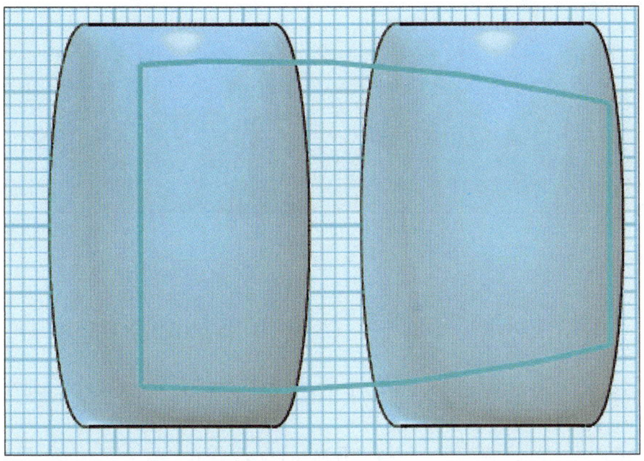

图 16–12

5. 选择“特征造型”中的“拉伸”命令，布尔运算选择“基体”，拉伸“厚度”设为 100，如图 16–13 所示，单击“确定”按钮。

6. 选择“草图绘制”中的“圆弧”命令，单击如图 16–14 所示的位置，作为绘制平面。

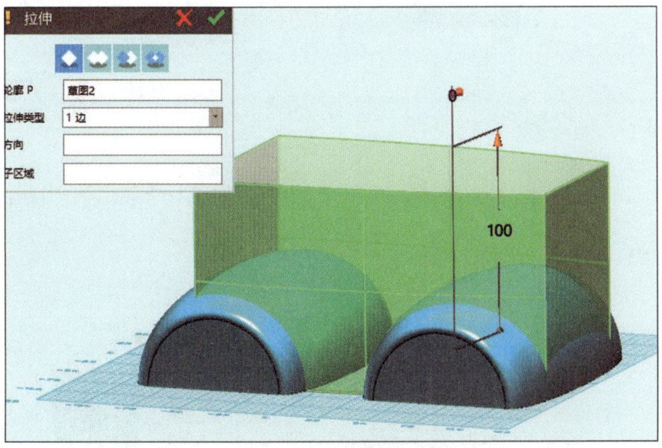

图 16–13

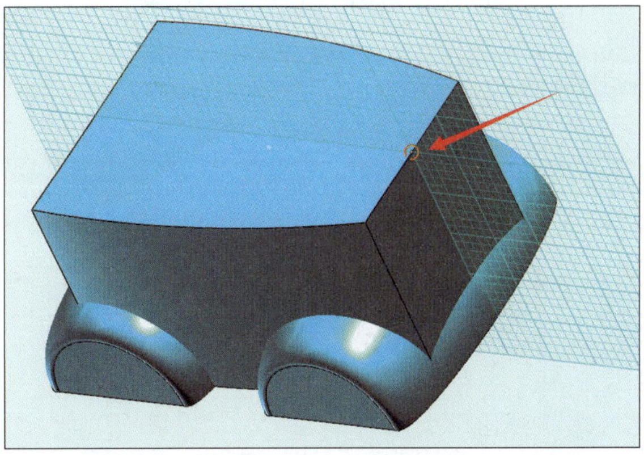

图 16–14

单击骰子的“前”视角。参照图 16–15，绘制圆弧线（圆弧起点和终点在实体内），单击“确定”按钮。

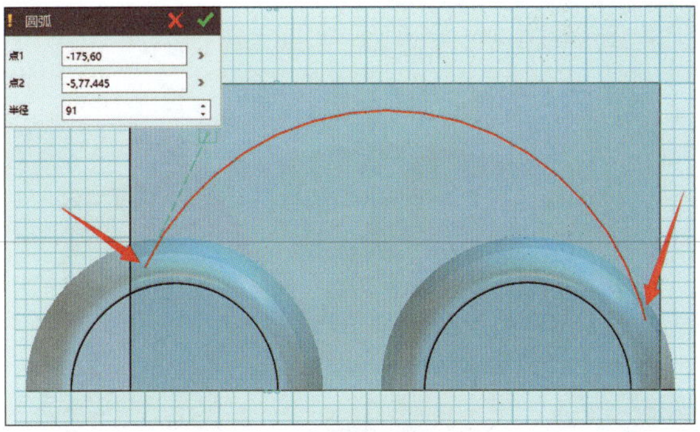

图 16–15

7. 选择“草图绘制”中的“圆弧”命令，单击如图 16–16 所示的平面，作为绘制平面。

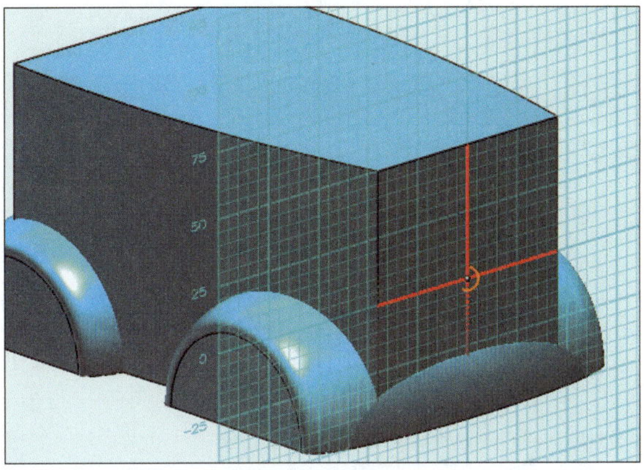

图 16–16

单击骰子的“右”视角。参照图 16-17，绘制圆弧线。

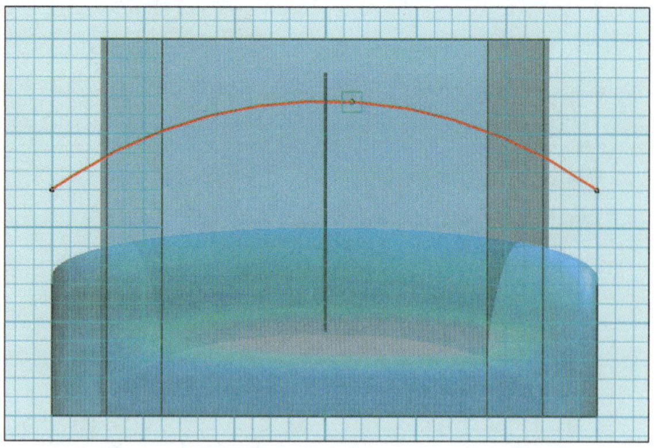

图 16-17

8. 选择“显示 / 隐藏”中的“隐藏”命令，将如图 16-18 所示的加亮实体隐藏。

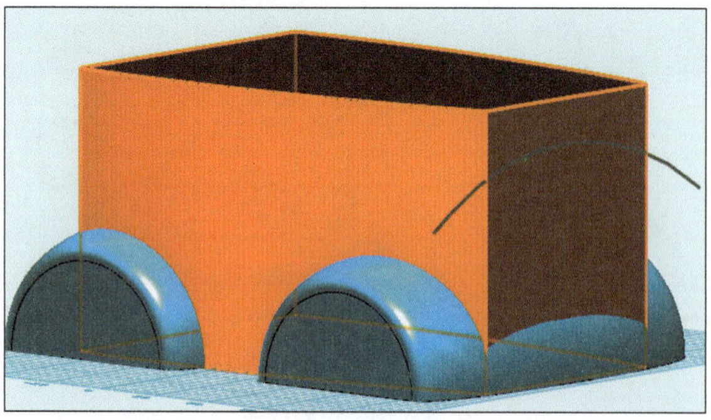

图 16-18

9. 选择“特征造型”中的“扫掠”命令，参照图 16-19，“轮廓”选择第 6 步绘制的圆弧，“路径”选择第 7 步绘制的圆弧，单击“确定”按钮。

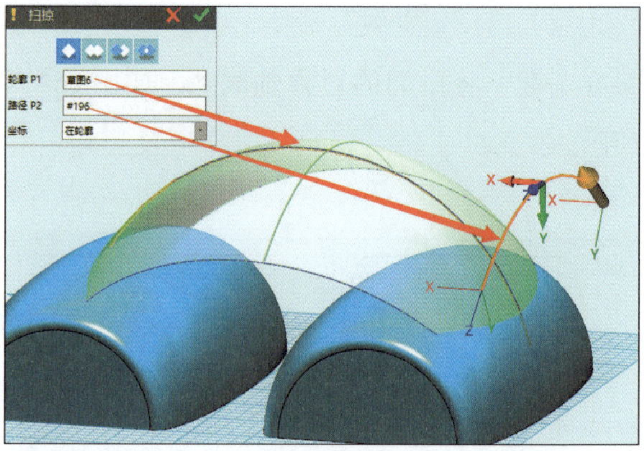

图 16-19

10. 选择“显示 / 隐藏”中的“全部显示”命令。选择“特殊功能”中的“实体分割”命令，“基体”选择如图 16-20 所示的加亮实体，“分割 C”选择上一步扫掠的曲面，单击“确定”按钮。

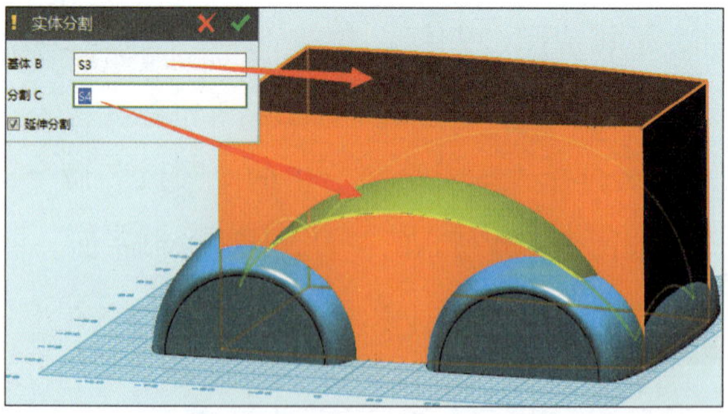

图 16-20

11. 选择如图 16-21 所示的加亮实体和曲面，将其删除。

图 16-21

12. 选择“组合编辑”命令，布尔运算选择“加运算”，“基体”选择如图 16-22 所示的加亮实体，“合并体”选择如图 16-22 所示的另外两个实体，单击“确定”按钮。

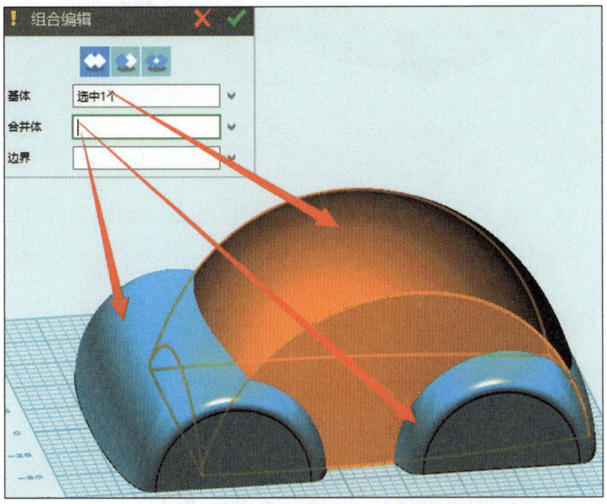

图 16-22

13. 选择“草图绘制”中的“通过点绘制曲线”命令，选择网格面作为绘制平面。单击骰子的“上”视角，参照图 16-23 所示的图形绘制草图。利用直线和圆角命令，绘制车灯、前挡风玻璃、后窗草图。绘制完成后，选择“显示曲线连通性”命令，检查草图，确保没有问题。

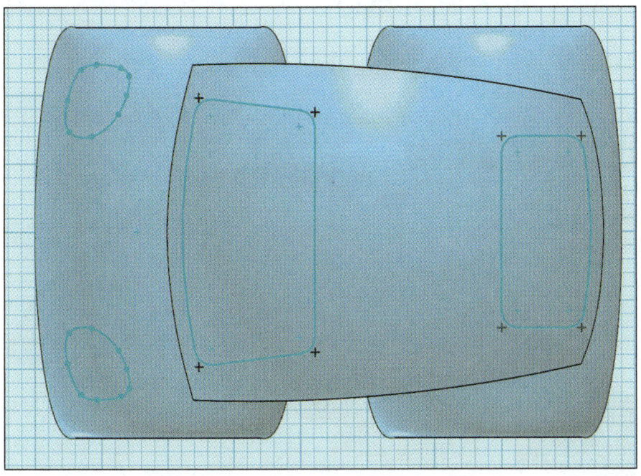

图 16-23

14. 选择“特殊功能”中的“投影曲线”命令，“曲线”选择上一步绘制的草图，“面”选择如图 16-24 所示的加亮的两个面，“方向”输入 0，0，1，单击“确定”按钮。

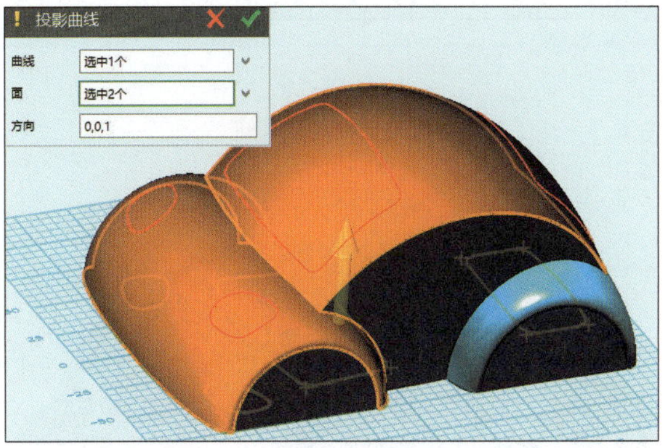

图 16-24

15. 选择“特殊功能”中的“镶嵌曲线”命令，“面”选择如图 16-25 所示的加亮的两个面，“曲线”选择所有投影的曲线（可以框选），“偏移 T”设为 -1，“方向”不选，单击“确定”按钮。

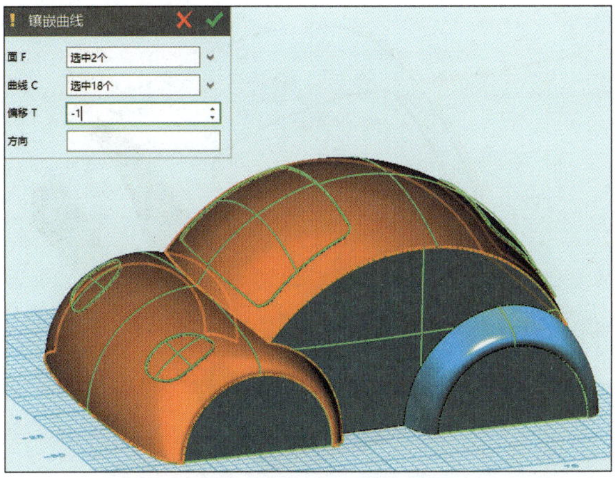

图 16-25

16. 利用第 13 至第 15 步的方法，制作车门的车窗效果。草图如图 16-26 所示，完成效果如图 16-27 所示。

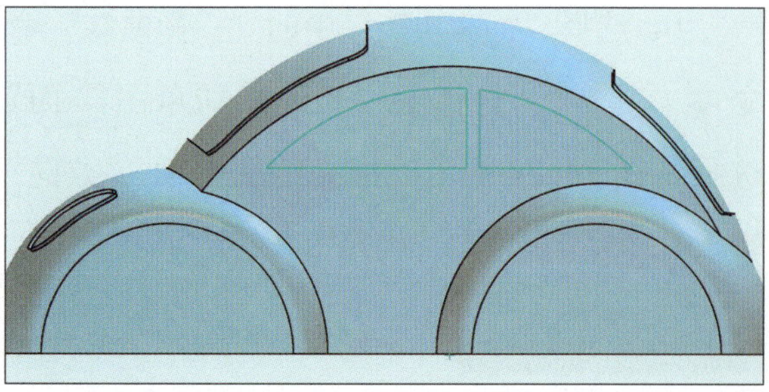

图 16-26

图 16-27

17. 选择“特征造型”中的“圆角”命令，按如图 16-28 所示的位置，添加“半径”为 6 的圆角，单击“确定”按钮。

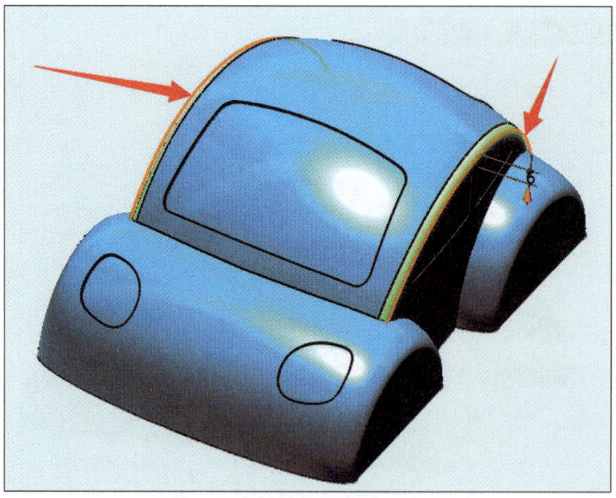

图 16-28

继续按如图 16-29 所示的添加圆角，“半径”设为 4，单击“确定”按钮。

图 16-29

18. 选择如图 16-30 所示的加亮的 5 个面（双击选择面，按住 Ctrl 可以选择多个面），将其删除。

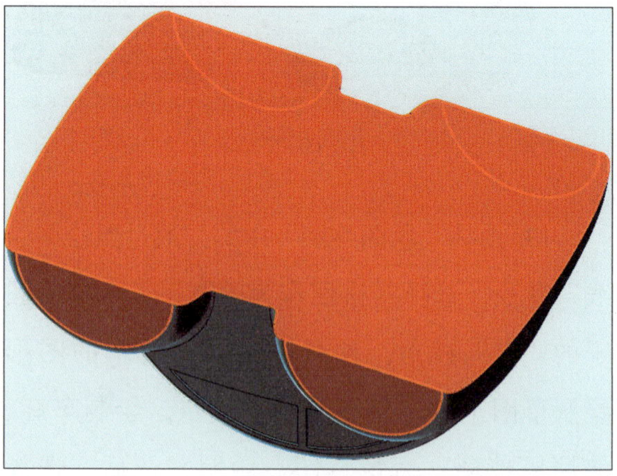

图 16-30

19. 选择“特殊功能”中的“抽壳”命令，“造型”选择曲面结构，“厚度”设为 -2，如图 16-31 所示，单击“确定”按钮。

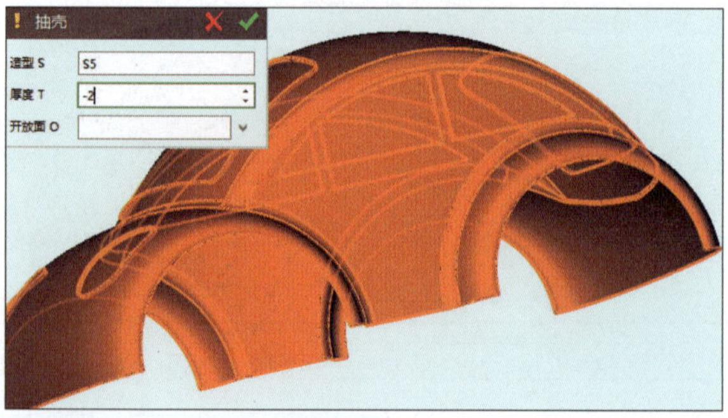

图 16-31

20. 选择“基本编辑”中“缩放”命令，“方法”设为非均匀，“X 比例”设为 1.2，其他默认为 1，如图 16–32 所示，单击“确定”按钮。

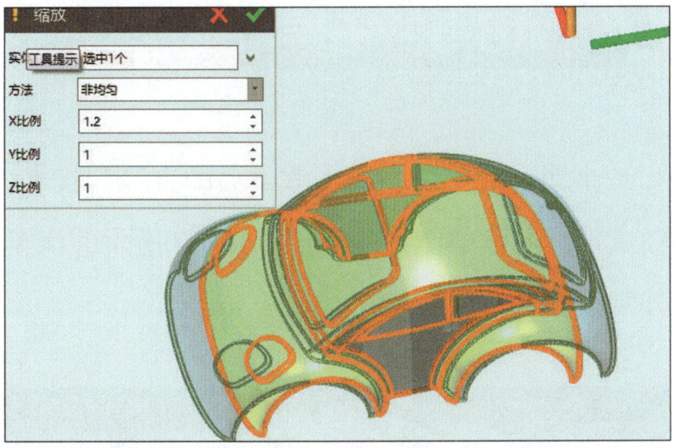

图 16–32

21. 选择“颜色”命令，为甲壳虫车壳添加颜色，如图 16–33 所示。

图 16–33

22. 至此，甲壳虫车壳就设计制作完成了。选择“本地保存”命令，将文件名设置为“甲壳虫车壳”，保存在计算机中。

16.4 汽车空气动力学

汽车空气动力学（Automobile aerodynamics）是空气动力学的一个分支，是研究汽车与周围空气在相对运动时两者之间相互作用力的关系及运动规律的学科。如图 16–34 所示，汽车空气动力学属于流体力学的一个重要部分，主要研究汽车、火车等车辆的空气动力性能、行驶稳定性、操纵性和气动噪声等问题。

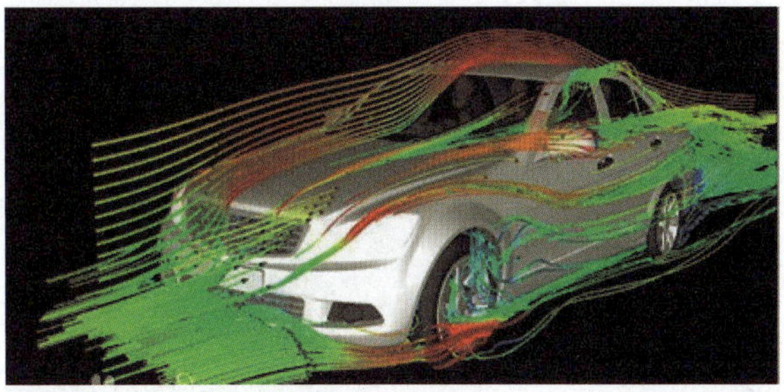

图 16–34

汽车行进时，所受阻力大致可分为机械阻力和空气阻力两部分。随着车速的提高，空气阻力所占比例迅速提高。汽车空气阻力可分解为：①车型阻力，即由车体外形决定的阻力；②表面摩擦阻力；③干扰阻力，即由于安装在车体外的零部件，如后视镜、车门把手、车灯、车头装饰件等对气流干扰引起的阻力；④由拖曳涡引起的“涡阻”；⑤内部气流阻力，即气流通过车头内的散热器、发动机等引起的阻力。

现代轿车的空气阻力中，车型阻力和“涡阻”约占 62%，表面摩擦阻力约占 9%，干扰阻力约占 17%，内部气流阻力约占 12%。缩小车辆的迎风投影面积，改进车身外形，减少安装车体外的零部件，将车身下面的部件合理布置或用托板封闭，均可使空气阻力系数显著下降。空气阻力每减小 10%，车辆燃料消耗大约可降低 5%。

汽车空气动力学研究主要有下列 4 个方面。

1. 汽车运行中所受的空气动力和力矩。包括阻力、举力、俯仰力矩、侧倾力矩和摆动力矩，其中举力和俯仰力矩的研究涉及车辆操纵的稳定性，如图 16–35 所示。汽车除了要尽量减少空气阻力，同时还需要足够的下压力保持行驶稳定性，对于赛车更为重要，与飞机刚好相反。

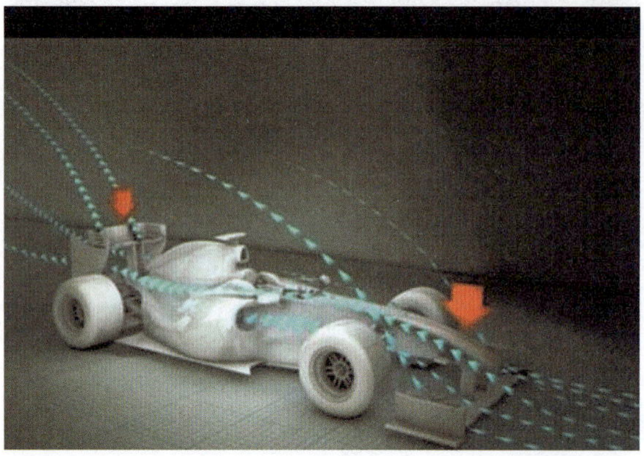

图 16–35

2. 汽车运行中各部位的流场。包括雨水流的路径，污垢附着的过程和原理，风噪声和面板颤振，风挡玻璃上的作用力等。

3. 发动机的冷却问题。

4. 汽车内的气候条件。

16.5 拓展与挑战

小朋友们可以利用本章学会的方法和技术，尝试设计制作如图 16–36、图 16–37 所示的汽车外观设计。

图 16–36

图 16–37

第17章

布朗熊手机支架

17.1 懒人手机支架

如今，手机已成为人们日常生活中必不可少的随身物品。无论是吃饭睡觉，还是学习娱乐，使用手机似乎已成为一种习惯。那么，随之而来的就是由手机行业的发展，衍生出来的其他行业，手机支架行业就是其中一种。手机支架在日常生活中的应用有许多，如车载手机支架、自拍杆、床上手机支架等。手机支架的创造灵感来源于生活。很多时候，在使用手机时，人们不方便用手拿手机，那么，就需要一种载体来代替手支撑手机，使人们能够正常观看手机屏幕或是使用手机。于是，手机支架便产生了，如图 17–1 所示由于手机支架解放了双手，故也称懒人手机支架。

图 17–1

由懒人手机支架衍生出的懒人支架，是根据不同型号、不同牌子的平板电脑、手机等数码产品设计出来的可以支撑相应数码产品的支架，其应用范围更广。懒人支架的悬臂弯管采用的是碳素钢，可以经受用户多次自由的弯曲考验，以方便用户选择最舒适的角度支撑数码产品，如图 17–2 所示。

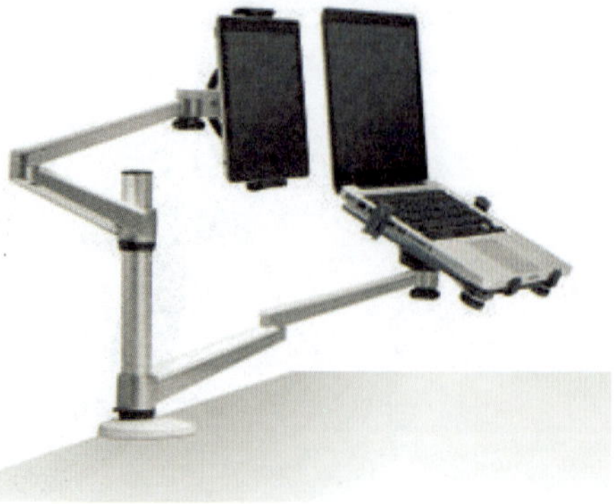

图 17–2

懒人支架有床上卧式折叠支架、落地支架系列、悬臂桌面支架系列、车载导航支架系列、商用 / 工业 / 专业支架系列、企事业单位订制系列、手机懒人支架等类型，用户可根据自己需要选择。现在，有人更喜欢自己 DIY 手机支架，利用有限的技术和材料，做出自己喜欢的手机支架，如图 17–3 所示。

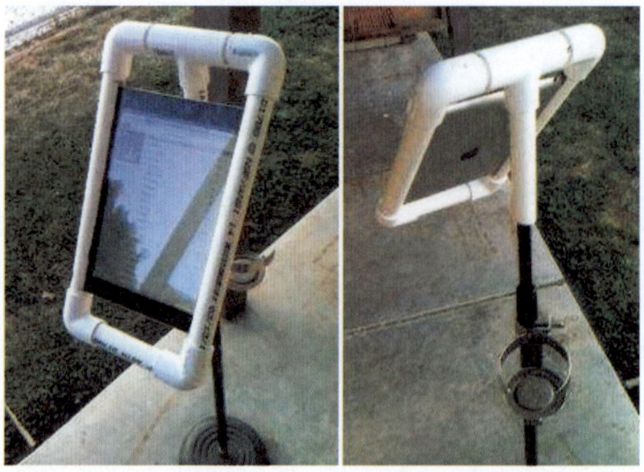

图 17–3

下面一起来设计一款布朗熊懒人手机支架吧。布朗熊参考图 17–4。

图 17-4

17.2 学习目标

1. 学习模仿设计的方法。
2. 掌握草图、特征的综合运用。
3. 了解三维坐标的概念。
4. 了解建模中三维坐标与尺寸的关系。
5. 了解杠杆原理。

17.3 设计制作手机支架

1. 打开青少年三维设计软件，单击骰子的“上”视角。选择“基本实体”中的“球体”命令，“中心”设在网格中心位置处，“半径”为15，如图 17-5 所示，单击“确定”按钮。

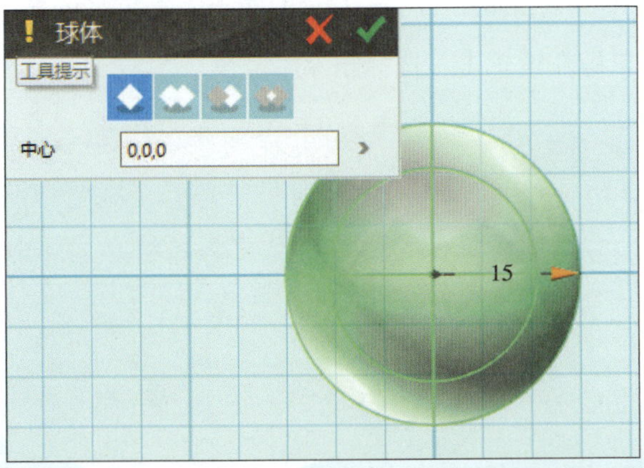

图 17-5

2. 再创建一个球体，如图 17-6 所示，布尔运算选择“加运算”，在“中心”对话框中输入 5.5，-2，0，“半径”设为 10，单击“确定”按钮。

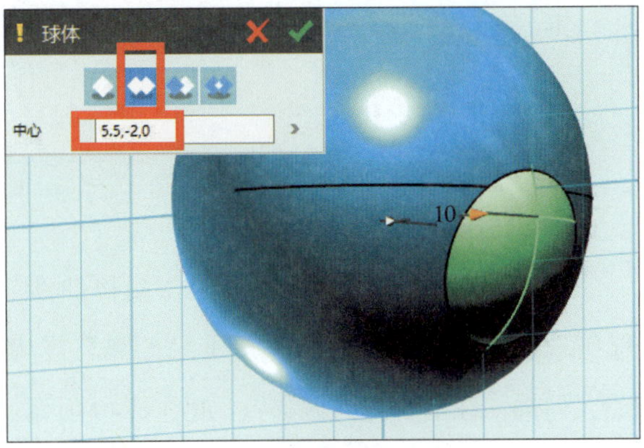

图 17-6

3. 选择“草图绘制”中的“直线”命令，单击选择如图 17-7 所示的位置，作为绘制平面。

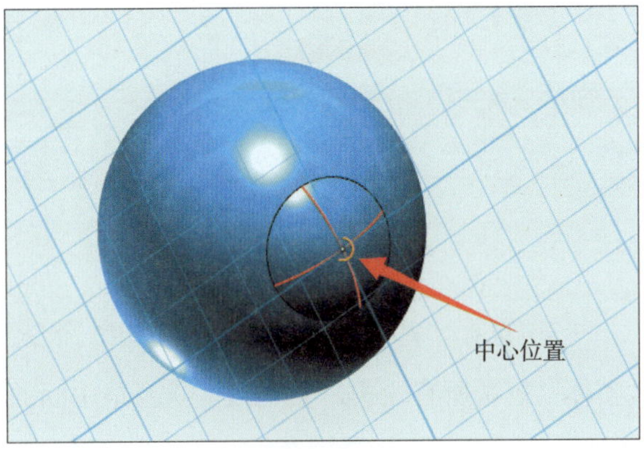

图 17-7

（1）单击“自动对齐视图”命令。利用“直线”命令、“通过点绘制曲线”命令，参照图 17-8 所示的图形绘制草图。

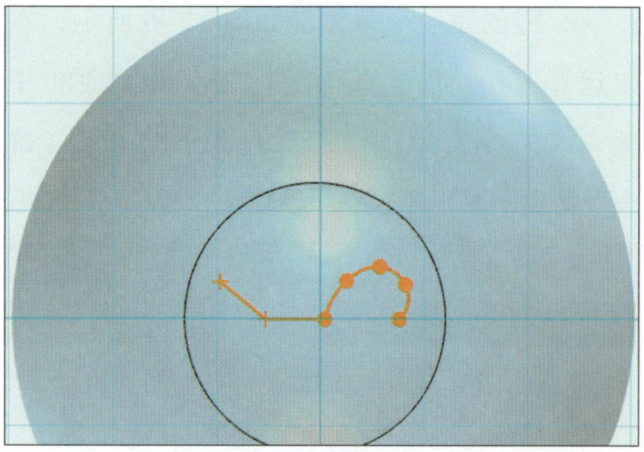

图 17–8

（2）选择“草图编辑”中的“偏移曲线”命令，“曲线”选择绘制的 3 条线，“距离”设为 0.2，勾选“在两个方向偏移”，如图 17–9 所示，单击“确定”按钮。

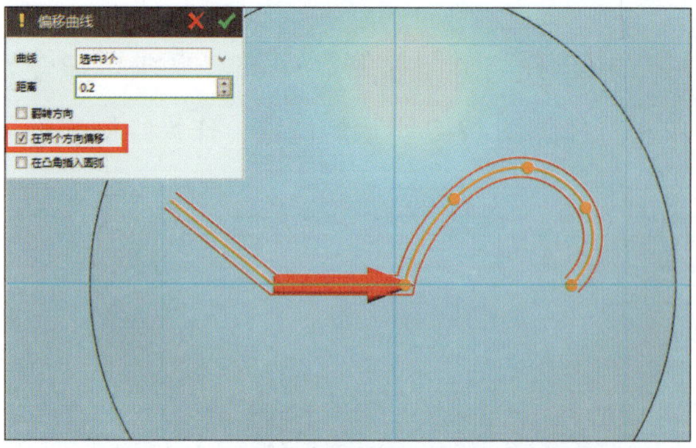

图 17–9

（3）选择“基本编辑”中的“镜像”命令，“实体”框选所有线条，“镜像线”选择最中间的直线，如图 17–10 所示，单击“确定”按钮。

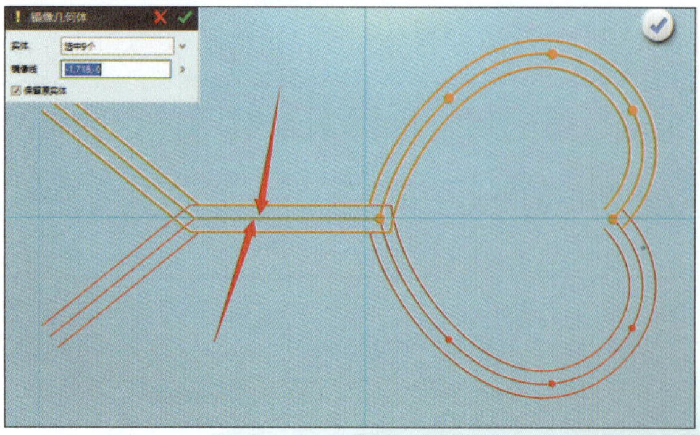

图 17–10

（4）选择“草图编辑”中的“修剪”命令，参照图 17–11，将多余的线条修剪掉，单击“确定”按钮。

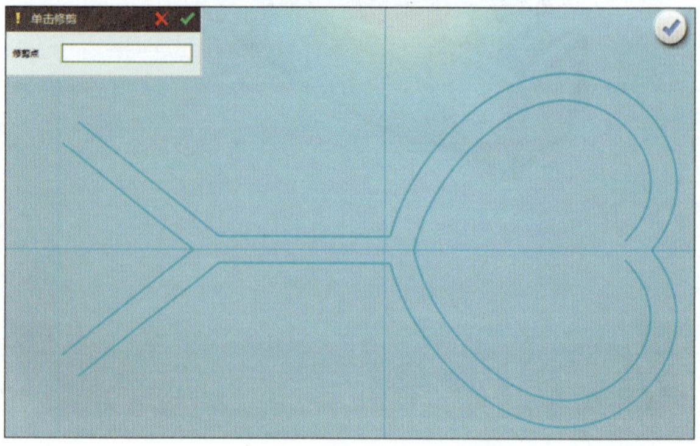

图 17–11

（5）选择“草图绘制”中的“圆弧”命令，为草图的三处开口添加圆弧，如图 17–12 所示，使草图形成环形封闭的轮廓，单击“确定”按钮。

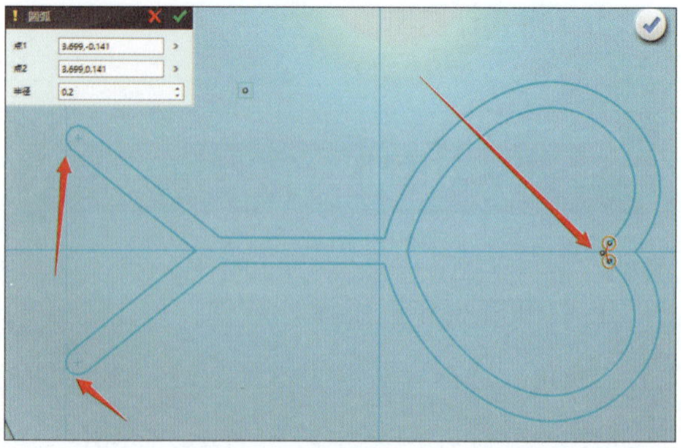

图 17–12

（6）如图 17–13 所示的两条线是重复的线，鼠标左键单击，选择删除。

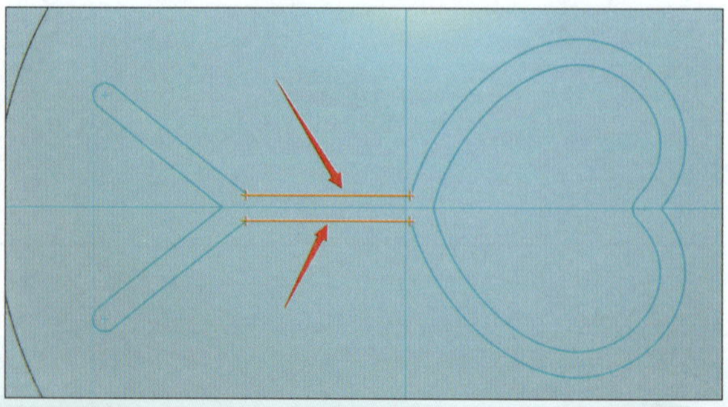

图 17–13

4. 选择“特征造型”中的“拉伸”命令，布尔运算选择“减运算”，“轮廓”选择上一步绘制的草图，“厚度”设为 –3，如图 17–14 所示，单击“确定”按钮。

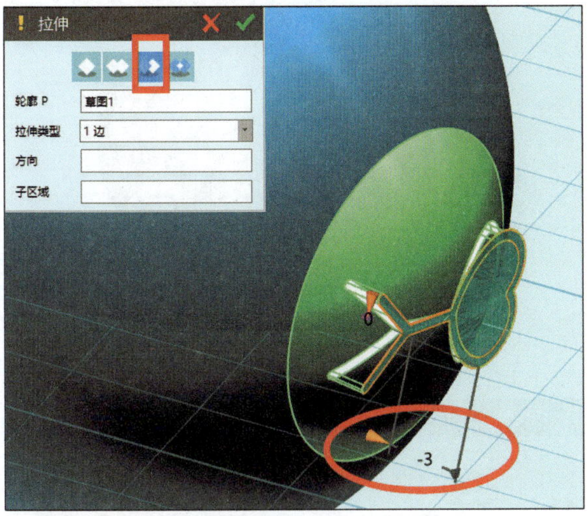

图 17–14

5. 选择“基本实体”中的“球体”命令，在“中心”对话框中输入 11.5，4，7，“半径”设为 2，如图 17–15 所示，单击“确定”按钮。

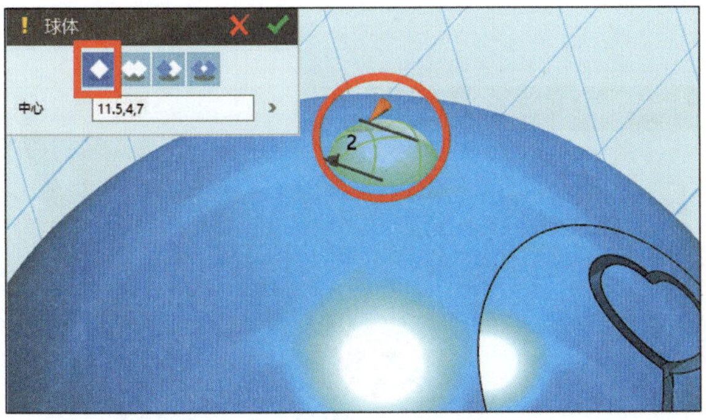

图 17–15

6. 选择“基本编辑”中的“椭球”体命令，在“中心”对话框中输入 0，12，9，椭圆尺寸参照图 17–16，单击“确定”按钮。

7. 单击骰子的“上”视角。选择“草图绘制”中的“直线”命令、“通过点绘制曲线”和“偏移曲线”等命令，单击网格面作为绘制平面，绘制如图 17–17 所示的草图。

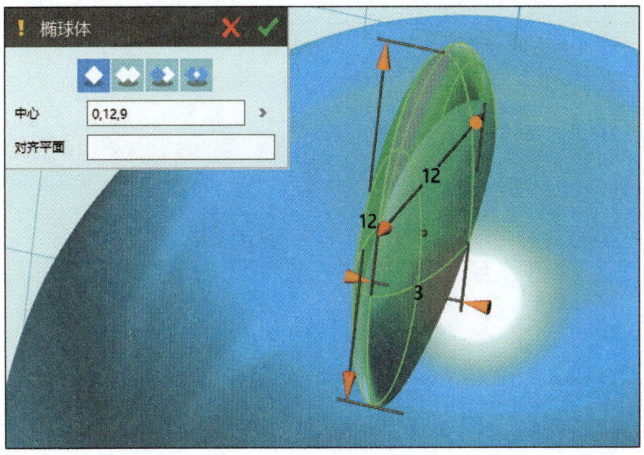

图 17–16

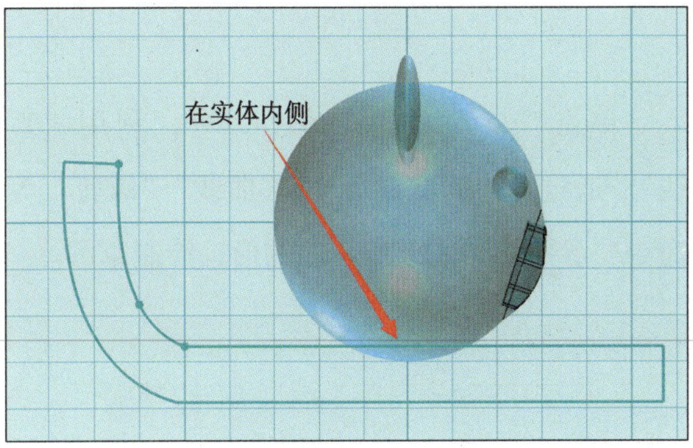

图 17–17

8. 选择“特征造型”中的“拉伸”命令，“轮廓”选择上一步绘制的草图，“厚度”设为 20，如图 17–18 所示，单击“确定”按钮。

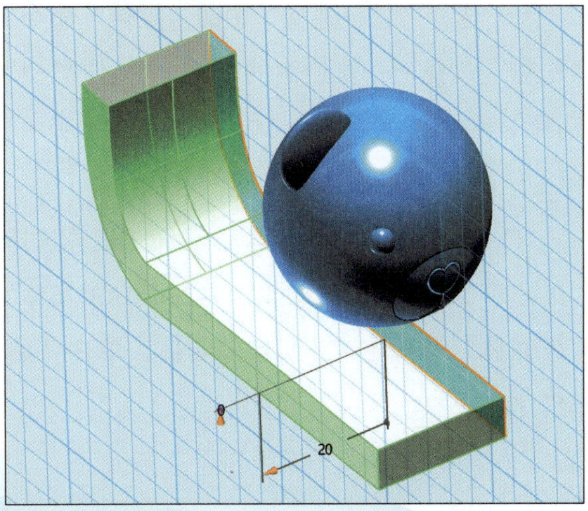

图 17–18

9. 选择“草图绘制”中的“直线”命令，单击如图 17–19 所示的面，作为绘制平面。

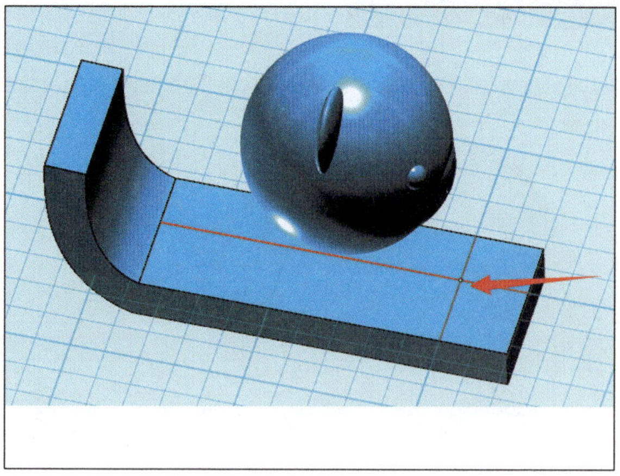

图 17–19

单击“自动对齐实体”命令，利用“直线”“通过点绘制曲线”“偏移曲线”“修剪”等命令，参照图 17–20 所示的图形，绘制草图。

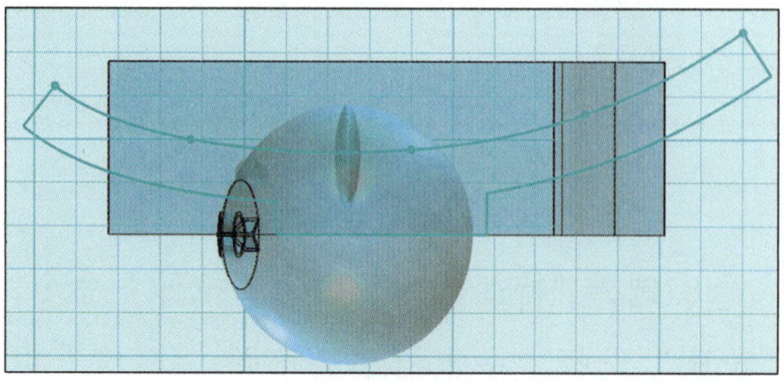

图 17–20

10. 选择“特征造型”中的“拉伸”命令，“轮廓”选择上一步绘制的草图。“拉伸类型”选择对称，“厚度”设为 24，如图 17–21 所示，单击“确定”按钮。

11. 选择“组合编辑”命令，布尔运算选择“交运算”，“基体”选择如图 17–22 所示的实体，“合并体”选择 17–23 所示的实体，单击“确定”按钮。

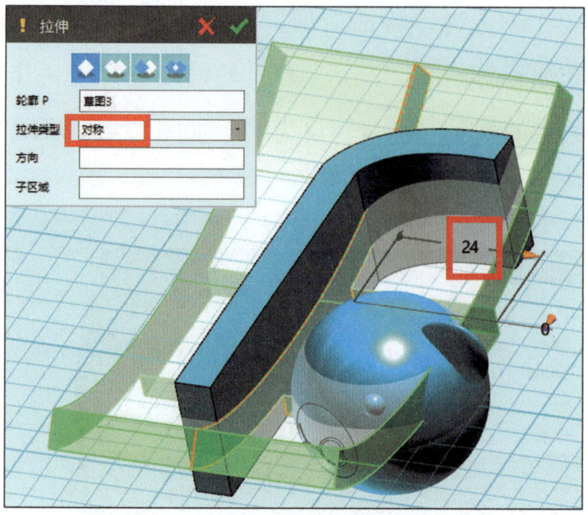

图 17–21

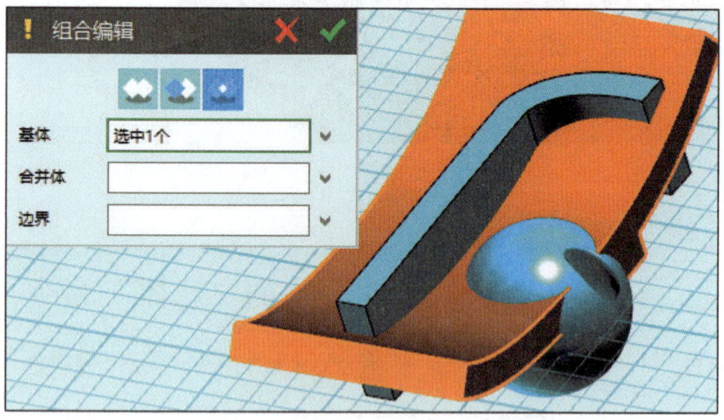

图 17–22

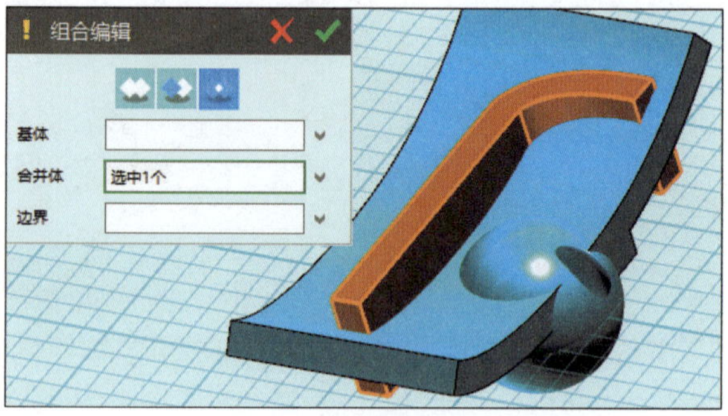

图 17–23

12. 选择“基本编辑”中的“镜像”命令，布尔运算选择“加运算”，“实体”选择小熊耳朵、眼睛和身体，“方式”选择平面，“平面”选择如图 17–24 所示的面，单击“确定”按钮。

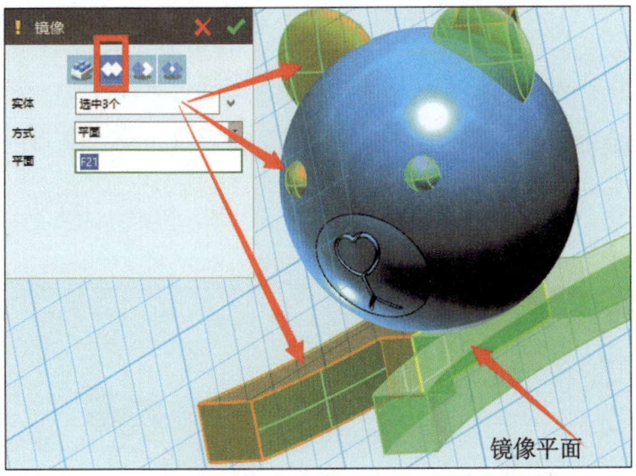

图 17-24

13. 选择“特征造型”中的“圆角”命令，为如图 17-25（a）、（b）所示的边添加圆角，大小自定义。

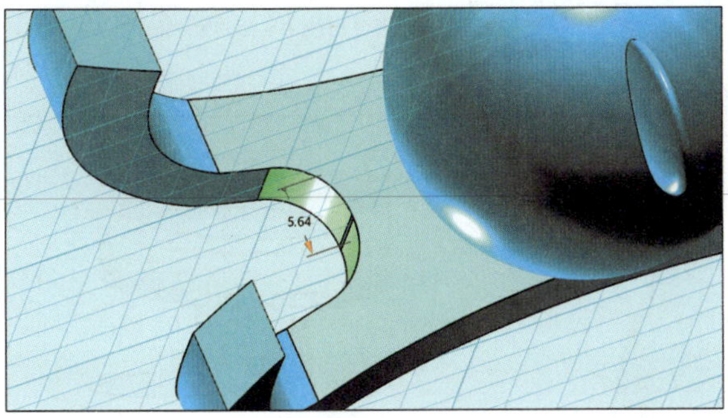

图 17-25（a）

图 17-25（b）

继续为如图 17-26（a）、（b）所示的边添加圆角。

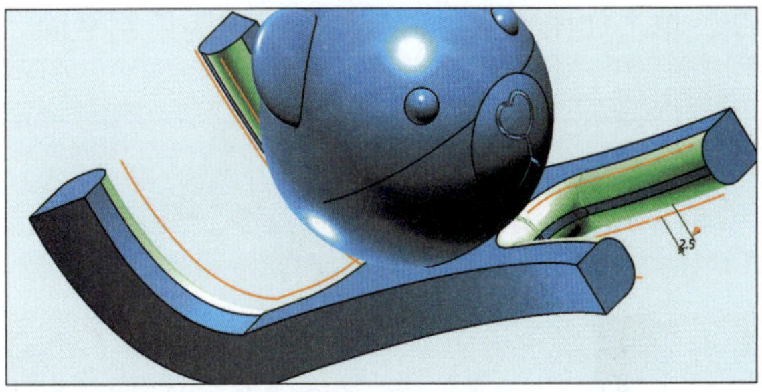

图 17-26（a）

图 17-26（b）

14. 选择“基本实体”中的“球体”命令，布尔运算选择“加运算”，“中心”选择如图 17-27 所示的位置，单击“确定”按钮。

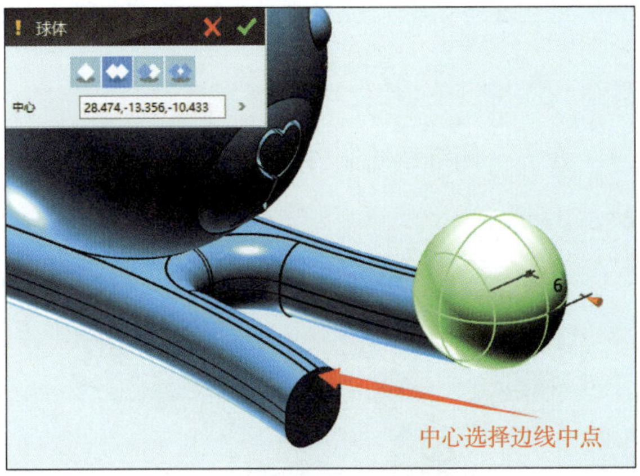

图 17-27

15. 利用相同方法在另一侧制作另外一个球体。

16. 选择“草图绘制”中的“椭圆形”命

令，单击如图 17–28 所示的面，作为绘制平面。

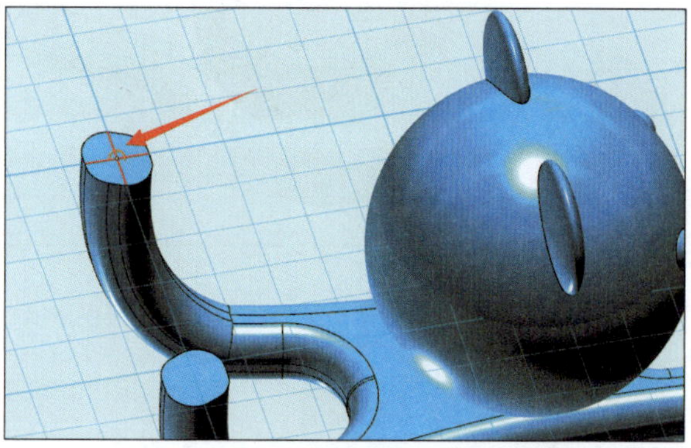

图 17–28

单击“自动对齐”命令。参照图 17–29 绘制椭圆，椭圆对话框中的“角度”设为 12。

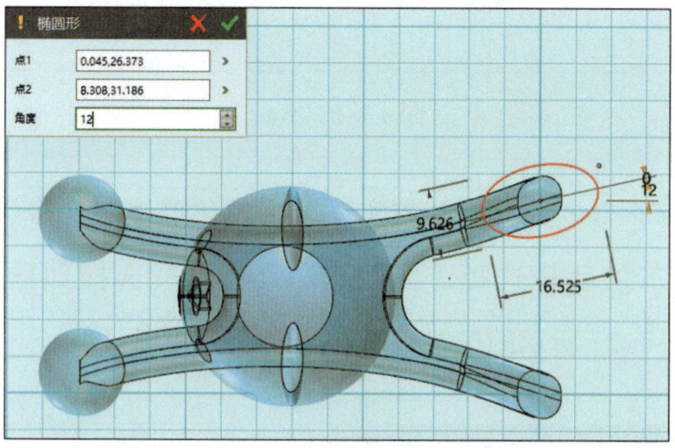

图 17–29

在另一侧继续绘制另一个椭圆，如图 17–30 所示。

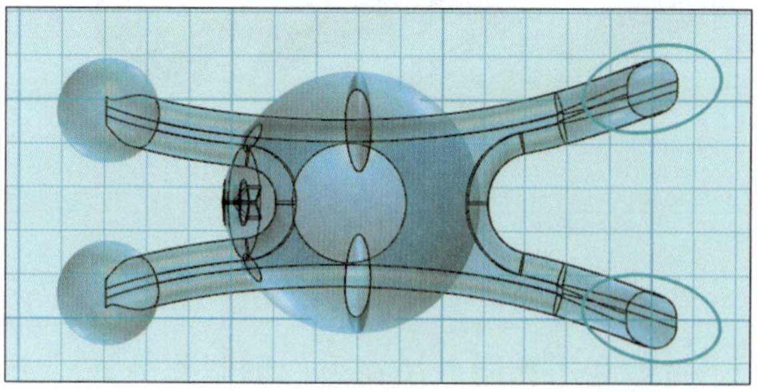

图 17–30

17. 选择“特征造型”中的“拉伸”命令，布尔运算选择“加运算”，“轮廓”选择上一步绘制的草图，“拉伸类型”选择 1 边，“厚度”设为 3，如图 17–31 所示，单击“确定”按钮。

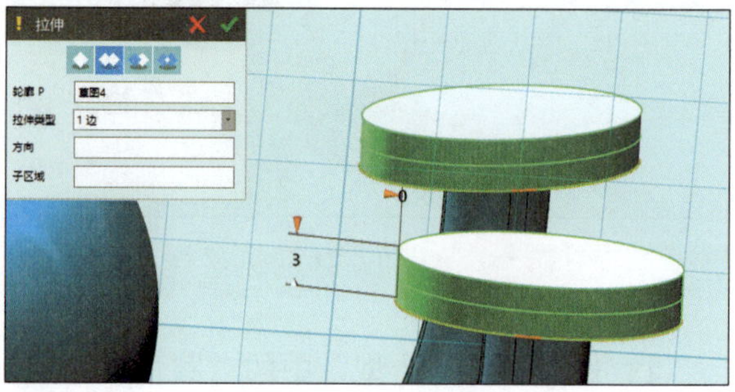

图 17–31

18. 选择“特征造型”中的“圆角”命令，参照图 17–32 所示的边，添加圆角。

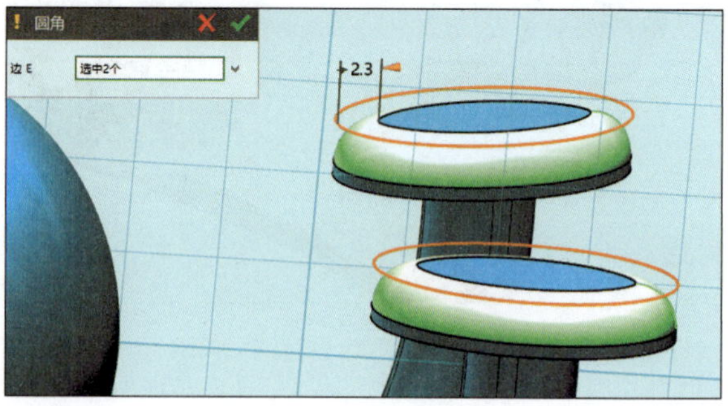

图 17–32

19. 至此，布朗熊手机支架就设计制作完成了，如图 17–33 所示。选择“本地保存”命令，将文件名设置为“布朗熊手机支架”，保存在计算机中。

图 17–33

设计出的手机架，通过 3D 打印机，可制造出实物，如图 17–34 所示。

图 17–34

17.4 杠杆原理

本章设计的布朗熊手机支架是利用杠杆原理来支撑手机的。杠杆可分为费力杠杆、省力杠杆和等臂杠杆，杠杆原理也称为“杠杆平衡条件”。要使杠杆平衡，作用在杠杆上的两个力矩（力与力臂的乘积）大小必须相等。即动力 × 动力臂 = 阻力 × 阻力臂，用代数式表示为 $F_1 \cdot L_1=F_2 \cdot L_2$。式中，$F_1$ 表示动力，L_1 表示动力臂，F_2 表示阻力，L_2 表示阻力臂。从力矩的计算式可看出，要使杠杆达到平衡，动力臂是阻力臂的几倍，阻力就是动力的几倍，如图 17–35 所示。

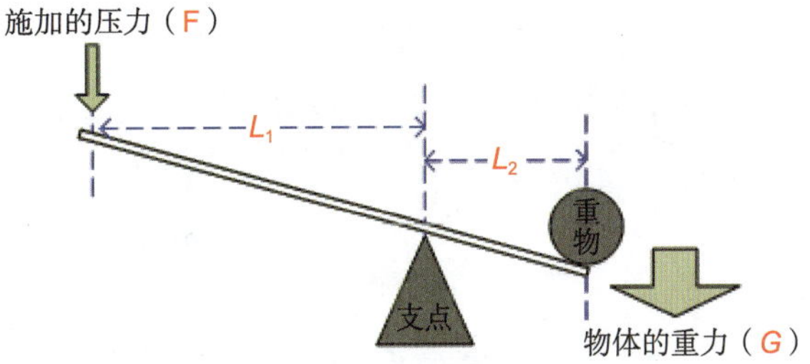

图 17–35

阿基米德在《论平面图形的平衡》一书中也提出了杠杆原理。首先，他把杠杆在实际应用中的一些经验知识当作“不证自明的公理”，然后，从这些公理出发，运用几何学通过严密的逻辑论证，得出了杠杆原理。

这些“不证自明的公理”是：①在无重量的杆的两端离支点相等的距离处挂上相等的重量，它们将平衡；②在无重量的杆的两端离支点相等的距离处挂上不相等的重量，重的一端将下倾；③在无重量的杆的两端离支点不相等距离处挂上相等重量，距离远的一端将下倾；④一个重物的作用可以用几个均匀分布的重物的作用来代替，只要重心的位置保持不变，相反，几个均匀分布的重物可以用一个悬挂在它们的重心处的重物来代替；⑤相似图形的重心以相似的方式分布。

正是从这些“不证自明的公理”出发，在“重心”理论的基础上，阿基米德发现了杠杆原理，即二重物平衡时，它们离支点的距离与重量成反比。阿基米德对杠杆的研究不仅仅停留在理论方面，他还依据此原理进行了一系列的发明创造。据说，他曾经借助杠杆和滑轮组，使停放在沙滩上的船只顺利下水；在保卫叙拉古免受罗马海军袭击的战斗中，阿基米德利用杠杆原理制造了远、近距离的投石器，如图 17–36 所示，利用它射出各种飞弹和巨石攻击敌人，曾把罗马人阻于叙拉古城外达 3 年之久。

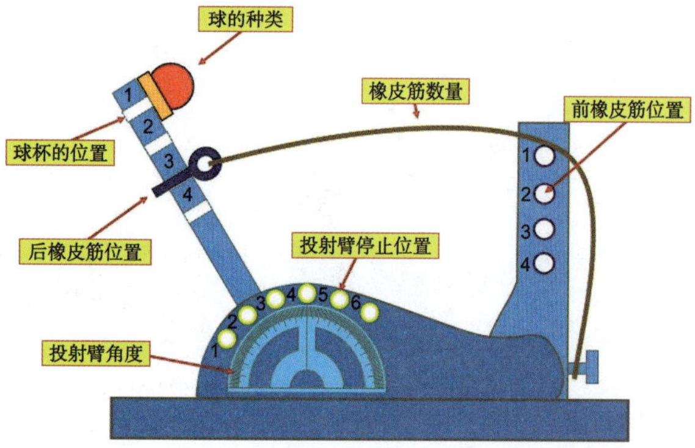

图 17-36

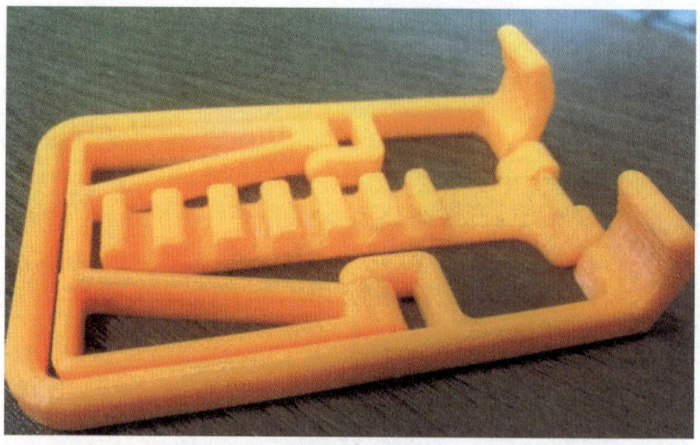

图 17-39

17.5 拓展与挑战

小朋友们可以利用本章学会的方法和技术，尝试设计制作如图 17-37~ 图 17-40 所示的手机支架。

图 17-37

图 17-38

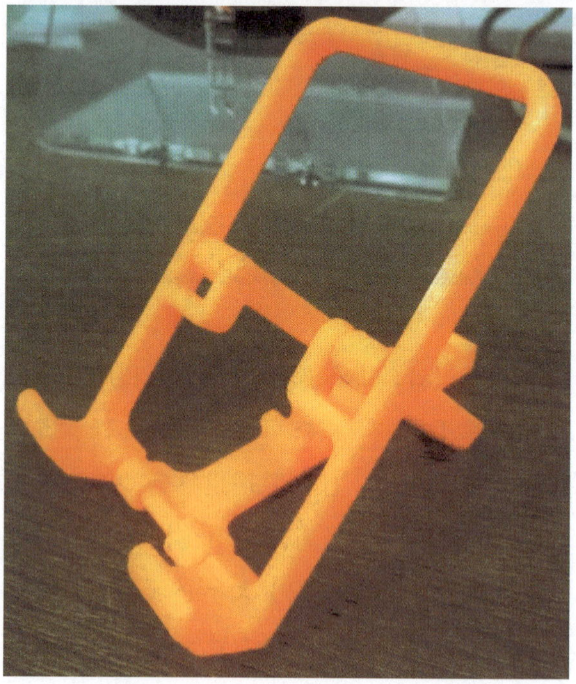

图 17-40

第18章

智能风车

18.1 三视图的概念

能够正确反映物体长、宽、高尺寸的正投影工程图（主视图、俯视图、左视图 3 个基本视图）为三视图。这是工程界约定俗成的一种对物体几何形状抽象表达的方式。如图 18–1 所示。

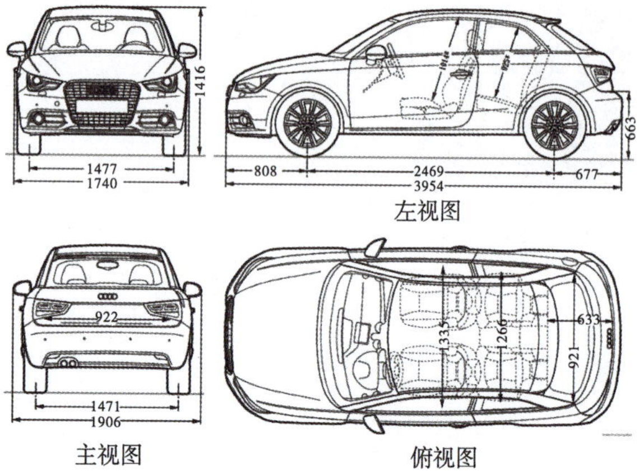

图 18–1

将人的视线规定为平行投影线，然后正对着物体看过去，将所见物体的轮廓用正投影法绘制出来的图形称为视图。一个物体有 6 个视图：从物体的正面向后面投射所得的视图称为主视图（正视图）——能反映物体正面的形状，从物体的左面向右面投射所得的视图称左视图（侧视图）——能反映物体左面的形状，从物体的上面向下面投射所得的视图称为俯视图——能反映物体上面的形状，其他三个视图（后视图、右视图、仰视图）不是很常用。三视图就是主视图（正视图）、左视图（侧视图）、俯视图的总称，如图 18–2 所示。

一个视图只能反映物体一个方位的形状，不能反映物体的完整结构。三视图是从 3 个不同方向对同一个物体进行投射的结果，如图 18–3 所示，另外，再加上如剖面图、半剖面图等作为辅助，如图 18–4 所示，基本能完整地表达物体的结构。

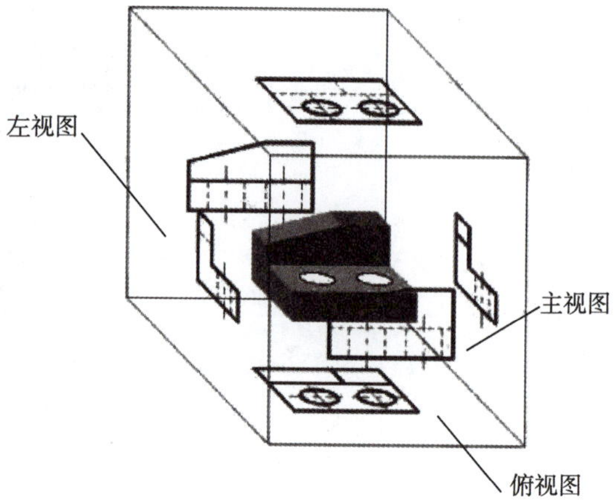

图 18–2

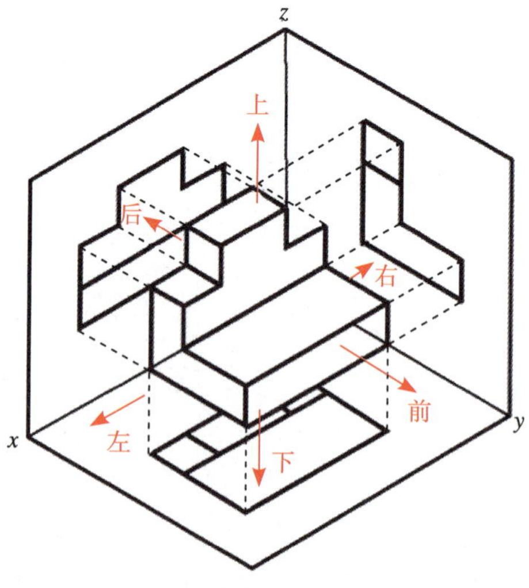

图 18–3

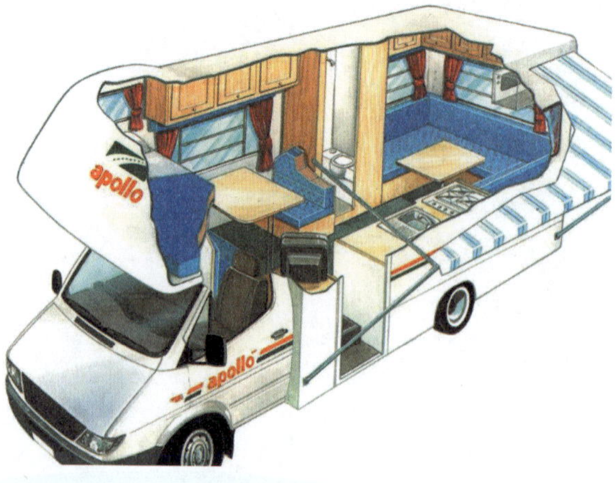

图 18–4

三视图应遵循主俯长对正、主左高平齐、俯左宽相等的投影规则。即，主视图和俯视图的长要相等；主视图和左视图的高要相等；左视图和俯视图的宽要相等，如图 18–5 所示。

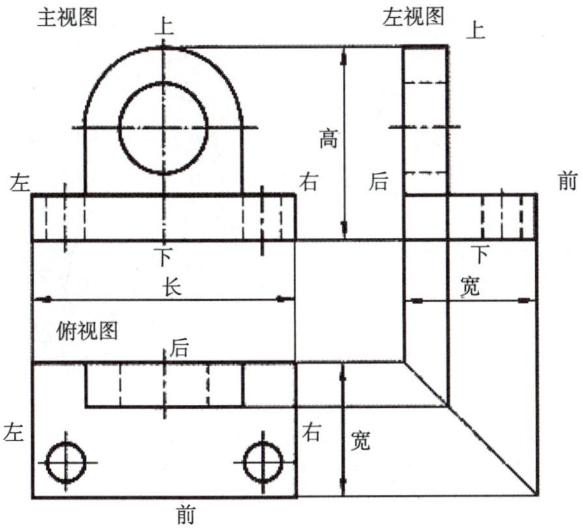

图 18–5

在许多情况下，只用一个方向的投影视图，不加任何注解，是不能完整清晰地表达和确定物体形状和结构的。如图 18–6 所示，3 个物体在同一个方向的投影视图完全相同，但 3 个物体的空间结构却不相同。可见，只用一个方向的投影来表达物体形状是不行的。一般必须将形体向多个方向（一般取 3 个方向）投影，得到的相应视图才能完整清晰地表达出物体的形状和结构。如图 18–7 所示，给出了某几何体的 6 个视图。

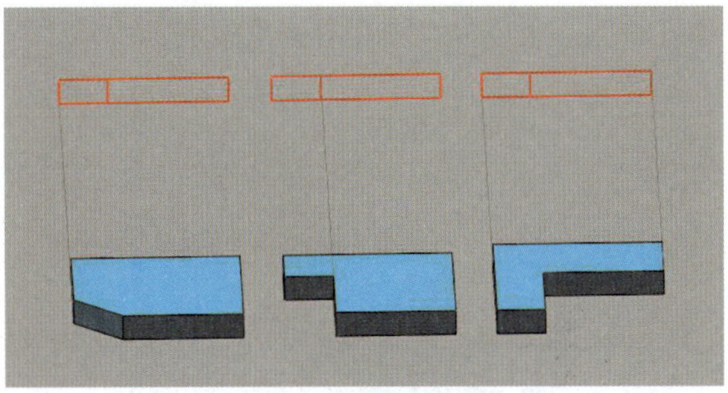

图 18–6

18.2 学习目标

1. 了解三视图的概念。
2. 学习三视图的识图方式。
3. 学习三视图的建模方法。

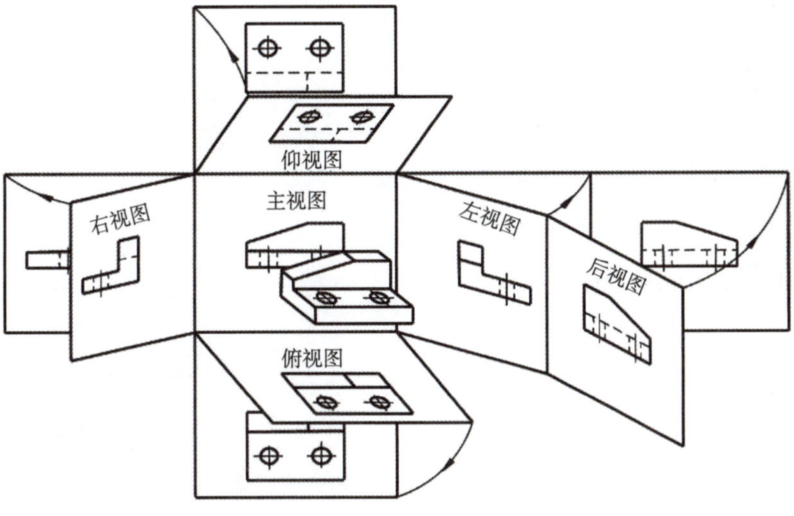

图 18–7

4. 学习开源电子模块的添加方式。

5. 了解三投影面体系的概念。

18.3 设计制作风车

1. 观察风车结构图，如图 18-8 所示，将风车拆解成 3 个部分：风车叶、支架和底座。

图 18-8

2. 下面分别设计风车叶、支架和底座。根据提供的三视图进行设计制作。

3. 制作支架。观察如图 18-9 所示的三视图。

（1）打开青少年三维设计软件，单击骰子的“上”视角。选择“草图绘制”中的“直线”命令，参照图 18-10 所示的图形，绘制草图。

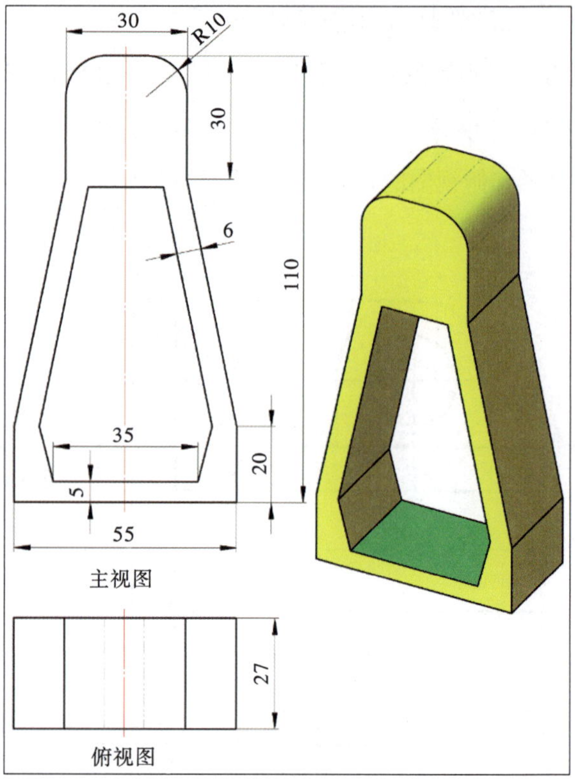

图 18-9

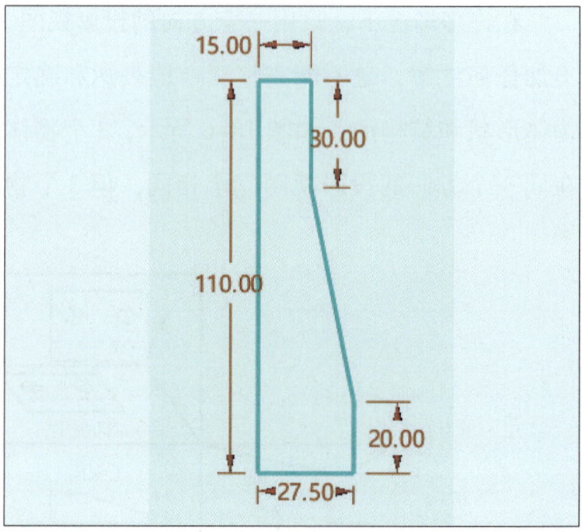

图 18-10

（2）利用“草图编辑”中的“直线”和“偏移曲线”命令，借助网格点特征，继续完成草图绘制，如图 18-11 所示。

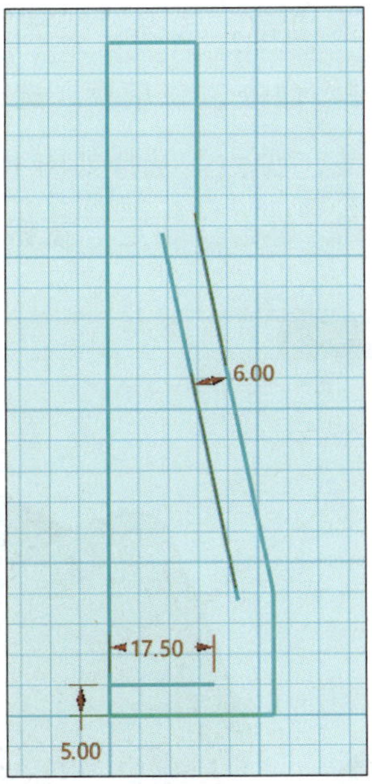

图 18-11

（3）利用“直线”命令，参照图 18-12 所示，绘制草图。

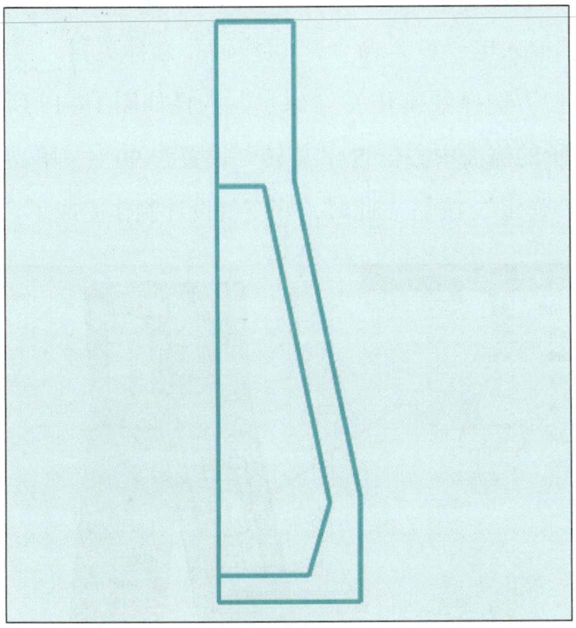

图 18-12

（4）选择“草图编辑”中的“链状圆角”命令，“曲线”选择如图 18-13 所示的加亮曲线，“半径”设为 10，单击“确定”按钮。

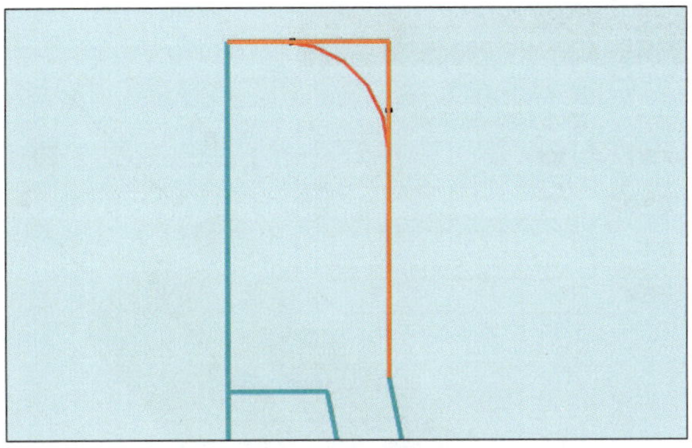

图 18-13

（5）选择“基本编辑”中的“镜像”命令，“实体”选择所有曲线，“镜像线”选择中间最长的直线，如图 18-14 所示。完成后将中间线删除。

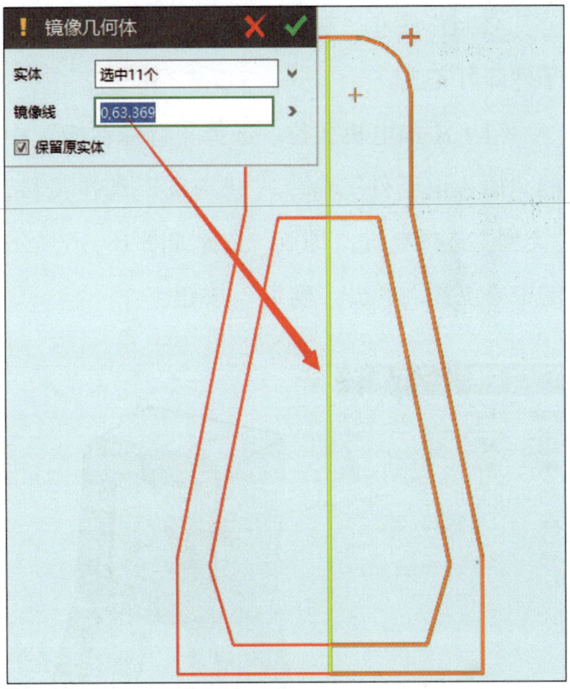

图 18-14

（6）选择“特征造型”中的“拉伸”命令，“轮廓”选择绘制的草图，“厚度”设为 30，如图 18-15 所示，单击“确定”按钮。此时，支架就设计制作完成了。

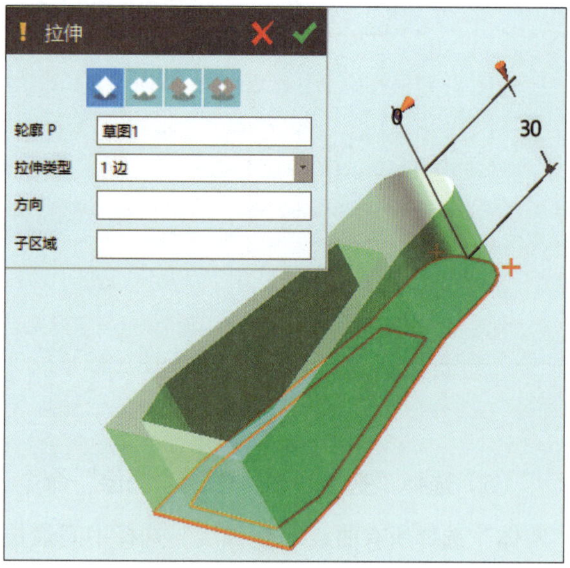

图 18-15

4. 制作底座。在支架的基础上添加相应电子件即可完成。

（1）添加电机孔位。选择“特殊功能”中的“插入电子件”命令，“供应商”选择美科，“类型”选择电机，“原点”选择如图 18-16 所示的中心位置，单击“确定”按钮。

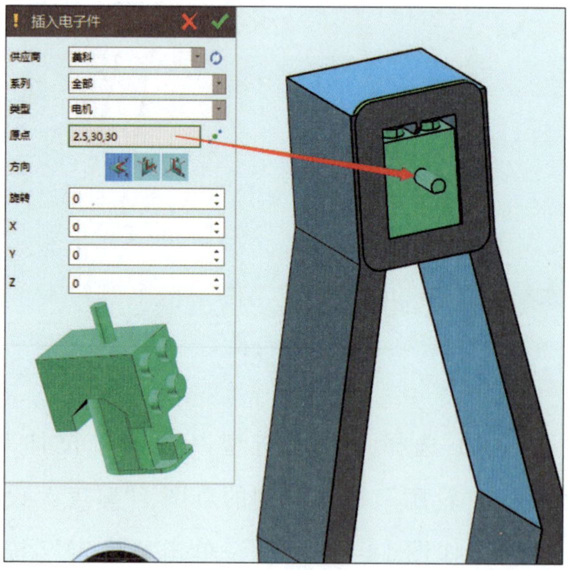

图 18-16

（2）插入电池。选择“特殊功能”中的“插入电子件”命令，“供应商”选择美科，“类型”选择电池，“原点”选择如图 18-17 所示的底面中心位置，单击“确定”按钮。

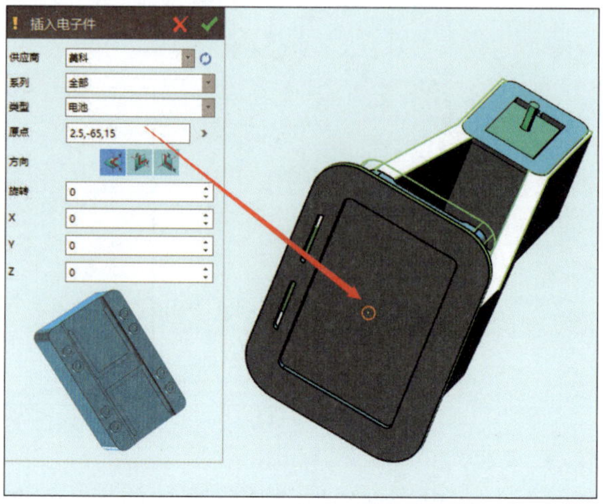

图 18-17

（3）插入开关。选择“特殊功能”中的“插入电子件”命令，“供应商”选择美科，“类型”选择触摸开关，“原点”选择如图 18-18 所示的侧面中心位置，“旋转”设置为 90°，单击“确定”按钮。此时，底座就设计制作完成了。

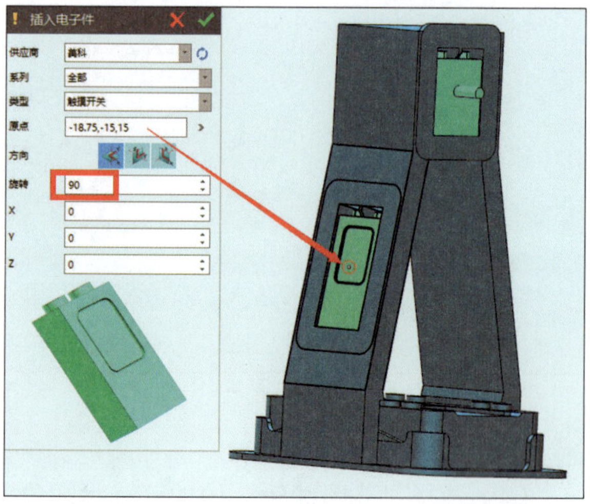

图 18-18

5. 制作风车叶。观察如图 18-19 所示的三视图。

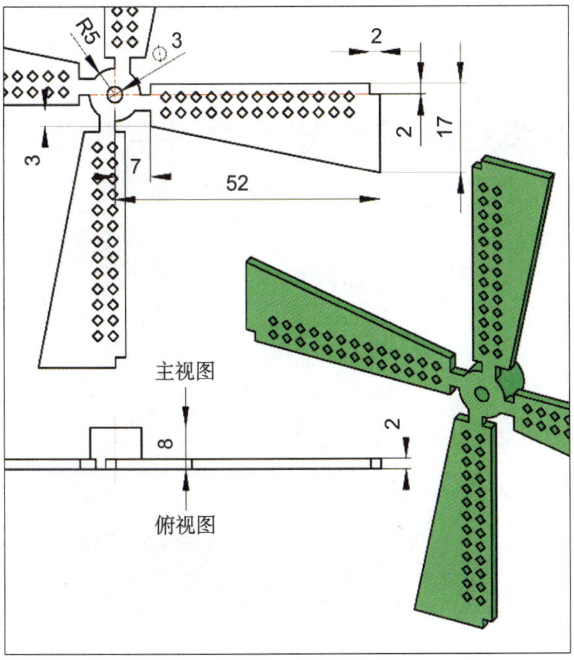

图 18-19

（1）选择“基本实体”中的“圆柱体”命令，圆柱体底面圆心选择如图 18-20 所示的电机轴圆心，半径设为 5，高设为 8，如图 18-20 所示，单击“确定”按钮。

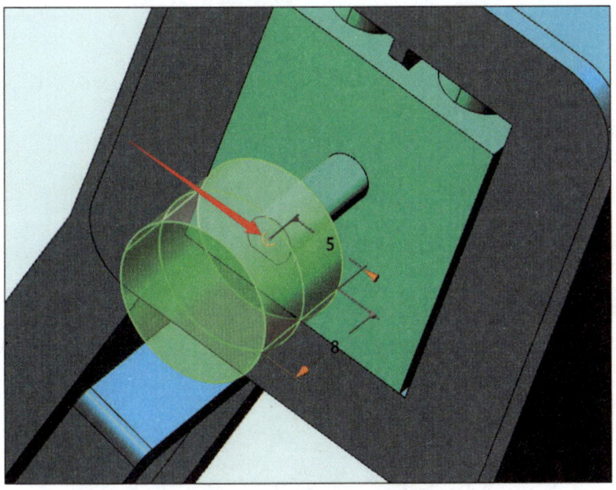

图 18-20

（2）选择“隐藏”命令，将除上一步制作的圆柱体以外的所有结构全部隐藏。

（3）选择“草图绘制”中的“直线”命令，单击如图 18-21 所示的圆柱体端面中心位置，作为绘制平面。

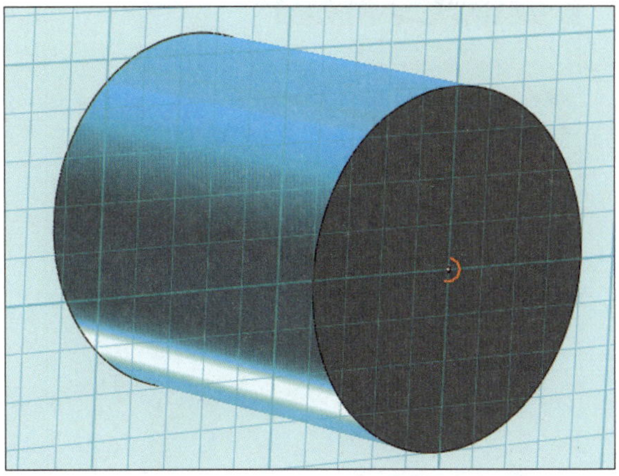

图 18-21

（4）参照图 18-22 所示的图形，绘制草图。

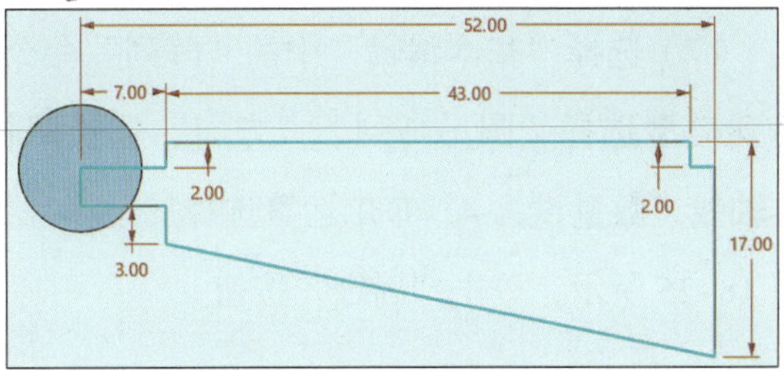

图 18-22

（5）绘制完成后，继续绘制叶孔。利用“正多边形”命令和“阵列＂命令完成，如图 18-23 所示。

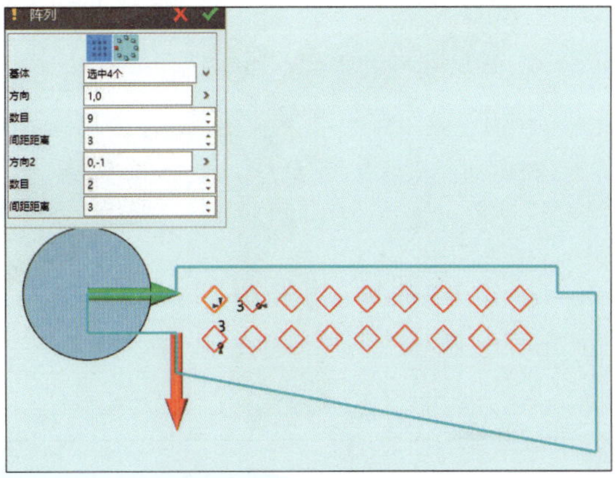

图 18-23

（6）选择“特征造型”中的“拉伸”命令，拉伸的方向沿着如图 18–24 所示的圆柱体方向，厚度设为 2，如图 18–24 所示，单击“确定”按钮。

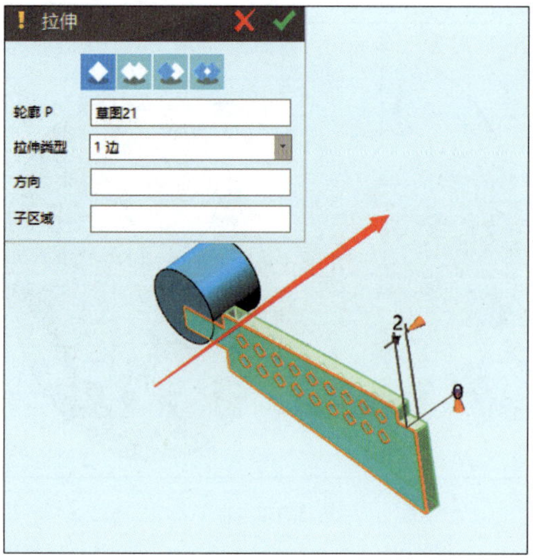

图 18–24

（7）选择“基本编辑”中的“阵列”命令，阵列类型选择“圆形阵列”，“方向”选择圆柱体轴线，数量设为 4，布尔运算选择加运算，如图 18–25 所示，单击“确定”按钮。

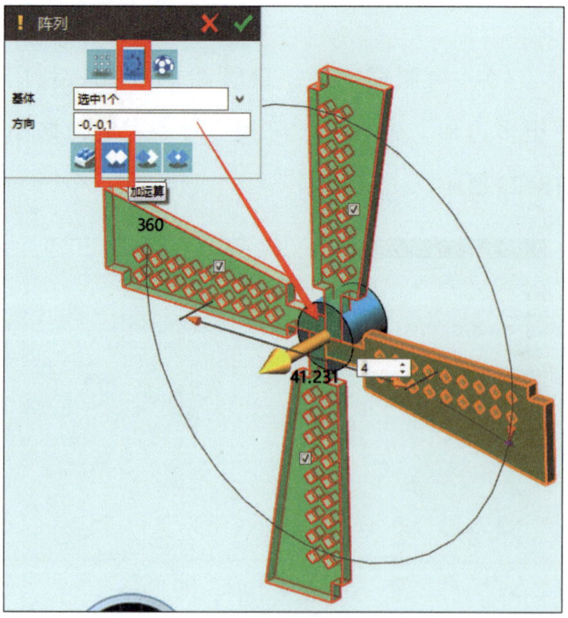

图 18–25

（8）选择“基本实体”中的“圆柱体”命令，圆柱体中心与风车叶圆柱中心重合，“半径”设为 1.5，“长度”设为 -8，布尔运算选择“减运算”，如图 18–26 所示。此时，风叶就设计制作完成了。

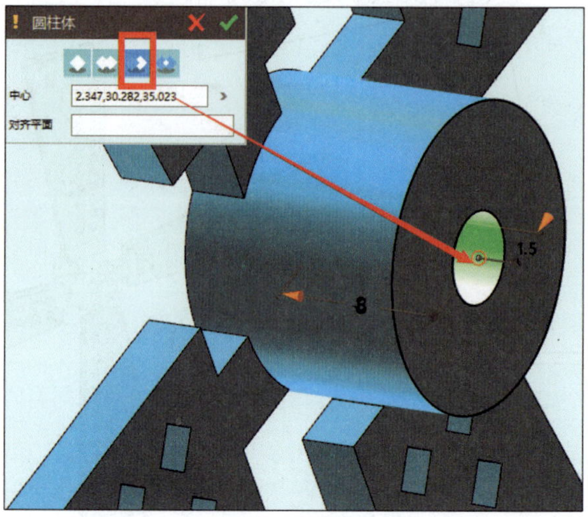

图 18–26

6. 选择“显示 / 隐藏”中的“全部显示”命令 。选择“颜色”命令，为风车添加美丽的颜色，如图 18–27 所示。

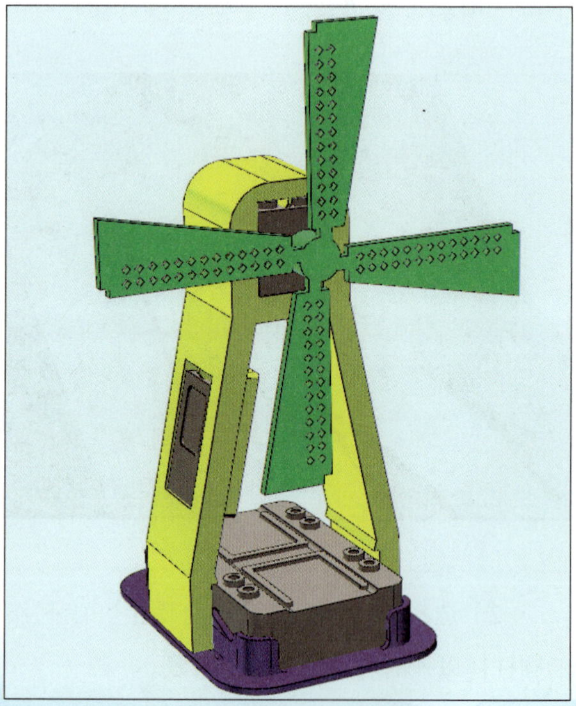

图 18–27

7. 至此，智能风车就设计制作完成了。选择“本地保存命令”，将文件名设置为“智能风车”，保存在计算机。

18.4 三投影面体系

设立 3 个互相垂直的平面，这 3 个平面将空间分为 8 个部分，每一部分叫作一个分角，分别称为 Ⅰ 分角、Ⅱ 分角…… Ⅷ 分角，如图 18–27 所示，这个体系就叫作三投影面体系。有些国家规定，将物体放在 Ⅰ 分角内进行投影；也有另外一些国家规定，将物体放在 Ⅲ 分角内进行投影。中国国家标准《机械制图　图样画法　视图》（GB/T 4458.1—2002）规定，采用 Ⅰ 分角投影法，如图 18–28 所示。对 Ⅰ 分角投影体系，通常采用以下名称和标记：正对着的正立投影面称为正面，用 V 标记（也称 V 面）；水平位置的投影面称为水平面，用 H 标记（也称 H 面）；右边的侧立投影面称为侧面，用 W 标记（也称 W 面）。投影面与投影面的交线称为投影轴，分别以 *OX*（也称 *X* 轴）、*OY*（也称 *Y* 轴）、*OZ*（也称 *Z* 轴）标记。3 根投影轴的交点 *O* 点叫作原点。

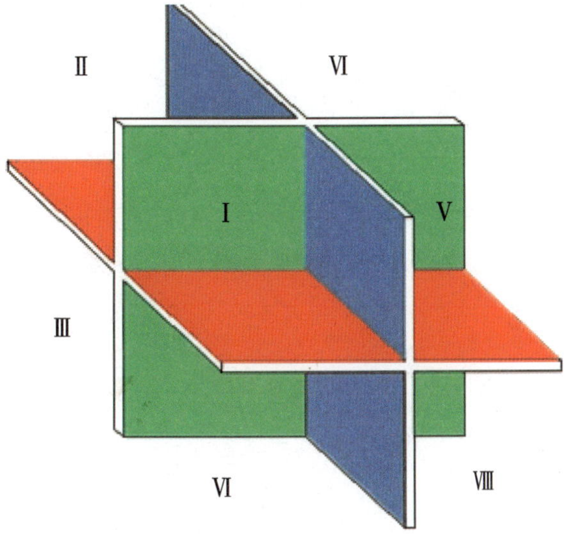

图 18–28

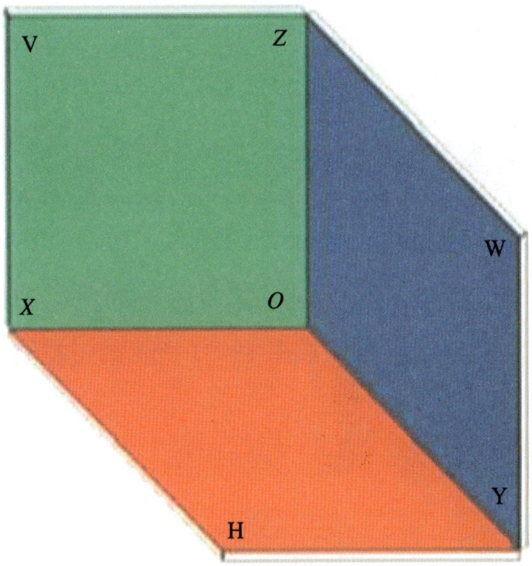

图 18–29

可以想象，如果物体上、下、前、后、左、右平行移动，该物体的三面投影图仅在投影面上的位置有所变化，其形状和大小是不会发生变化的，即三面投影图的形状和大小与物体和投影面的距离（即与投影轴的距离）无关。因此，在画三面投影图时，一般不画出投影面的大小（即不画出投影面的边框线），也不画出投影轴。如图 18–30 所示，工程上，习惯将投影图称为视图，并规定：V 面投影图称为主视图；H 面投影图称为俯视图；W 面投影图称为左视图。

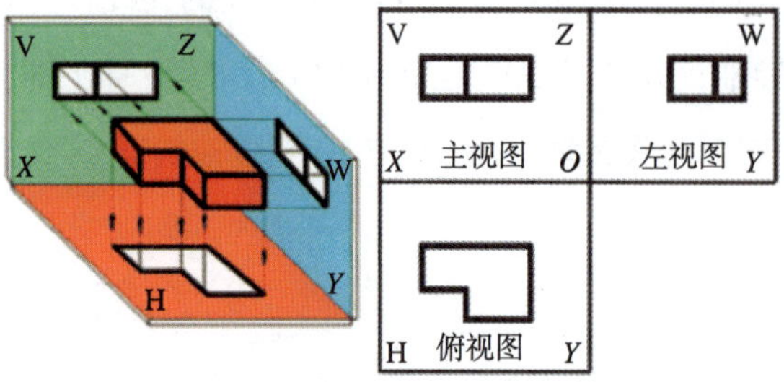

图 18-30

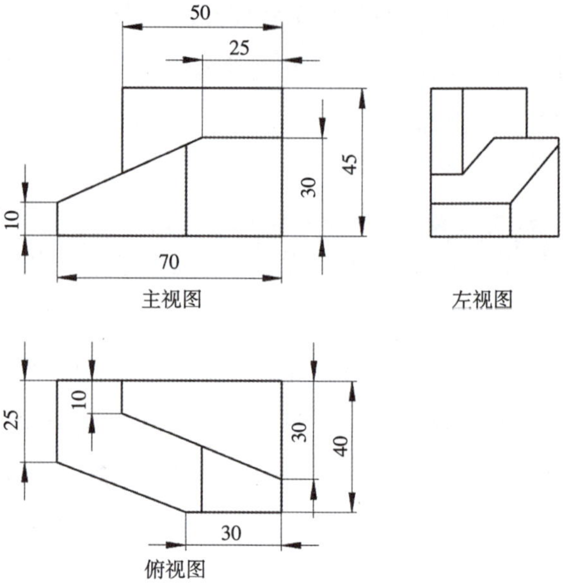

图 18-31

18.5 拓展与挑战

小朋友们可以利用本章学会的方法和技术，尝试设计制作如图 18-31 所示的三视图进行建模。